# 『孟子』で現代を解く　－『孟子』の全訳とその現代への応用

## 目　次


### 梁恵王章句上　篇番号 1

| 章番号 | 章通し番号 | 通し番号 | ページ |
|---|---|---|---|
| 1 | 1 | 1～6 | 2～4 |
| 2 | 2 | 7～10 | 4～6 |
| 3 | 3 | 11～15 | 6～11 |
| 4 | 4 | 16～21 | 11～12 |
| 5 | 5 | 22～27 | 12～15 |
| 6 | 6 | 28～33 | 16～17 |
| 7 | 7 | 34～57 | 17～24 |

### 梁恵王章句下　篇番号 2

| 章番号 | 章通し番号 | 通し番号 | ページ |
|---|---|---|---|
| 1 | 8 | 58～65 | 26～27 |
| 2 | 9 | 66～68 | 27～28 |
| 3 | 10 | 69～76 | 28～30 |
| 4 | 11 | 77～86 | 30～32 |
| 5 | 12 | 87～91 | 32～35 |
| 6 | 13 | 92～94 | 35～36 |
| 7 | 14 | 95～100 | 36～39 |
| 8 | 15 | 101～103 | 39～40 |
| 9 | 16 | 104～105 | 40～41 |
| 10 | 17 | 106～109 | 42 |
| 11 | 18 | 110～113 | 43～45 |
| 12 | 19 | 114～116 | 45～46 |
| 13 | 20 | 117～118 | 46 |
| 14 | 21 | 119～121 | 46～47 |
| 15 | 22 | 122～124 | 47～49 |
| 16 | 23 | 125～127 | 50～51 |

### 公孫丑章句上　篇番号 3

| 章番号 | 章通し番号 | 通し番号 | ページ |
|---|---|---|---|
| 1 | 24 | 128～140 | 54～56 |
| 2 | 25 | 141～168 | 56～62 |
| 3 | 26 | 169～170 | 62～63 |
| 4 | 27 | 171～176 | 63～66 |
| 5 | 28 | 177～182 | 67～68 |
| 6 | 29 | 183～189 | 68～70 |
| 7 | 30 | 190～194 | 70～73 |
| 8 | 31 | 195～199 | 73～74 |
| 9 | 32 | 200～202 | 74～75 |

### 公孫丑章句下　篇番号 4

| 章番号 | 章通し番号 | 通し番号 | ページ |
|---|---|---|---|
| 1 | 33 | 203～207 | 78～80 |
| 2 | 34 | 208～217 | 81～84 |
| 3 | 35 | 218～222 | 84～86 |
| 4 | 36 | 223～226 | 86～87 |
| 5 | 37 | 227～231 | 87～88 |
| 6 | 38 | 232～233 | 88～89 |
| 7 | 39 | 234～238 | 89～90 |
| 8 | 40 | 239～240 | 90～92 |
| 9 | 41 | 241～244 | 92～93 |
| 10 | 42 | 245～251 | 93～95 |
| 11 | 43 | 252～255 | 96 |
| 12 | 44 | 256～262 | 96～97 |
| 13 | 45 | 263～267 | 98～99 |
| 14 | 46 | 268～270 | 99～100 |

## 滕文公章句上　篇番号 5

| 章番号 | 章通し番号 | 通し番号 | ページ |
|---|---|---|---|
| 1 | 47 | 271～275 | 102～104 |
| 2 | 48 | 276～280 | 104～106 |
| 3 | 49 | 281～300 | 106～113 |
| 4 | 50 | 301～318 | 113～121 |
| 5 | 51 | 319～323 | 122～123 |

## 滕文公章句下　篇番号 6

| 章番号 | 章通し番号 | 通し番号 | ページ |
|---|---|---|---|
| 1 | 52 | 324～328 | 126～130 |
| 2 | 53 | 329～331 | 130～132 |
| 3 | 54 | 332～337 | 132～133 |
| 4 | 55 | 338～342 | 134～137 |
| 5 | 56 | 343～349 | 137～140 |
| 6 | 57 | 350～351 | 140～142 |
| 7 | 58 | 352～355 | 142～143 |
| 8 | 59 | 356～358 | 143～144 |
| 9 | 60 | 359～371 | 145～149 |
| 10 | 61 | 372～377 | 149～150 |

## 離婁章句上　篇番号 7

| 章番号 | 章通し番号 | 通し番号 | ページ |
|---|---|---|---|
| 1 | 62 | 378～390 | 152～155 |
| 2 | 63 | 391～395 | 155 |
| 3 | 64 | 396～399 | 156 |
| 4 | 65 | 400～402 | 156～158 |
| 5 | 66 | 403～403 | 158 |
| 6 | 67 | 404～404 | 158～159 |
| 7 | 68 | 405～410 | 160～162 |
| 8 | 69 | 411～415 | 162～163 |
| 9 | 70 | 416～421 | 163～164 |
| 10 | 71 | 422～424 | 164 |
| 11 | 72 | 425～425 | 165～166 |
| 12 | 73 | 426～428 | 166～167 |
| 13 | 74 | 429～431 | 167 |
| 14 | 75 | 432～434 | 168～169 |
| 15 | 76 | 435～436 | 169 |
| 16 | 77 | 437～437 | |
| 17 | 78 | 438～440 | 170～173 |
| 18 | 79 | 441～444 | 173～174 |
| 19 | 80 | 445～448 | 174～175 |
| 20 | 81 | 449～449 | 175～177 |
| 21 | 82 | 450～450 | 177 |
| 22 | 83 | 451～451 | 178 |
| 23 | 84 | 452～452 | |
| 24 | 85 | 453～455 | 178～179 |
| 25 | 86 | 456～456 | 179 |
| 26 | 87 | 457～458 | 180～181 |
| 27 | 88 | 459～460 | 182 |
| 28 | 89 | 461～462 | 182～183 |

## 離婁章句下　篇番号 8

| 章番号 | 章通し番号 | 通し番号 | ページ |
|---|---|---|---|
| 1 | 90 | 463～466 | 186 |
| 2 | 91 | 467～471 | 186～187 |
| 3 | 92 | 472～475 | 187～188 |
| 4 | 93 | 476～476 | 188～189 |
| 5 | 94 | 477～477 | 190 |
| 6 | 95 | 478～478 | |
| 7 | 96 | 479～479 | |
| 8 | 97 | 480～480 | 191～192 |
| 9 | 98 | 481～481 | 192～193 |
| 10 | 99 | 482～482 | 193 |
| 11 | 100 | 483～483 | 193～196 |
| 12 | 101 | 484～484 | 196 |
| 13 | 102 | 485～485 | 196～197 |
| 14 | 103 | 486～486 | 198～200 |
| 15 | 104 | 487～487 | 200 |
| 16 | 105 | 488～488 | 201 |
| 17 | 106 | 489～489 | 202 |
| 18 | 107 | 490～492 | 202～203 |
| 19 | 108 | 493～494 | 203～204 |
| 20 | 109 | 495～499 | 204 |
| 21 | 110 | 500～502 | 205 |
| 22 | 111 | 503～504 | |
| 23 | 112 | 505～505 | 206～207 |
| 24 | 113 | 506～507 | 207～208 |
| 25 | 114 | 508～509 | 208 |
| 26 | 115 | 510～512 | 209～210 |
| 27 | 116 | 513～515 | 210～212 |
| 28 | 117 | 516～522 | 212～213 |
| 29 | 118 | 523～529 | 214～215 |
| 30 | 119 | 530～534 | 216 |
| 31 | 120 | 535～537 | 217 |
| 32 | 121 | 538～538 | 218 |
| 33 | 122 | 539～540 | 218～219 |

## 萬章章句上　篇番号 9

| 章番号 | 章通し番号 | 通し番号 | ページ |
|---|---|---|---|
| 1 | 123 | 541～545 | 222～223 |
| 2 | 124 | 546～549 | 224～227 |
| 3 | 125 | 550～552 | 227～229 |
| 4 | 126 | 553～556 | 229～231 |
| 5 | 127 | 557～564 | 231～233 |
| 6 | 128 | 565～571 | 233～234 |
| 7 | 129 | 572～580 | 234～237 |
| 8 | 130 | 581～584 | 238 |
| 9 | 131 | 585～587 | 239～241 |

## 萬章章句下　篇番号 10

| 章番号 | 章通し番号 | 通し番号 | ページ |
|---|---|---|---|
| 1 | 132 | 588～594 | 244～245 |
| 2 | 133 | 595～603 | 245～247 |
| 3 | 134 | 604～609 | 247～248 |
| 4 | 135 | 610～616 | 249～251 |
| 5 | 136 | 617～621 | 252～254 |
| 6 | 137 | 622～627 | 254～255 |
| 7 | 138 | 628～636 | 256～258 |
| 8 | 139 | 637～638 | 258 |
| 9 | 140 | 639～642 | 259 |

## 告子章句上　篇番号 11

| 章番号 | 章通し番号 | 通し番号 | ページ |
|---|---|---|---|
| 1 | 141 | 643～644 | 262 |
| 2 | 142 | 645～647 | 262～263 |
| 3 | 143 | 648～650 | 263 |
| 4 | 144 | 651～655 | 263～264 |
| 5 | 145 | 656～660 | 264～265 |
| 6 | 146 | 661～668 | 265～267 |
| 7 | 147 | 669～676 | 267～268 |
| 8 | 148 | 677～680 | 269 |
| 9 | 149 | 681～683 | 270～271 |
| 10 | 150 | 684～691 | 272～274 |
| 11 | 151 | 692～695 | 275～277 |
| 12 | 152 | 696～697 | 277 |
| 13 | 153 | 698～698 | 278 |
| 14 | 154 | 699～704 | 278～279 |
| 15 | 155 | 705～706 | 279～281 |
| 16 | 156 | 707～709 | 281 |
| 17 | 157 | 710～712 | 281～282 |
| 18 | 158 | 713～714 | 282 |
| 19 | 159 | 715～715 | 283 |
| 20 | 160 | 716～717 | 283～284 |

## 告子章句下　篇番号 12

| 章番号 | 章通し番号 | 通し番号 | ページ |
|---|---|---|---|
| 1 | 161 | 718～725 | 286～287 |
| 2 | 162 | 726～732 | 287～289 |
| 3 | 163 | 733～737 | 290～291 |
| 4 | 164 | 738～743 | 291～293 |
| 5 | 165 | 744～749 | 293 |
| 6 | 166 | 750～755 | 294～297 |
| 7 | 167 | 756～759 | 297～298 |
| 8 | 168 | 760～768 | 298～300 |
| 9 | 169 | 769～771 | 300～301 |
| 10 | 170 | 772～778 | 302～304 |
| 11 | 171 | 779～782 | 304 |
| 12 | 172 | 783～783 | 304～305 |
| 13 | 173 | 784～791 | 305～307 |
| 14 | 174 | 792～795 | 307 |
| 15 | 175 | 796～800 | 308～309 |
| 16 | 176 | 801～801 | 309 |

# 盡心章句上　篇番号 13

| 章番号 | 章通し番号 | 通し番号 | ページ |
|---|---|---|---|
| 1 | 177 | 802～804 | 312 |
| 2 | 178 | 805～808 | 313 |
| 3 | 179 | 809～810 | |
| 4 | 180 | 811～813 | 314 |
| 5 | 181 | 814～814 | |
| 6 | 182 | 815～815 | 314～315 |
| 7 | 183 | 816～818 | 315 |
| 8 | 184 | 819～819 | 315～316 |
| 9 | 185 | 820～825 | 316～317 |
| 10 | 186 | 826～826 | 317 |
| 11 | 187 | 827～827 | 318～319 |
| 12 | 188 | 828～828 | 319 |
| 13 | 189 | 829～831 | |
| 14 | 190 | 832～834 | 320 |
| 15 | 191 | 835～837 | |
| 16 | 192 | 838～838 | 321 |
| 17 | 193 | 839～839 | 321～322 |
| 18 | 194 | 840～841 | 322～323 |
| 19 | 195 | 842～845 | 323～325 |
| 20 | 196 | 846～850 | 325 |
| 21 | 197 | 851～854 | 326 |
| 22 | 198 | 855～857 | 326～327 |
| 23 | 199 | 858～860 | 327～329 |
| 24 | 200 | 861～863 | 330 |
| 25 | 201 | 864～866 | 331 |
| 26 | 202 | 867～870 | 332 |
| 27 | 203 | 871～872 | |
| 28 | 204 | 873～873 | 333 |
| 29 | 205 | 874～874 | |
| 30 | 206 | 875～876 | |
| 31 | 207 | 877～879 | 334 |
| 32 | 208 | 880～880 | |
| 33 | 209 | 881～883 | 335 |
| 34 | 210 | 884～884 | |
| 35 | 211 | 885～890 | 336 |
| 36 | 212 | 891～894 | 336～337 |
| 37 | 213 | 895～897 | 337 |
| 38 | 214 | 898～898 | |
| 39 | 215 | 899～902 | 338 |
| 40 | 216 | 903～908 | |
| 41 | 217 | 909～911 | 339 |
| 42 | 218 | 912～913 | 340 |
| 43 | 219 | 914～915 | |
| 44 | 220 | 916～917 | 341 |
| 45 | 221 | 918～918 | |
| 46 | 222 | 919～920 | 341～342 |

# 盡心章句下　篇番号 14

| 章番号 | 章通し番号 | 通し番号 | ページ | 章番号 | 章通し番号 | 通し番号 | ページ |
|---|---|---|---|---|---|---|---|
| 1 | 223 | 921～922 | 344 | 20 | 242 | 957～957 | 361 |
| 2 | 224 | 923～924 | 344～345 | 21 | 243 | 958～958 | |
| 3 | 225 | 925～927 | 345～348 | 22 | 244 | 959～961 | 362 |
| 4 | 226 | 928～933 | 348～349 | 23 | 245 | 962～963 | 362～363 |
| 5 | 227 | 934～934 | 349～350 | 24 | 246 | 964～965 | 363～364 |
| 6 | 228 | 935～935 | 350～351 | 25 | 247 | 966～974 | 364 |
| 7 | 229 | 936～936 | 352 | 26 | 248 | 975～976 | 365 |
| 8 | 230 | 937～938 | 353 | 27 | 249 | 977～977 | |
| 9 | 231 | 939～939 | | 28 | 250 | 978～978 | 366～367 |
| 10 | 232 | 940～940 | 353～354 | 29 | 251 | 979～979 | 368 |
| 11 | 233 | 941～941 | 354～355 | 30 | 252 | 980～981 | |
| 12 | 234 | 942～944 | 355 | 31 | 253 | 982～985 | 369 |
| 13 | 235 | 945～945 | 356 | 32 | 254 | 986～988 | 369～372 |
| 14 | 236 | 946～949 | 356～357 | 33 | 255 | 989～991 | 372～373 |
| 15 | 237 | 950～950 | 357～358 | 34 | 256 | 992～993 | 373～374 |
| 16 | 238 | 951～951 | 358 | 35 | 257 | 994～994 | 374～376 |
| 17 | 239 | 952～952 | 359 | 36 | 258 | 995～996 | 376～377 |
| 18 | 240 | 953～953 | | 37 | 259 | 997～1009 | 377～381 |
| 19 | 241 | 954～956 | 359～360 | 38 | 260 | 1010～1013 | 382 |

# 論説目次


## 梁恵王章句上　篇番号 1

| No. | 識別番号 | ページ数 |
|---|---|---|
| 1 | 1・1・5 | 3 |
| 2 | 1・1・6 | 3 |
| 3 | 1・2・3 | 5 |
| 4 | 1・2・4 | 6 |
| 5 | 1・3・1 | 8 |
| 6 | 1・3・4 | 9 |
| 7 | 1・3・5 | 9 |
| 8 | 1・3・5 | 10 |

| No. | 識別番号 | ページ数 |
|---|---|---|
| 9 | 1・4・4 | 12 |
| 10 | 1・5・3 | 13 |
| 11 | 1・5・6 | 14 |
| 12 | 1・5・6 | 15 |
| 13 | 1・6・6 | 16 |
| 14 | 1・7・18 | 23 |
| 15 | 1・7・21 | 24 |

## 梁恵王章句下　篇番号 2

| No. | 識別番号 | ページ数 |
|---|---|---|
| 16 | 2・3・8 | 29 |
| 17 | 2・3・8 | 30 |
| 18 | 2・4・7 | 32 |
| 19 | 2・5・5 | 34 |
| 20 | 2・5・5 | 35 |
| 21 | 2・7・4 | 37 |
| 22 | 2・7・5 | 38 |

| No. | 識別番号 | ページ数 |
|---|---|---|
| 23 | 2・7・6 | 38 |
| 24 | 2・8・3 | 39 |
| 25 | 2・9・2 | 41 |
| 26 | 2・11・3 | 44 |
| 27 | 2・14・3 | 47 |
| 28 | 2・15・1 | 48 |
| 29 | 2・15・3 | 49 |

## 公孫丑章句上　篇番号 3

| No. | 識別番号 | ページ数 |
|---|---|---|
| 30 | 3・1・5 | 56 |
| 31 | 3・2・15 | 61 |
| 32 | 3・2・17 | 61 |
| 33 | 3・3・2 | 63 |
| 34 | 3・4・3 | 64 |
| 35 | 3・4・5 | 65 |

| No. | 識別番号 | ページ数 |
|---|---|---|
| 36 | 3・4・6 | 65 |
| 37 | 3・5・6 | 67 |
| 38 | 3・6・1 | 69 |
| 39 | 3・7・1 | 71 |
| 40 | 3・7・3 | 72 |
| 41 | 3・7・5 | 72 |

## 公孫丑章句下　篇番号 4

| No. | 識別番号 | ページ数 |
|---|---|---|
| 42 | 4・1・1 | 78 |
| 43 | 4・1・5 | 79 |
| 44 | 4・2・1 | 83 |
| 45 | 4・3・5 | 85 |
| 46 | 4・3・5 | 86 |
| 47 | 4・6・2 | 88 |

| No. | 識別番号 | ページ数 |
|---|---|---|
| 48 | 4・8・2 | 91 |
| 49 | 4・10・5 | 94 |
| 50 | 4・10・7 | 95 |
| 51 | 4・13・5 | 98 |
| 52 | 4・13・5 | 99 |
| 53 | 4・14・3 | 100 |

## 滕文公章句上　篇番号 5

| No. | 識別番号 | ページ数 |
|---|---|---|
| 54 | 5・1・4 | 102 |
| 55 | 5・2・2 | 105 |
| 56 | 5・3・4 | 109 |
| 57 | 5・3・5 | 110 |
| 58 | 5・3・6 | 111 |

| No. | 識別番号 | ページ数 |
|---|---|---|
| 59 | 5・4・8 | 118 |
| 60 | 5・4・8 | 120 |
| 61 | 5・4・11 | 121 |
| 62 | 5・5・3 | 123 |

## 滕文公章句下　篇番号 6

| No. | 識別番号 | ページ数 |
|---|---|---|
| 63 | 6・1・2 | 127 |
| 64 | 6・1・5 | 128 |
| 65 | 6・1・5 | 128 |
| 66 | 6・1・5 | 129 |
| 67 | 6・1・5 | 130 |
| 68 | 6・2・2 | 131 |
| 69 | 6・2・3 | 132 |
| 70 | 6・4・3 | 135 |
| 71 | 6・4・5 | 135 |

| No. | 識別番号 | ページ数 |
|---|---|---|
| 72 | 6・4・5 | 136 |
| 73 | 6・5・2 | 138 |
| 74 | 6・5・2 | 139 |
| 75 | 6・5・6 | 140 |
| 76 | 6・6・2 | 141 |
| 77 | 6・8・3 | 143 |
| 78 | 6・9・8 | 147 |
| 79 | 6・9・13 | 149 |

## 離婁章句上　篇番号 7

| No. | 識別番号 | ページ数 |
|---|---|---|
| 80 | 7・1・3 | 153 |
| 81 | 7・1・6 | 154 |
| 82 | 7・1・9 | 154 |
| 83 | 7・4・2 | 157 |
| 84 | 7・4・3 | 157 |
| 85 | 7・6・1 | 159 |
| 86 | 7・7・6 | 161 |
| 87 | 7・8・5 | 163 |
| 88 | 7・11・1 | 165 |

| No. | 識別番号 | ページ数 |
|---|---|---|
| 89 | 7・14・2 | 168 |
| 90 | 7・17・1 | 170 |
| 91 | 7・17・3 | 172 |
| 92 | 7・18・4 | 174 |
| 93 | 7・20・1 | 176 |
| 94 | 7・25・1 | 179 |
| 95 | 7・26・2 | 180 |
| 96 | 7・26・2 | 181 |
| 97 | 7・28・2 | 183 |

## 離婁章句下　篇番号 8

| No. | 識別番号 | ページ数 |
|---|---|---|
| 98 | 8・2・4 | 187 |
| 99 | 8・4・1 | 189 |
| 100 | 8・4・1 | 189 |
| 101 | 8・8・1 | 191 |
| 102 | 8・9・1 | 192 |
| 103 | 8・11・1 | 194 |
| 104 | 8・11・1 | 195 |
| 105 | 8・12・1 | 196 |
| 106 | 8・13・1 | 197 |
| 107 | 8・14・1 | 198 |
| 108 | 8・14・1 | 199 |
| 109 | 8・15・1 | 200 |

| No. | 識別番号 | ページ数 |
|---|---|---|
| 110 | 8・16・1 | 201 |
| 111 | 8・18・3 | 202 |
| 112 | 8・19・2 | 203 |
| 113 | 8・23・1 | 206 |
| 114 | 8・23・1 | 207 |
| 115 | 8・26・3 | 209 |
| 116 | 8・27・3 | 210 |
| 117 | 8・28・7 | 213 |
| 118 | 8・29・3 | 214 |
| 119 | 8・29・7 | 215 |
| 120 | 8・33・2 | 219 |

## 萬章章句上　篇番号 9

| No. | 識別番号 | ページ数 |
|---|---|---|
| 121 | 9・1・5 | 223 |
| 122 | 9・2・4 | 225 |
| 123 | 9・3・3 | 228 |
| 124 | 9・4・2 | 230 |

| No. | 識別番号 | ページ数 |
|---|---|---|
| 125 | 9・5・7 | 232 |
| 126 | 9・7・5 | 236 |
| 127 | 9・7・9 | 236 |
| 128 | 9・9・3 | 240 |

## 萬章章句下　篇番号 10

| No. | 識別番号 | ページ数 |
|---|---|---|
| 129 | 10・3・2 | 248 |
| 130 | 10・4・4 | 250 |
| 131 | 10・4・5 | 251 |

| No. | 識別番号 | ページ数 |
|---|---|---|
| 132 | 10・5・3 | 252 |
| 133 | 10・5・5 | 253 |
| 134 | 10・7・8 | 257 |

## 告子章句上　篇番号 11

| No. | 識別番号 | ページ数 |
|---|---|---|
| 135 | 11・6・6 | 266 |
| 136 | 11・7・8 | 268 |
| 137 | 11・9・3 | 270 |
| 138 | 11・10・8 | 273 |
| 139 | 11・11・1 | 275 |
| 140 | 11・11・3 | 275 |

| No. | 識別番号 | ページ数 |
|---|---|---|
| 141 | 11・11・4 | 276 |
| 142 | 11・15・2 | 279 |
| 143 | 11・15・2 | 280 |
| 144 | 11・15・2 | 280 |
| 145 | 11・18・2 | 282 |
| 146 | 11・19・1 | 283 |

## 告子章句下　篇番号 12

| No. | 識別番号 | ページ数 |
|---|---|---|
| 147 | 12・2・7 | 288 |
| 148 | 12・3・5 | 290 |
| 149 | 12・4・6 | 292 |
| 150 | 12・6・2 | 295 |
| 151 | 12・6・2 | 296 |
| 152 | 12・6・2 | 296 |
| 153 | 12・6・2 | 297 |
| 154 | 12・8・8 | 299 |
| 155 | 12・9・3 | 301 |
| 156 | 12・10・1 | 302 |
| 157 | 12・10・7 | 303 |
| 158 | 12・12・1 | 305 |
| 159 | 12・13・8 | 306 |
| 160 | 12・15・2 | 308 |

## 盡心章句上　篇番号 13

| No. | 識別番号 | ページ数 |
|---|---|---|
| 161 | 13・1・3 | 312 |
| 162 | 13・6・1 | 315 |
| 163 | 13・9・2 | 316 |
| 164 | 13・9・3 | 317 |
| 165 | 13・11・1 | 318 |
| 166 | 13・17・1 | 321 |
| 167 | 13・18・2 | 323 |
| 168 | 13・19・1 | 324 |
| 169 | 13・19・4 | 325 |
| 170 | 13・23・1 | 328 |
| 171 | 13・23・2 | 328 |
| 172 | 13・23・2 | 328 |
| 173 | 13・23・3 | 329 |
| 174 | 13・24・3 | 330 |
| 175 | 13・25・3 | 331 |
| 176 | 13・41・3 | 339 |

## 盡心章句下　篇番号 14

| No. | 識別番号 | ページ数 |
|---|---|---|
| 177 | 14・2・2 | 345 |
| 178 | 14・3・1 | 346 |
| 179 | 14・3・1 | 346 |
| 180 | 14・3・1 | 347 |
| 181 | 14・3・3 | 347 |
| 182 | 14・5・1 | 349 |
| 183 | 14・6・1 | 350 |
| 184 | 14・7・1 | 352 |
| 185 | 14・10・1 | 354 |
| 186 | 14・11・1 | 355 |
| 187 | 14・14・4 | 356 |
| 188 | 14・16・1 | 358 |
| 189 | 14・19・3 | 360 |
| 190 | 14・21・1 | 361 |
| 191 | 14・23・2 | 363 |
| 192 | 14・24・2 | 364 |
| 193 | 14・28・1 | 366 |
| 194 | 14・32・1 | 370 |
| 195 | 14・32・1 | 371 |
| 196 | 14・32・1 | 372 |
| 197 | 14・34・2 | 373 |
| 198 | 14・35・1 | 374 |
| 199 | 14・35・1 | 375 |
| 200 | 14・35・1 | 375 |
| 201 | 14・37・7 | 379 |
| 202 | 14・37・9 | 379 |
| 203 | 14・37・9 | 381 |

# 『孟子』で現代を解く

## ――『孟子』の全訳とその現代への応用――

私は「全訳全注『孟子』朱子注」という本を出版した。『孟子』の朱子の注釈を全訳全注したものである。その体裁は次のようになっている。

1　篇番号　篇名　章番号　章通し番号
2　章番号 章通し番号 通し番号 章内番号
3　本文訳
4　通し番号　章内番号　章通し番号　識別番号
5　本文
6　本文ピンイン
7　本文書き下し文
8　本文注釈
9　朱注
10　朱注ピンイン
11　朱注書き下し文
12　朱注注釈
13　朱注訳
14　論説

孟子本文と朱子の注釈の訳と書き下し文だけでなく、原文の漢文、そのピンインまで入れて詳しく説明したものである。しかし普段は仕事に忙しいが、孟子がどのようなことを言っているのか、その概略を知りたいという人も多いと思われる。そういう人はいちいち原文から読まなければならないことはない。読みやすい日本語訳だけ読めば十分である。この本はそういう人のために作ったものである。右記の体裁の中で、本文訳と論説を抜き出したものである。「全訳全注『孟子』朱子注」が参照できるように、次のような体裁にしてある。

1 篇名　篇番号　章番号　章通し番号　通し番号
2 章番号 章通し番号 通し番号
3 本文訳
4 通し番号　章内番号　識別番号
5 論説

私は古典を読むのは、それを現代に応用するためだと思っている。たとえ古典を正確に解釈したとしても、その古典の言うことを現代に応用し、現代に用いることができないなら、その古典から何の益も受けていない。反対にたとえ古典の解釈が少し正確でないとしても、その古典の言うことを現代に応用し、現代に用いることができるなら、その古典は役に立ったのである。『孟子』を読むなら、孟子の目で現代を見て、現代の諸問題にどのように対処するかを考えることが非常に大事である。現代に応用して初めて生きた学問になる。私は論説の中で私の意見を述べつつ、孟子なら現代の諸問題にこのように対処するのでないかということを示した。論説は罫線で囲んで表示してある。

『孟子』の構成は次のようになっている。篇につけた番号が篇番号であり、1から14まである。

| 篇番号 | 篇名 | 章の数 |
|---|---|---|
| 1 | 梁惠王章句上 | 7 |
| 2 | 梁惠王章句下 | 16 |
| 3 | 公孫丑章句上 | 9 |
| 4 | 公孫丑章句下 | 14 |
| 5 | 滕文公章句上 | 5 |
| 6 | 滕文公章句下 | 10 |
| 7 | 離婁章句上 | 28 |
| 8 | 離婁章句下 | 33 |
| 9 | 萬章章句上 | 9 |
| 10 | 萬章章句下 | 9 |
| 11 | 告子章句上 | 20 |

| | | |
|---|---|---|
| 12 | 告子章句下 | 16 |
| 13 | 盡心章句上 | 46 |
| 14 | 盡心章句下 | 38 |
| | 計 | 260 |

各篇で章の数がかなり違う。しかし各篇はそれぞれ同じぐらいの分量になっている。つまり章が多い篇は一章が短くなっている。

章番号は篇の中の章に1から番号をつけたものである。第1篇の「梁恵王章句上」は全部で7章あるから、章番号は1から7までである。第2篇の「梁恵王章句下」は全部で16章あるから、章番号は1から16までである。章番号は各篇の最初の章はすべて1になるが、章通し番号は章に通し番号をつけたものである。1から260までである。朱子の書いた『孟子』の注釈は『孟子集注《しっちゅう》』と呼ばれるが、『孟子集注』は、『孟子』の本文を書き、その本文の中に朱子の注釈を入れる体裁になっている。だから朱子の注釈を割り込ませた所で、『孟子』の本文は分断されるわけである。一章の中で朱子の注釈がある所で本文を区切り、それに1から番号をつけたのが章内番号である。章通し番号1なら章内番号は1から6までである。章通し番号200なら章内番号は1から3までである。識別番号は篇番号・章番号・章内番号でできている。識別番号を見ると、どの篇のどの章のどのあたりのものかということがわかる。通し番号は章内番号を通し番号にしたものである。1から1013までである。通し番号に重複はなく、『孟子』の本文のどこということを示すのに、通し番号が便利である。しかし例えば通し番号73と指定しても、通し番号73が非常に長い一文であることがある。すると、通し番号73のどこを言っているのかがわかりにくい。それで通し番号で指定されるものの一文を「、」で区切り、さらに1から番号をつけた。通し番号73なら次のようになる。

1對曰、2王請無好小勇、3夫撫劍疾視曰、4彼惡敢當我哉、5此匹夫之勇、6敵一人者也、7王請大之、

通し番号73－3というような指定をする。3は通し番号73の中の3の番号で始まる文ということである。この場合なら、「夫撫劍疾視曰」に特定されることになる。朱子の注釈がある所で『孟子』の本文を区切って通し番号をつけているのだから、一つの通し番号の『孟子』の本文には、かならず朱子の注釈がついている。単に通し番号だけを言ったのでは、『孟子』の本文を言っているのか、朱子の注釈を言っているのかわからない。それで朱子の注釈をさしている時は、通し番号75－6朱注というふうに朱注を入れてある。朱注は朱子の注釈のことである。朱子の注釈のことを朱注と言うのはよくなされる略である。

私は孟子の主張はほぼすべて正しいと思っている。またその主張は現代のような孟子の生きた時代とずいぶんと違う時代でも十分に通じうるものだと考えている。読者各氏が孟子の主張から、現代やご自身に役立つことを読み取っていただければ私は望外の喜びである。

# 梁恵王章句上　篇番号１

章番号　１～７　章通し番号１～７　通し番号　１～57

# 章番号 1

## 章通し番号 1　通し番号 1～6

孟子は梁の恵王に会う。王は言う。「先生は五百キロもの道を遠いとも思わずおいでになった。我が国の利益になることを言ってくださるのでしょう。」孟子は答えて言う。「王様はどうしていつも利益のことを言うのでしょうか。ただ仁と義があるだけです。王様はどうすれば自分の国が利益を得るかと言います。位の高い者はどうすれば自分の領土が利益を得るかと言います。庶民はどうすれば自分の身が利益を得るかと言います。これでは上も下も自分の利益のことばかりを考えています。みんなが自分の利益のことばかりを考えると、国が危うくなります。一万の戦車を持つ大国の領地の君主を殺すのは、必ず、千の戦車を持つ領土の者です。千の戦車を持つ領土の者を殺すのは、必ず、百の戦車を持つ領土の者です。一万の戦車を持つ領土の者に仕えて、千の戦車の領土をもらい、千の戦車の領土を持つ者に仕えて百の戦車の領土をもらうのですから、多くないとは言えません。それなのに、利益を先にし義を後にしてしまうと奪わないと満足しないのです。仁のある人が親を捨てることは決してありません。義のある人が君主を後にすることは決してありません。ただ仁と義を考えてください。どうしていつも利益のことを言うのでしょうか。」

**通し番号 5**　章内番号 5　識別番号 1・1・5

ここは利はよくないものだということで議論を進めている。ところが朱子は「仁義未だ嘗て利ならざるなし」と言う。これは利をよいものの意味で使っている。中国的考え方は絶対的な善、絶対的な悪を認めないように思う。価値観が相対的であり、同じことでも時と場合によって善になったり悪になったりする。唯一絶対の神というようなキリスト教的考え方はない。これは考え方がいい加減なようにも見えるが、硬直的でないため、どんな時代にも応用できる柔軟さがある。それがために、現代のような孟子の生きた時代とずいぶん違う違う時代でも、その考え方が応用できるのである。

**通し番号 6**　章内番号 6　識別番号 1・1・6

孟子はここで利を求めて動くことを否定する。これはそのまま現代には応用し難い。私たちが住んでいる社会は資本主義社会である。資本主義社会は各自が利を求めて行動することを前提として成立している。また資本主義社会では株式会社の役割が大きい。多くの人は株式会社の社員として働いている。株式会社の設立目的は利益の増大である。つまり利の追求である。そこで働く会社員も利を求めて日々仕事をしている。利の追求を否定することは現代社会の根幹を否定することであり、問題が非常に大きくなる。

程子は君子は利を求めない者はないと言っている。程子のように考えるなら現代社会にも応用しやすくなる。この一章を現代社会に応用すると次のようになる。

株式会社が利益を追求するのは当然のことだから利益を追求するのは問題ない。ただしひたすら利益のみを追求すると、かえって大きな害をもたらす。会社は人々のことを思いやり、道義に合った仕事をすることを第一に考えなければならない。

利益を追求することだけを考え、道義を忘れ、データを捏造する会社があった。食品の産地等を偽り食品偽装をする会社もあった。いずれも大きな社会的制裁を受け、かえって会社に大きな害と損失をもたらした。仁と義を忘れ、利のみ追求すると、かえって大きな害となる例である。

## 章番号 2　章通し番号 2　通し番号 7～10

孟子が梁の恵王に会った。王は池のほとりに立ち雁や鹿を見ていた。王は言う。「賢者もまたこういうことを楽しむのだろうか。」孟子は答えて言う。「賢者だからこれを楽しみます。賢者でないと、これがあっても楽しみません。詩経に言っています。『霊台をつくりはじめると、庶民がこれをつくり、すぐに完成する。文王は急がせなかったのだが、庶民は文王の子であるが如くやって来る。王が霊囿にいると、雌《めす》の鹿は安らかにおり、肥えてつやがよく、白鳥はきれいな白である。王が霊沼にいると、魚で満ちて、魚ははねている。』文王は民の力で台や池をつくったのですが、民はそれを喜び楽しみました。民はその台を霊台と言い、その池を霊沼と言い、そこに鹿や魚がいるのを楽しみました。古の人は民とともに楽しむから楽しむことができたのです。湯誓は言います。『この太陽（桀）はいつ滅ぶのだろうか。私はあなたとともに滅びましょう。』民がともに滅ぶことを望めば、台池に鳥獣がいても、どうして一人だけ楽しむことができるでしょうか。」

## 通し番号 9　章内番号 3　識別番号 1・2・3

麀鹿《ゆうろく》の伏す攸《ところ》、麀鹿《ゆうろく》は濯濯《たくたく》たり

ここはどうして雌《めす》鹿と言い、単に鹿と言わなかったのだろうか。雌は子供を生み、母乳で育てるのだから、どうしても肥えていなければならない。雌鹿が痩せ細っていては、母乳が十分に出ず子供が育たない。牡《おす》が痩せ細っていても子供は十分に育つ。だから鹿の世界でもまず雌に十分に栄養を与えようとする。このことは人間の世界でも同じだろう。男性はまず女性に十分に栄養を与えて十分に肥えてもらわなければならない。男性は日々の糧《かて》を稼いでくればいいのだから、痩せていても稼ぐことはできる。むしろ肥満になると、体の動きが鈍くなる。肉食動物でも狩をするのは、痩せているほうがむしろ体の動きが俊敏になり、狩がうまくなる。現代は女性の間にダイエットが流行し痩せている女性を美人とする傾向がある。これは子孫が少なくなる危険な流行であり、危険な傾向である。これが現代の少子化の一因になっている。少子化が進み子孫が少なくなれば、その民俗は必ず滅亡する。女性はむしろ太り気味の女性を美人としなければならない。

**通し番号 10**　章内番号 4　識別番号 1・2・4

民とともに楽しまなければ、その楽しみを失うという孟子の戒めにもかかわらず、これは無視され国の滅亡に至ることが繰り返された。後漢の黄巾の乱、隋の煬帝《ようだい》の時の反乱、唐の黄巣《こうそう》の乱、元の紅巾の乱は、上の者が自分の利益のことだけを考え、民が生活に困窮したことから起こっている。フランス革命も、ルイ十六世が自らだけが奢侈に耽り、民の生活が困窮したため、民衆の怒りが爆発した結果である。この孟子の一文は、すべての為政者が肝に銘じるべきことである。

## 章番号 3　章通し番号 3　通し番号 11〜15

梁の惠王は言う。「私は国の政治に心を尽している。河内が凶作になると、民を河東に移し、河東の穀物を河内に移す。河東が凶作の時も同様にする。隣国の政治を見ると私のようにしている者はいない。ところが隣国の民が減ることもないし、我が国の民が増えることもない。どうしてだろうか。」

孟子は答える。「王様は戦いを好まれるので、戦いを喩えにしましょう。太鼓をドンドンと打ち戦いが始まりました。よろいを捨て、刀をひきずって逃げる者がいます。百歩逃げて止まった者と五十歩逃げて止まった者がいます。五十歩で止まった者が、百歩で止まった者を『逃げた』とあざ笑ったらどうでしょうか。」

王は言う。「それはできない。百歩まで逃げなかっただけで、五十歩逃げた者も同じく逃げたことに変わりはない。」

孟子は言う。「このことがおわかりなら、王様の民が隣国より増えることを望むことはできません。農業は春に耕し、夏に雑草を取り、秋に収穫します。だから人民を使役するのは、農閑期の冬にします。すると穀物は食べきれないほどできます。目の細かい網で魚を取らなければ、魚は食べきれないほどあります。木を切る季節を制限すれば、材木は使い切れないほどあります。そうすれば穀物、魚、材木が生きている者を養うことができるし、亡くなった者の喪《も》も十分にできます。生きている者を養うことができる、亡くなった者の喪も十分にできることが王道の始めです。六百平方メートルの家があり、桑を植えたなら、五十歳の者は絹を着ることができます。鶏、豚を飼い子を産むようにさせると七十歳の者は肉を食べることができます。三百アールの土地があり、時期を失わず作物を育てるなら、五、六人の家族を養うことができます。学校で教えることを重視し、親に孝、年長者に悌にすることを教えれば、老人が道路で重いものをかつぐことはありません。七十歳の者が絹を着て肉を食べ、少壮の者は飢えないし凍えない、これで天下の王にならない王様はいません。上の者が自分の犬や豚に人の食べるものを与えるのに、人は食うことができないのでは、犬や豚が人の食べるものを食べているのです。それなのにやめさせようとしません。道路に飢える者、餓死する者がいるのに、穀物倉を開こうとしません。人が餓死すると王様は『私のせいでない、凶作であったからだ』と言います。これでは人を殺して、殺したのは私でない、刃《やいば》だと言うのと同じです。王様が凶作のせいだとしなければ、天下の民が王様の国にやって来ます。」

**通し番号 11**　章内番号 1　識別番号 1・3・1

国が発展し国が栄える基礎は国の人口が増えることである。人口が増えれば兵として使う人数も増えるから兵力が強くなる。人口が増えればたくさんの物を買ってくれるから企業は利益が上がり経済が発達する。人口が増えれば優秀な人の絶対数も多くなるから国の技術が発達する。だから古の王は梁の恵王のように国の人口が増えることを望んでいた。

国の人口を増やすには二つの方法がある。一つは出生数を増やすことである。一つは移民を増やすことである。今、先進国はどこも出生率の低下に苦しんでいる。子供が増えることで人口が増えることは望めない。それなら人口を増やすためにできるだけ移民を受け入れなければならない。ところが、今その国に住んでいる人々は移民が増えることを嫌う。移民が増えると自分たちの仕事が奪われる可能性がある。仕事が奪われなくても、労働人口が増えると、企業は安い給料で雇うことができるから、給料が下がる可能性が高い。また自分たちと違う文化を持ち、自分たちと違う生活習慣の移民を嫌う。それでその国に住んでいる人々は移民を排斥しようとする。国民の選挙で選ばれる首長も、移民を排斥する政策を取ろうとする。移民を排斥する政策を取れば選挙に勝ちやすいからである。出生率が低く、移民を排斥するなら、その国は必ず衰退する。出生率が低いにもかかわらず移民を排斥する政策を取る政治家は亡国の政治家と言うべきである。

**通し番号 14**　章内番号 4　識別番号 1・3・4

悌と言うと古くさいことと考えるかもしれない。現代では列車やバスに優先席がある。老人は立っているのが大変だから座らせてあげたいという気持が社会全体にあるのである。これが悌である。会社などでも先に入社した年長者は先輩だから敬語を使ったりして貴ぶ。これも悌になる。悌でなければならないという気持は今でも人の心の中にあるのである。

**通し番号 15**　章内番号 5　識別番号 1・3・5

孟子のこの一文は実に名文である。なぜ世の中が乱れるのか、なぜ王道を行うことができないのか、王道を行うにはどうすればよいのかを説き尽して遺す所がない。孟子のこの一文を理解し実行する人君がおれば、たちまち世界の王になるだろう。

孟子は政治は凡人でできると考えている。牛を殺すのをかわいそうに思い、牛を殺すことができない仁心があり、それを拡充することができるなら、十分に仁政ができると考えている。人に勝る優れた能力が必要とは考えていない。これが儒学が王の世襲制を容認する理由だろう。優れた政治は誰にでもできることなら、世襲制でもよいわけである。世襲を否定すると、王になるために争いが起こり、内乱が起こり、かえって世が乱れる。

私たちの住んでいる社会では、総理大臣は能力も人格も優れた人でなければならないと考えられている。一番優れた人を選ぶために選挙をして選ぶわけである。選挙は選挙戦と言われるように一種の戦争である。血が流れることはないが、戦争であるのだから、謀略、奸計、中傷、買収、だまし討ちと何でもありの世界である。こういう過程を経て勝った者に政治をさせたのでは、思いやりの心に基く政治ができるだろうか。儒学が王を選ぶ手段に選挙制を取らないのはこれを見抜いているからである。

**通し番号15**　章内番号5　識別番号1・3・5

現代日本は豊かな時代である。食べ物は十分にあり、着るものはたくさんあり、住む家も十分にある。冬には家に暖房がはいり、夏には冷房がはいる。一般庶民が昔の王侯貴族の生活をしている。孟子の言う王道の始めはすでに満たしている。だから現代日本では、武装蜂起して政府を転覆しようとする兆候のかけらも見られない。衣食が十分に足りているからである。

　孟子によると、衣食を満たせば次は教育をしなければならない。孟子の言う教育で特徴的なのは、孝悌を教えろということである。普通、教育というと、まず読み書きを考える。ところが孟子は読み書きのことを一つも言わず、ただ孝悌を教えろと言う。教育とは人間の徳を高め、人格を高めるものでなければならないのである。現代日本ではこういう教育はほとんどなされていない。ただ知識を教えるだけである。朱子によると、これでは動物に近い人間になる。

## 章番号 4　章通し番号 4　通し番号 16〜21

梁の恵王が言う。「教えを受けたい。」孟子が言う。「人を杖で殺すのと刃《やいば》で殺すのとに違いはありますか。」王は言う。「違いはない。」孟子が言う。「人を刃で殺すのと、政で殺すのとに違いはありますか。」王は言う。「違いはない。」

孟子が言う。「王の料理場に肥えた肉があり、王の馬屋に肥えた馬がいます。民は飢えており田野には餓死者が見られます。これでは野獣を率いて人間を食べさせているのと同じです。野獣が野獣を食べることとさえ人は嫌います。王様は民の父母として政をしているのに、野獣を率いて人間を食べさせているのです。これではどうして民の父母と言うことができるでしょうか。孔子は、死者の棺に入れる顔、目があり動くようになっている人形を作った者は子孫が断絶するだろうと言っています。その形が人に似ているからです。民を飢えさせ死なせることがどうして許されましょうか。」

**通し番号 4**　章内番号 19　識別番号 1・4・4

世界を見れば、現代でも飢えている人々はたくさんいる。ところが日本ではペットに高価なペットフードを食べさせている。これも「民が飢えているのに、馬屋の馬は肥えている」例だろう。

## 章番号 5　章通し番号 5　通し番号 22～27

梁の恵王は言う。「梁ほど強い国は天下にないことは、先生もご存知です。私の代になり、東は斉に敗れ、長男は死んだ。西は秦に三百五十キロの地を奪われた。南では楚に敗れた。私は恥ずかしい。戦死した者のためにこの恥をそそぎたい。どうすればできるだろうか。」

孟子は答えて言う。「領土が四方五十キロで天下の王になることができます。王様が仁政をなし、刑罰を省き、税金を少なくし、民が深く耕し、雑草を十分に取るようにし、仕事のない時に孝悌や忠信を学ばせ、孝悌や忠信を修得するようにさせると、父兄を大事にし、上の者、年長の者を大事にします。これだけで杖で秦楚の堅い鎧《よろい》、鋭い武器を打ち破ることができます。敵国は農繁期に民を徴用するから、耕したり雑草を取ることができず、作物が育っていません。それで父母を養うことができません。父母は飢え凍え、兄弟妻子は離散しています。敵国はその民を穴に落とし入れたり、その民を水に溺れさせたりしているのと同じです。仁政を行う王様が敵国を撃てば、誰が王様に刃を向けるのでしょうか。『仁なる者に敵はない』と言います。王様、これを疑うことのないようにしてください。」

**通し番号 24**　章内番号 3　識別番号 1・5・3

孟子はここでどうすれば強い軍隊を持つことができるかを教えている。人を厳刑で処することをしない、税金を軽くする、親を大事にし上に仕えるように教育する。ただこの三つだけである。

今の日本はどうだろうか。人を厳刑に処することをしないのはあてはまる。死刑にする場合でもきちんとした裁判の上でなされている。トップの一存で粛清される北朝鮮などと比べるとはるかに刑罰はゆるい。ただし自殺にみせかけた暗殺はある。税金を軽くするのはどうだろうか。所得が極端に少ない人は生活保護の支給もあり手厚く保護されている。しかし所得がまあまあの人やそれ以上の人は税金が年収の一割を軽く越えている。酷税になっている。税金を軽くするのは現代日本ではなされていない。親を大事にし上に仕えることを教育することはまったくなされていない。

ここで注目すべきは、孟子は武器をまったく重んじていないことである。杖で武器に対抗することができるとする。現代日本は国防のために高価な武器をたくさん購入している。ところが上のために戦うということを教育することがない。これではその軍隊は弱いものになってしまう。

**通し番号27**　章内番号6　識別番号1・5・6

戦争は武器だけでは勝てない。戦意高揚が極めて大事である。虐政で民が離れている王を仁政で民がつく王が撃てば、仁政をしている王が勝つだろう。孟子の言う通りである。孟子は杖を武器としてさえ勝つことができると言う。

現代では選挙制度で指導者を選んでいるため、たいていの国で王は象徴的な存在となった。単なる象徴的な存在の王のために戦うとは言いにくくなった。それで愛国心を持ち出し、祖国のために戦うと言い出した。太平洋戦争は日本とアメリカという単なる国の名前のために戦った戦争である。仁政をしている王のために、命を賭して戦うというのは合理的である。国という単なる名前のために命を賭して戦うというのは、いかにも不合理である。こういう狂気にも似たことのために何百万人もの命を失った。

**通し番号 27**　章内番号 6　識別番号 1・5・6

A国の王は国民のことを思わず国民は凍死したり餓死したりしている。B国の王は国民のことを考えて政治をしている。それでB国は豊かであり凍死や餓死する者はいない。B国がA国を攻撃すればA国の国民はA国の王のために戦おうとしない。A国のために戦おうとしないから、B国は簡単にA国に勝つことができる。これが孟子の論理である。

これが現代であればどうだろうか。A国はB国に侵略された。これは国際法違反であると訴えることだろう。敵国の侵略に対して祖国を防衛しようと盛んにキャンペーンし、愛国心を鼓舞し、勇敢に戦う者を英雄と称賛し、闘わない者を臆病者、非国民と非難し収監さえするであろう。孟子は祖国とか愛国心という概念をまったく持ち出していない。自分をよくしてくれる王につく、それを当然のこととしている。現代では愛国心から戦争がなされる。愛国心は支配者の利権を守り自国民を敵国と戦わせる詭弁に過ぎない。

## 章番号 6　章通し番号 6　通し番号 28〜33

孟子は梁の襄王に会う。王の所から出て人に言う。「王様は会っても人君のように見えない。お話しても威厳がない。急に『天下はどのように定まるのか』と問われる。私は『一に定まる』と答えた。『誰が一にすることができるのか』と言われるので、『人を殺すことを好まない者が天下を一にすることができます』と答えた。『人を殺すことを好まない者に誰がつくのか』と問われるので、次のように答えた。『天下でつかない者はいません。王様は苗をご存知でしょう。雨が降らなければ苗は枯れます。雲がたくさん出て、雨がたくさん降れば、苗は成長します。これを誰が防ぐことができるでしょうか。今、天下の人君はみな人を殺すことを好みます。もし人を殺すことを好まない人君がおれば、天下の民が首を長くしその人君を見ます。このようになれば天下の民がその人君に帰順するのは、水が下に行くのを止めることができないようなものです。誰がその人君に帰順することを止めることができるでしょうか。』」

**通し番号 33**　章内番号 6　識別番号 1・6・6

人君が人を殺すことを好めば、下の者は恐れおののき、その人君にひれ伏し、その人君に従う。

人を殺せば自分に従うのを見て、人君は人を殺せば自分に帰服するかのような錯覚を抱く。これは心から服しているのでなく、ただ殺されないためにその人君に服しているに過ぎない。人君が少し落ち目になると、たちまち反逆する。

会社の上役にも、ほしいままに下をののしり、怒り散らす上役がいる。言いたい放題のことを言って怒りちらしても、下が何も言わずに服すると自分に服しているかのような錯覚を抱く。これも下が心から上役に服しているのでなく、ただ立場が弱いから上役に服しているに過ぎない。その上役を倒すことができる状況になれば、たちまち反逆する。

## 章番号7　章通し番号7　通し番号34〜57

斉の宣王が問う。「斉の桓公、晋の文公のことを聞くことができるか。」

孟子が答える。「孔子の徒は、桓公、文公のことは言いません。それで後世に伝わらず、私も聞いておりません。是非私に聞きたいということなら、天下の王のことを申し上げましょう。」

王が言う。「どのような徳があれば、天下の王になることができるのか。」

孟子が言う。「民を安んじる王ならば、誰も天下の王となることを止めることはできません。」

王が言う。「私のような者でも民を安んじることができるだろうか。」

孟子は言う。「できます。」

王は言う。「私にできることがどうしてわかるのだ」

孟子が言う。「私はこれを胡齕《ここつ》に聞いたのですが、王様が座敷に座っておいでた時に、牛を引く者が下を通るのを見かけ、『どこへ連れて行くのだ』と王様がお尋ねになりました。その者は『牛を殺してその血を鐘に塗る儀式をするのでございます』と答えました。王様は言われました。『それはやめろ。牛は恐れている。牛が何の罪もないのに死ぬのは忍びがたい。』その者は言いました。『鐘に血を塗る儀式はやめましょうか。』王様は言われました。『やめることはできない。牛のかわりに羊を使え。』こういうことは本当にあったのですか。」

　王が言う。「あった。」

　孟子が言う。「この心をお持ちなら、天下の王になることができます。しかし人は王様が牛をおしんだのだと言っています。私は王様が牛を殺すのが忍びなかったのがわかります。」

　王が言う。「そうか、そのようなことを言う者がおるか。斉は小国だが、一匹の牛をおしんだりすることがあるか。牛が恐れていて、罪がないのに死ぬのが忍びがたかったから羊に換えたのだ。」

　孟子が言う。「大きな牛を小さい羊に換えたのですから、人の言うことをおかしいと思わないでください。人は王様の心を知りません。王様は牛が罪がないのに死ぬことに心を痛めていますが、羊も罪がないのに死ぬことになります。」

王は笑って言う。「私は何を考えていたのかな。牛をおしんで羊に換えたわけでないが、人がそう言うのももっともだ。」

孟子が言う。「牛を羊に換えたのは仁に害とはなりません。これが仁の方法なのです。牛を見ているが、羊は見ていないからです。王は動物の生きているのを見ると、それが死ぬのを忍ぶことができません。動物の鳴き声を聞くと、それを食べることができません。だから王は調理場から遠ざかるのです。」

王は喜んで言う。「詩経に人の心を私は忖度《そんたく》するとある。これは先生のことだ。自分のしたことを振り返り考えたが、よくわからなかった。先生の言うことを聞き納得した。この心で天下の王になるというのはどういうことだ。」

孟子が言う。「『私の力は五百キログラムを挙げることができるが、一つの羽を挙げることができない。私の目は動物の秋の細い毛先を見ることができるが、車に積んだ薪を見ることができない。』と誰かが言えば、王様は納得しますか。」

王は言う。「納得しない。」

孟子が言う。「今、王様の思いやりは動物に及んでいます。民に及ばないのはどうしてですか。一つの羽が挙がらないのは、力を用いないからです。車に積んだ薪が見えないのは見ないからです。民を安んずることができないのは、思いやりの心を用いないからです。王様が天下の王にならないのは、なそうとしないのです。なすことができないのでありません。」

王が言う。「なさないのと、なすことができないのとは、どのように違うのか。」

孟子が言う。「太山を脇にさしはさんで渤海を飛び越すことはできないと言えば、これは本当のことです。年長者のために枝を折ることができないと言えば、これは違います。これはできないのでなく、なさないのです。王様は天下の王となっていませんが、王様が天下の王となるのは、枝を折る類です。太山を脇にさしはさんで渤海を飛び越す類でありません。自分の父兄を父兄として尊び、人の父兄にまで及ぼします。自分の子弟を子弟として思いやり、人の子弟に及ぼします。そうすれば天下を治めることは、手の平で物をころがすようにたやすいことになります。詩経に言います。『自分の妻の模範となるようにして、兄弟に及ぼし、一族や国に及ぼし治める。』この詩は思いやりの心を他人に加えることを言っているのです。思いやりの心を推し広めれば四海を治めることができます。思いやりの心を推し広めなければ妻子さえ安んずることができません。古の人が人に優れているのは、他でもなく、自分のすることを推し広めることに過ぎないのです。今、王様の思いやりは動物に及びます。しかしそれが民に及びません。どうしてですか。物の軽重ははかりと重りを用いてわかります。物の長短はものさしを用いてわかります。物はみなそうです。心の軽重長短を知るには、物の長短を知るよりももっとはかり、重り、ものさしが必要です。王様、よくお考えください。兵を興せば、兵士や臣下を危うくし諸侯に怨まれます。それで快いですか。」

王が言う。「快くない。どうして快いことがあろうか。私が大いに願うことを求めているのだ。」

孟子が言う。「王様が大いに願うことを聞くことができますか。」

王は笑って答えない。

孟子は言う。「美食が足らないからですか。軽く暖い衣服が足らないからですか。きれいなものが足らないからですか。音楽が足らないからですか。お気に入りの臣が足らないからですか。王様の臣がこういうものは皆さしあげています。こういうもののために兵を興すのではないでしょう。」

王が言う。「そうだ。そういうことのためでない。」

孟子が言う。「それでは王様が大いに願っていることはわかります。領土を拡張し、秦や楚の大国を朝貢させ、天下に君臨し、蛮族を従えることをお望みなのでしょう。王様が今なされていることで、王様の願うことを求めるのは、木に魚を求めるようなものです。」

王が言う。「そのようにひどいものか。」

孟子が言う。「木に魚を求めるより、もっとひどいのです。木に魚を求めて魚を得ることができなくても、後の災いはありません。王様が今なされていることで、王様の願うものを求められると、心を尽してなされても、きっと後の災いがあります。」

王が言う。「どういうことか言ってもらえるか。」

孟子が言う。「鄒と楚が戦争をすると、王様はどちらが勝つと思われますか。」

王が言う。「楚が勝つ。」

孟子が言う。「小さいものは大きいものに勝つことができません。少ないものは多いものに勝つことができません。弱いものは強いものに勝つことができません。天下には領土が五百キロメートル四方の国が九つあります。斉もその一つです。一つで八つに勝とうとするのは、鄒が楚に勝とうとするのと同じことです。できません。王様、本におもどりください。王様が仁政をされますと、仕えようとする者は、皆王様に仕えようとします。農業をする者は、皆王様の土地で農業をしようとします。商売をする者は、皆王様の土地で商売をしようとします。旅人は皆王様の道を通ろうとします。自分の国の君を憎む者は、皆王様の国にやって来ます。このようになれば、王様が天下の王になられることを、誰が止めることができるでしょうか。」

王が言う。「私は愚かでそのようにすることができない。私の願いをかなえる手助けを先生にしていただきたい。わかりやすく私に教えてほしい。私は賢くないがそれをやってみたい。」

孟子が言う。「生活ができないのに、善の心を失わないのは、士のみができることです。一般の民は生活ができなければ善の心がなくなります。善の心がなくなると、道理からはずれ、悪いことであろうと、人を欺くことであろうと、何でもやります。これは民を網におびき出し捕えるようなものです。生活ができないことで、民をおびき出し捕らえて罰しているのです。仁のある人が位におれば、民をおびき出し捕えることをするでしょうか。名君は民が生活できるようにします。必ず父母を安楽にし、妻子を養うことができるようにします。豊作の年には食糧を蓄え、凶作の年に食に困らないようにします。まず民が生活できるようにし、その後善をなすようにさせます。民はすでに生活が十分にできると、善になりやすいのです。今は民の生活が厳しく父母を安楽にすることができません。妻子を養うこともできません。豊作の年でも身を苦しめ、凶作の年には飢えて死にます。これでは死を免れるのが精一杯で、食糧が足りるかと心配するだけです。こんな状態で礼や義を修得する余裕があるでしょうか。王様がなされようとするなら、本《もと》にお反りください。六百平方メートルの家があり、桑を植えたなら、五十歳の者は絹を着ることができます。にわとり、豚を飼い子を産むようにさせると七十歳の者は肉を食べることができます。三百アールの土地があり、時期を失わず作物を育てるなら、八人の家族を養うことができます。学校で教えることを重視し、親に孝、年長者に悌にすることを教えれば、老人が道路で重いものをかつぐことはありません。年老いた者が絹を着て肉を食べ、少壮の者は飢えないし凍えない、これで天下の王にならない者はいません。」

**通し番号 51**　章内番号 18　識別番号 1・7・18

「力で欲する所を求めれば、則ち欲する所のもの反て得るべからず、能く其の本に反れば、則ち欲する所のもの求めずして至る。」これは非常に勉強になる一文である。私たちは何かを得たいと思うと、それを強引に得ようとしがちである。自分の得たいことを妨げることを言う人は無視したり、人のありもしない悪口を言ってそれを得ようとすることさえする。しかしそんなことをして強引に得ても、理に逆らっているからやがて失う。ありもしない悪口を言われた人はそれをこちらから奪おうとするから、またすぐにその人に奪われ失うことになる。本に反りその理をよく知り、それを当然得ることができる理に従えば、自ずとそれを得ることになる。それを求める必要もないのである。

**通し番号 54**　章内番号 21　識別番号 1・7・21

「楽歳身を終うるまで飽き、凶年死亡を免かれしむ」というのは、一生食うのに困らない方法を教えている。私達はその年の収入が多かったり、その年に投資で儲かったりすると、とかく生活が派手になりがちである。これでは収入が落ち込んだ時に生活に困ることになる。その年に収入が多かった年は、今持っているお金で一生食うのに困らないかと考える。するとたいていの人はとてもそんな貯蓄はないと思う。それなら今年は収入が多かったが生活レベルを上げずに貯蓄に回そうと思う。これを毎年繰り返すと、収入が落ち込んだ年は、貯蓄を取り崩して生活費にあてることができるから、十分に食っていける。一生食うのに困らないだけの貯蓄ができた時点で死ぬまで貯蓄が底をつかない限度額内で使うようにする。結果として一生生活に困らないことになる。

# 梁恵王章句下　篇番号２

章番号１〜16　章通し番号８〜23　通し番号58〜127

# 章番号１

章通し番号８　通し番号58〜65

荘暴は孟子に会って言う。「私が王様に会った時に王様は楽しみが好きだと言われた。私はそれに対し何も申し上げなかった。王様が楽しみを好まれるのはどうでしょうか。」

孟子は言う。「王様が楽しみを好まれると斉国は治まるのに近いでしょう。」

後に孟子が王に会った時に言う。「荘暴に楽しみが好きだと言われたようですが、本当ですか。」

王は顔色を変えて言う。「私の好きなのは先王の楽しみでない。ただ世俗の楽しみが好きなだけだ。」

孟子が言う。「王様が楽しみを非常に好まれると斉は治まるのに近いです。今の楽しみは古の楽しみとほぼ同じです。」

王が言う。「お話を聞きたいが」

孟子が言う。「お一人で楽しむのと、人と楽しむのではどちらが楽しいですか。」

王は言う。「人と楽しむほうが楽しい。」

孟子は言う。「少しの人と楽しむのと多くの人と楽しむのではどちらが楽しいですか。」

王は言う。「多くの人と楽しむほうが楽しい。」

孟子が言う。「王様のために楽しみのことを申し上げます。今、王様が音楽を奏でられると、民は王様の鐘、太鼓、笛の音を聞き、みな頭を痛め眉間にシワを寄せて言い合います。『王様は音楽を奏でられるのが好きだ。私どもは困窮の極みであり、父と子がお互いを見ることができず、兄弟妻子も離散している。』王様が狩猟をなされると、民は車馬の音を聞ききれいな旗を見て、みな頭を痛め眉間にシワを寄せて言い合います。『王様は狩猟が好きだ。私どもは困窮の極みであり、父と子がお互いを見ることができず、兄弟妻子も離散している。』これは王様が民と楽しみを同じくしないからです。今、王様が音楽を奏でられると、民は王様の鐘、太鼓、笛の音を聞いて、みな喜んで言い合います。『王様はお元気なようだ。音楽を奏でておいでになるのですから。』王様が狩猟をなされると、民は車馬の音を聞ききれいな旗を見て、みな喜んで言い合います。『王様はお元気なようだ。狩猟をなされるのですから。』これは民と楽しみを同じくしているのです。今、王様が民と楽しみを同じくすれば、王様は天下の王になります。」

## 章番号 2　章通し番号 9　通し番号 66～68

斉の宣王が問う。「文王の囿《ゆう》（鳥獣を生み育てる所）は四方三六キロであったと聞くが本当か。」

孟子は言う。「古書にそう載っております。」

王は言う。「そのように大きかったのか。」

孟子は言う。「民はまだ小さいとしました。」

王は言う。「私の囿は四方二十キロだが、民は大きいとする。どうしてだ。」

孟子は言う。「文王の囿は四方三六キロでしたが、草や薪を取る者もそこに入り、雉やウサギをとらえる者もそこに入りました。文王の囿は文王のものですが、民のものでもあったのです。それで民はそれを小さいとしたのです。当然のことです。私は国境に来ますと、その国の主な禁制を聞いてからその国に入ります。王様の国では、囿が四方二十キロあり、囿の鹿を殺す者は人を殺すのと同じ罪になると聞きました。これでは国の中に四方二十キロの落とし穴をつくっているようなものです。民が囿が大きいとするのは当然のことです。」

## 章番号 3　章通し番号 10　通し番号 69～76

斉の宣王が問う。「隣国と交わる道があるか。」

孟子が言う。「ございます。仁者だけが大国でありながら、小国に仕えることができます。だから湯は葛に仕え文王は昆夷《こんい》に仕えました。智者だけが小国でありながら、大国に仕えることができます。だから大王は獯鬻《くんいく》に仕え、句践は呉に仕えました。大が小に仕えるのは天を楽しむのです。小が大に仕えるのは天を畏れるのです。天を楽しむ君は天下を保ちます。天を畏れる君はその国を保ちます。

詩経に天の威を畏れるとこれを保つとあります。」

王が言う。「度量の大きい言葉だが、私には勇を好む病がある。」

孟子が答える。「王様は小さな勇を好まれないようにしてください。剣に手をあて、怒った目で見て、俺に立ち向かうことができるかと言うのは匹夫の勇です。一人に立ち向かうだけです。王様は大きな勇をお持ちください。詩経に言います。『王はここに怒り軍隊を整え、共国へ行く多くの軍隊を止めた。周に幸いをもたらし、天下の信望に答えた。』これが文王の勇です。文王が一度怒れば天下の民を安んじます。書経に言います。『天は民を生み、民の人君をつくり、民の人師をつくる。天は人君と人師に天を助けよと言っている。天は人君と人師と民を愛す。罪ある者も罪なき者も人君である私の責任である。私の意に違《たが》うことはできない。』天下に一人でも法にそむく者がおれば武王は恥としました。これが武王の勇でございます。武王もまた一たび怒り天下の民を安んじました。今、王様が一たび怒り、天下の民を安んじますと、民は王様が勇を好まれないことを恐れます。」

**通し番号 76**　章内番号 8　識別番号 2・3・8

人は小忿《ふん》を止めれば隣国と交わることができるという朱子の言葉は味わい深い。ささいなことで怒り国と国との関係がぎくしゃくすることが多い。ついに戦争になることも少なくない。怒るのは理と義を十分に考え尽した上の理と義の怒りでなければならない。

大衆はヒステリックな動きをする。小忿で動くことが多い。現代は大衆の選挙で指導者を選んでいるため、政権を取ろうとして大衆のヒステリックな動きを利用する政治家が多い。ドイツは第一次世界大戦で負けて莫大な賠償金を課せられた。ドイツ国民は怒った。このドイツ国民の小忿を利用したのがヒトラーである。その小忿をそそり、政権を取ると、第二次世界大戦の殺し合いの世界に導いてしまった。国民一人一人が小忿で動くのでなく、理と義を深く考えて動かなければならない。

**通し番号 76**　章内番号 8　識別番号 2・3・8

天理と人欲は大きく離れているようで、その違いは微妙な所がある。張敬夫が言うように血気で動くのが人欲である、理義で動くのが天理であると考えればその違いが明瞭になる。

## 章番号 4　章通し番号 11　通し番号 77〜86

斉の宣王は孟子を泊まらせている雪宮に孟子に会いに来た。王は言う。「賢者も豪華な宮殿を楽しみますか。」

孟子は答える。「楽しみます。人は楽しみを得ないと上を誹ります。楽しみを得ないと上を誹るのは間違いです。民の上にいる者が民と楽しみを同じくしないのもまた間違いです。王様が民の楽しみを楽しまれると、民は王様の楽しみを楽しみます。民の憂いを憂いますと、民は王様の憂いを憂います。楽しむのは天下とともに楽しみ、憂うのは天下とともに憂います。これで天下の王とならない者はいません。昔、斉の景公が晏子《あんし》に尋ねました。『私は転附《てんぷ》、朝儛《ちょうぶ》を視察し、海にそって南へ行き、琅邪《ろうや》まで視察したい。どうすれば先王の視察のようにすることができるだろうか。』晏子が答えます。『よいご質問です。天子が視察するのを巡狩と言います。巡狩は諸侯が守っている所をめぐることです。諸侯が天子に謁見するのを述職と言います。述職は職としていることを述べることです。事がないのにむやみに行くことはなく、春には王城から離れた所の農耕を視察し不足しているものを補い、秋には王城から離れた所の収穫を視察し不足しているものを補います。夏の俗語に言います。〝王様が視察されなければ、私どもは休むことができない。王様が楽しまなければ、私どもは不足しているものを助けてもらえない。王様の一たびの視察、一たびの楽しみは諸侯の手本となる。〟今はそうでありません。王様の視察に多くの人がお供をし、王様とお供の者の食べるものを民から取り上げます。それで民は飢えても食べることができず疲れても休むことができません。王様の行列を横目で見て皆誹り怨みます。役人は天子の命令に違《たが》い民を虐げます。また飲食をほしいままにします。さらに流連荒亡して、諸侯に仕える国や県や村の負担になります。川の流れに従い下り、帰ることを忘れるのを流と言います。流れに従いさかのぼり、帰ることを忘れるのを連と言います。狩猟をして飽くことがないのを荒と言います。酒を楽しみ飽くことがないのを亡と言います。先王の視察には流連荒亡の楽しみや行為はありません。どのようになされるかは、王様の決められることです。』景公は喜びました。国に命を出し、自分は国はずれへ行き視察し、倉を開き不足を補いました。楽官を召し君臣がともに喜ぶ音楽をつくらせました。それが徴《ち》招、角招です。その詩には、君を止める者はどうしてとがめられようかとあります。君を止めるのは君を好むことです。」

**通し番号83**　章内番号7　識別番号2・4・7

朱子は「飲酒を楽しみとすると事を失う」と言っている。酒を飲むと愉快にはなるが、ものを深く考えようとしたり、今は辛いことでも、後に楽があるため、今の辛さを我慢しようとしたりすることがなくなる。それで事が成就しない。朱子の言う通りである。

## 章番号5　章通し番号12　通し番号87～91

斉の宣王が問う。「人は皆明堂を壊してくださいと言う。壊すべきなのか、壊すべきでないのか。」孟子が答える。「明堂は天下の王の堂であります。王様が王政を行なおうとされるなら、明堂を壊さないでください。」

王が言う。「王政のことを聞くことができるか。」

孟子が答えて言う。「昔、文王が岐を治められた時、農民は九分の一の税でした。仕える者は世襲の録を受けました。関所や市場では官吏が調べることはしましたが、税は取りませんでした。ため池のやなは禁じませんでした。罪を犯した者はその人は罰しますが、その妻子を罰することはしませんでした。老いて妻のいない者を鰥《かん》と言います。老いて夫がいない者を寡と言います。老いて子がいない者を独と言います。幼くして父がいない者を孤と言います。鰥《かん》寡孤独は天下の困っている人々です。頼る者のない人々です。文王は政をする時に、まず鰥《かん》寡孤独のことを考えました。詩経に言います。『富んでいる者はいいが、頼る者がない者はかなしい。』」

王は言う。「よい言葉だ。」

孟子が言う。「王様はこれをよい言葉とされるなら、どうして実行されないのですか。」

王は言う。「私には病がある。私は金を好む。」

孟子は言う。「昔、公劉は金を好みました。詩経に言います。『穀物を野にも倉にも積む。乾《ほ》し飯《いい》を袋に包む。民を安んじ集め国を盛大にしようとする。弓を張り、戈《ほこ》、盾、鉞《まさかり》を整え出発する。』居る者には穀物を積んであり、行く者には包んだ食糧があったから出発することができたのです。王様が金を好まれ、民とともに金を持つようにすれば、天下の王となるのに、差し支えはありません。」

王が言う。「私は病がある。私は色を好む。」

孟子が答えて言う。「昔、大王は色を好み、その妃を愛しました。詩経に言います。『古公亶甫《たんぽ》は朝に馬を走らせ西方の河にそって岐山のふもとに行く。ここで妃と一緒に暮す。』この時は婚期を逃した女性もなく、壮年の独身の男性もいませんでした。王様がもし色をお好みなら、民とともに好むようにすれば、天下の王となるのに、何の支障もありません。」

**通し番号 91**　章内番号 5　識別番号 2・5・5

儒学と言うと固いイメージがある。金を求めるのも、色を求めるのも厳禁でただひたすら修身に努めなければならないようなイメージがある。ところがここで孟子は金が好きなこと、色が好きなことは、ともに天下の王となるのに何の支障もないと言う。実際に公劉という賢君は金が好きであったし、古公という賢君は色が好きであったと古の賢君の例を出している。それではこの二君は凡人が金が好きで色が好きなのとどこが違ったのか。自分の心を推して人に及ぼしただけである。自分が金が好きだから、人にも金を得させるようにした。自分が色が好きだから人にも色を得させるようにした。凡人は人のものを奪って、人に損をさせて自分だけが金を得ようとする。色も自分だけが得ようとする。天下の王となるか、凡人となるかは、実にこの一点の差に過ぎない。

また朱子は勇を好み、金を好み、色を好むのはみな天理であると言う。それでは天理と人欲はどう違うのか。理に従い天下に公となろうとすれば、これは天理に従うことである。自分一人に私しようとすれば、これは人欲に従うことである。多くの人とともに得ようとすればこれは天理に従うことである。自分一人だけ得ようとすればこれは人欲に従うことである。

**通し番号 91**　章内番号 5　識別番号 2・5・5

宗教は欲を厳しく絶つことを説くものがあるが、欲を厳しく絶つことはかえって天理に反する。食欲を厳しく絶てば人間は餓死する。色欲を厳しく絶てば子孫が生まれず人類は滅亡する。食欲も色欲も人間に必要なものである。だから食欲や色欲も天理である。ただ誰もが食欲、色欲を持っているのだから、人にも食欲、色欲を得させるようにしなければならない。自分だけが得をしようとして、人の食欲、色欲を妨げるとこれは天理に反することになる。人に天理の欲を得させるためには、自分の欲を節することが必要になる。だから天理に従うには寡欲でなければならない。多欲でもいけないし、無欲でもいけない。

## 章番号 6　章通し番号 13　通し番号 92～94

孟子が斉の宣王に言う。「王様の臣下が楚に行くので、留守中妻子を助けてくれるように友人に依頼しました。その臣下が帰国すると、妻子は凍え飢えています。どうされますか。」

王は言う。「その友人とは絶交だな。」

孟子が言う。「司法長官がその部下の管轄ができないなら、どうされますか。」

王は言う。「解任する。」

孟子が言う。「一国が治まらないならどうされますか。」王は左右を見て別のことを言う。

## 章番号 7　章通し番号 14　通し番号 95〜100

孟子は斉の宣王に会って言う。「歴史ある国というのは、高い木があることでありません。代々の旧臣がいることです。王様は信任する臣下がいません。昨日登用した者が今日は立ち去るというありさまです。」

王は言う。「どうすればその無能を知って用いないようにすることができるだろうか。」

孟子が言う。「国君が賢い者を登用するのはやむを得ないでするようにします。位の低い者が位の高い者を越え、遠い者が近い者を越えるのですから、謹まないわけにはいきません。王様の左右の者がみなその人は賢いと言っても賢いとみなすことはできません。多くの大夫がその人は賢いと言っても賢いとみなすことはできません。国民がみなその人は賢いと言えば、王様は自らがその者をよく見てよく考えます。王様が賢いとみなすならその者を登用します。左右の者がみな使えない者だと言っても聞いてはなりません。大夫の位の者がみな使えない者だと言っても聞いてはなりません。国民がみな使えない者だと言えば、王様自身がよく見てよく考えます。王様がその者は使えない者であるとみなすなら、その者を用いません。左右の者がみな死刑にすべきだと言っても聞いてはなりません。大夫の位の者がみな死刑にすべきだと言っても聞いてはなりません。国民がみな死刑にすべきだと言えば、これをよく見て、よく考えます。王様自身が死刑にすべきだとみなせば、その者を死刑にします。だからこれを国民が死刑にしたと言います。このようにして初めて王様が民の父母となることができます。」

**通し番号 98**　章内番号 4　識別番号 2・7・4

君主が自分の取り巻きの人の言うことで政治をし国を滅ぼすことが有史以来繰り返されている。だから孟子は単に自分の左右にいる者の言うことだけを聞くなと強く言っている。孟子は国民が言うことを一番重んじている。しかしこれはマスコミが発達していなかった時代の話である。現代では国民の意見はマスコミでつくられる。マスコミの言う通りに国民は動きがちである。テレビが納豆はダイエット効果があると言えば、たちまちに納豆が売り切れる時代である。世論は自分の部下の一人のマスコミという名前の人間が言っていることと考えるべきである。単に部下の一人の意見に過ぎない。

**通し番号 99**　章内番号 5　識別番号 2・7・5

王は強い権力を持っているから王が命じれば人を死刑にできる。しかしそれではどういう根拠でその人を死刑にしたのかが明確でない。王の気分で死刑にされたのでは、国民としてはたまったものでない。それで刑法という明確に文書化されたものをつくり、その刑法によって死刑にするという現代の制度になった。しかしこれもありもしない証拠を偽造し人を有罪にすることが可能である。

**通し番号 100**　章内番号 6　識別番号 2・7・6

人材を登用する、あるいは人材を解任するのに、必ず自らがよく考えなければならないことを教えている。ここで注目すべきは、国中の人がほめる人でも、王が登用すべき人物でないとみなすなら登用するな、国中の人がやめさせるべきだと言っても、王がやめさせるべきでないとみなすならやめさせるな、と言っていることである。人物の評価は、他人の評価はあくまで参考にするだけであって、自分の頭で考え、自分が判断しなければならないのである。

このことは単に人材の登用だけに止まらない。すべてのことにおいて他人の意見はあくまで参考までであって、それを取るかどうかは自らがよく考え自らが判断しなければならない。自ら考えることなく他人の意見に盲従することは決してしてはならない。

## 章番号 8　章通し番号 15　通し番号 101～103

斉の宣王が問う。「湯が桀を追放し、武王は紂を征伐したと聞くが、こういうことがあったのか。」

孟子が答えて言う。「古書にございます。」

王が言う。「臣下が君主を殺してよいのか。」

孟子は言う。「仁を害する者を賊と言います。義を害する者を残と言います。残賊の人は天子でなく、一人の男に過ぎません。一人の男の紂を征伐したと聞いていますが、君主を殺したとは聞いていません。」

### 通し番号 103　章内番号 3　識別番号 2・8・3

湯武が天子の桀紂を追放したり殺したりして自らが天子についたのは、現代日本で考えるなら、天皇を追放したり殺したりして自らが天皇になったようなものである。斉王はこういうことが許されるのかと尋ね、孟子は「天子を殺したとは聞いていない。一人の男を殺したと聞いている。」

と答えたのである。

臣下が天子を殺し自らが天子になることが許されるのかは、古来からずいぶんと議論された。武王が紂を撃とうとした時、聖人と言われた伯夷、叔斉は強く武王を諌めた。武王が紂を殺し天子となると、伯夷、叔斉は武王の天下の米を食べることを恥じ餓死した。王勉は上が桀紂のように暴虐で、下が湯武のような仁がある場合にのみ許されるとする。湯武のような仁を持つことは、非常に困難だから、事実上許されないことになる。

## 章番号 9　章通し番号 16　通し番号 104〜105

孟子は斉の宣王に会って言う。「巨大な家を作るなら、必ず大工の棟梁に大木を求めさせるでしょう。棟梁が大木を入手すれば、王様は喜び、その棟梁は棟梁にふさわしいとされるでしょう。大工がその大木をけずって小さくしてしまうと、王様は怒り大工にふさわしくないとするでしょう。人は小さい時は学び、壮年になると学んだことを実行しようとします。王様がしばらく学んだことを捨てて私に従えと言われるのはどうでしょうか。今、ここに原石があります。高価なものであっても、必ず専門の細工師にその原石を刻みみがくようにさせます。国家を治めることになると、王様はお前の学んだことを捨てて私に従えとおっしゃいます。これは専門の玉の細工師に玉のみがき方を教えるようなものです。」

**通し番号１０５**　章内番号２　識別番号２・９・２

選挙制度を取っている現代では、選挙を実施して国民の審判を仰ぐということが言われる。政治の素人の国民に、政治のプロの政治家の政策が正しいかどうかを判断してもらっているのである。これはおかしい。政治の素人が正しい判断ができるはずがないのである。それがために選挙による国民の審判はしばしば誤る。真の政治家は、権力者の意に従うようにもしない、国民が気に入るようにもしない、自らの国家の百年の大計を実行する者である。こういう真の政治家は、国民の意にそうことをしないため、選挙制度では落選することが多い。選挙制度では真の政治家を選出できず、国家は乱れることになる。

ナチスのヒトラーはクーデターで政権を取ったのでない。選挙で合法的に政権を取った。選挙制度の限界を示している。

# 章番号 10　章通し番号 17　通し番号 106～109

斉の軍隊が燕を攻撃し燕に勝った。

宣王が問う。「ある者は燕を併合せよと私に言う。ある者は併合するなと言う。斉も燕も大国だが、大国が大国を攻撃しわずか五十日で占領した。人間の力でできることでない。天の命だ。燕を併合しないと天のとがめがあるだろう。どのように考えるか。」

孟子が答えて言う。「燕を併合して燕の民が喜ぶなら併合してください。古の人でこれをなされたのは武王です。燕を併合して燕の民が喜ばないなら併合しないでください。古の人でこれをなされたのは文王です。大国が大国を撃ち、燕の民は食べ物と飲み物を持って来て王様の軍隊を歓迎しました。水に溺れたり火に焼かれたりする苦しみから免れるためです。もし王様が統治され、水がさらに深くなり火がさらに強くなれば、民はまた救いを他国に求めることになります。」

# 章番号 11

## 章通し番号 18　通し番号 110〜113

斉の軍隊が燕を撃ち燕を併合した。諸侯は燕を救うことを謀った。

宣王は言う。「諸侯の多くが私を撃つことを謀っている。どう対処すべきか。」

孟子は答えて言う。「三十五キロの領土で天下を治めたのは湯です。五百キロの領土があるのに人を恐れるのは聞いたことがありません。書経に言います。『湯は征伐を葛より始められた。天下の人々は湯を信じた。東を征伐すれば西の国が怨み、南を征伐すれば北の国が怨んだ。〝どうして私の国を後にするのか〟と言う。』民が湯の来るのを願うのは、大旱魃《かんばつ》に雲が湧き上がることを願うようでありました。市場へ行く者は立ち止まりません。耕す者は耕すことをやめません。暴君を征伐して民をあわれみますので、湯は旱魃《かんばつ》の雨のようでした。民は非常に喜びました。書経に言います。『私は君を待っている。君がおいでになると、私は蘇るだろう。』燕の君はその民を虐げていました。王様が燕を征伐されると、燕の民は水に溺れ火に焼かれる苦しみから救ってくれると思い、軍隊の食べ物、飲み物を持参して斉の軍隊を迎えました。しかし王様が燕の長老を殺し、若者を捕え、宝物を持ち去るなら、どうしてよいことと言えましょうか。天下は以前から斉が強いことを恐れていました。今、燕を併合して領土が二倍になったのに仁政を行わなければ天下はさらに恐れ、自衛のために燕に援軍を出すでしょう。王様はすぐに命令を出し、老人、子供を帰し、宝物をもとにもどし、燕の民と諮り燕国に君を立て、燕から撤退されるなら、まだ諸侯の攻撃を止めるのに間に合います。」

## 通し番号 112　章内番号 3　識別番号 2・11・3

国は自分の国の領土を広め富を集めたがる。だから国境の少しの土地の所有権で対立し戦争が起こったり、自国の貿易赤字が大きくなると高い関税をかけたりする。しかし一つの国が領土を広めたり富を集めたりするとかえって領土を失ったり富を失ったりする。なぜなら他国の多くがその国が覇権を得るのを警戒し連合して戦争をしかけたり、貿易戦争をしかけたりするからである。斉が領土を倍にし強大になれば、他国が恐れて連合して斉に戦争をしかけたのと同じである。第一次世界大戦は新興国でどんどん国力をつけたドイツとドイツの覇権を阻もうとするイギリス、フランス、ロシア等が連合した戦いであった。四年にわたる戦争の結果、ヨーロッパはともに没落し、覇権はアメリカに移りアメリカが漁夫の利を得た。このことは個人でも同じである。一人の人が名声をほしいままにしたりすると、それを阻もうとする多くの人に攻撃される。

將欲奪之、必固與之（将に之を奪わんと欲すれば、必ず固より之を与えよ）（老子第三十六章）という老子の言葉はこれを熟知した言葉である。人からものを取ろうとする時、たいていの人はそのものをその人から無理やり取ろうとする。それでは一人対一人の争いであり、勝つ確率は五割である。またその人と争うことになるから、たとえ奪っても深く怨まれる。その人にものをさらに与えてしまうと、その人が多くのものを持つことになるから、他の多くの人が妬んでそれを奪おうとする。一人対多くの人の争いになるから、まず確実に奪われる。しかもこちらはその人にものを与えただけであり、その人と争っていないから怨まれることもない。

## 章番号12

章通し番号19　通し番号114〜116

鄒は魯と戦った。

穆《ぼく》公は問う。「隊長に戦死者が三十三人いる。隊長を救おうとして死んだ民兵はいない。隊長を見殺しにした民兵を処刑したいが、数が多すぎてことごとく処刑できない。処刑しないと隊長が死ぬのを見ているのに救わないことがまかり通る。どうすればよいか。」

孟子は答えて言う。「凶作の年には、王様の民は、老いた者、幼い者は溝に落ち込んでも出る力がなくころがっていました。壮年の者は何千人となく四方に離散していました。ところが王様の倉は穀物でいっぱいでした。倉を開くように王様に進言する役人もいませんでした。これは上が怠り下をそこなっているのです。曽子が言います。『よくよく謹め。自分から出たものは自分に返ってくる。』今、民はその怨みを返すことができたのです。王様、民をお咎めのないようにしてください。人君が仁政を行えば、民は隊長を愛し、隊長のために死にます。」

## 章番号13　章通し番号20　通し番号117〜118

滕の文公は問う。「滕は小国であるが、大国の斉と楚を分け隔てる所に位置している。斉に仕えるべきか。楚に仕えるべきか。」

孟子は答えて言う。「これは私の及ばないことです。やむを得ないなら一つございます。堀をつくり、城をつくり、民とともに守ります。死を覚悟しても民が去らないならすべきです。」

## 章番号14　章通し番号21　通し番号119〜121

滕の文公は問う。「斉が薛《せつ》に城を築こうとしている。私は非常に恐れている。どうすればよいか。」

孟子が答えて言う。「昔、大王は邠《ひん》におりました。蛮族が邠《ひん》に侵入したためそこを去り岐《き》山のふもとに移りました。岐《き》山のふもとが気に入ったのでなく、やむを得ず行ったのです。もし善をなすなら、子孫に必ず王となる者が出て来るでしょう。君子は事を始め、事の始めを示し、後世が継続できるようにします。成功するかどうかは天にあります。人間の力でどうこうできるものでありません。王様は斉をどうすることもできません。ただ善に努めるだけです。」

**通し番号 121**　章内番号 3　識別番号 2・14・3

朱子の「人君但《ただ》当に力を其の当に爲すべき所に竭《つく》すべし、幸を其の必とし難き所に徼《もと》むべからず」という言葉は感慨深い言葉である。朱子は人君と言っているが、これはすべての人と考えるべきである。必とし難き所に幸をたえず求め、今すべきことに手を抜いているのが私たちの生活でなかろうか。

## 章番号 15　章通し番号 22　通し番号 122〜124

滕の文公が問う。「滕は小国である。力を尽して大国に仕えても国を保つことができない。どうすればよいか。」

孟子は答えて言う。「昔、大王は邠《ひん》に住んでおられました。蛮族が侵略して来ました。大王は皮や絹を献上され仕えようとしましたが、許されません。大王は犬馬を献上され仕えようとしましたが、許されません。大王は宝物を献上され仕えようとしましたが、許されません。大王は長老を集めて言われます。『蛮族のほしいものは私の土地だ。君子は人を養うもので人を害さないと聞いている。みなさん、私はここを去る。蛮族が人君になるから、人君がなくなることはない。』邠《ひん》を去り、梁山を越え、岐山のふもとに町をつくり住まれました。邠の人々は言います。『仁のある方だ。この方が人君でなければならない。』大王に従う者は多く、市場に人が行くようでした。ある人は言います。『土地は代々守るものである。自分が勝手にできるものでない。死を賭してここにいて、去るべきでない。』王様、この二つからお選びください。」

**通し番号 122**　章内番号 1　識別番号 2・15・1

「君子は其の以て人を養う所のものを以て人を害さず（君子は人を養うもので人を害さない）」というのは、感銘深い言葉である。自明のことのようにも思われるが、この明らかな理がわからないから、太古から現代まで多くの戦争がなされてきた。人を養うべきものである土地のために、多くの戦争がなされ、莫大な数の人が戦死した。現代では金を得るために深夜まで働き病気となる人が少なくない。金は人を養うものである。人を養うものである金を得ようとして身を害している。これも「君子は人を養うもので人を害さない」という自明の理がわかっていない。

**通し番号 124**　章内番号 3　識別番号 2・15・3

死を賭して戦うのが正道であり、大王のように去るのは権であると朱子はするが、私は去るのが正道であると思う。

最初から負けることがわかっている戦いに国民を引き込み多くの国民を死なせることは仁とは言えない。戦えば自分だけでなく、一族はみな殺されるだろうから、自分の子孫もいなくなる。子孫に王になる者が出て来ることもありえないことになる。大王の言うように土地は人を養うためにあり、人を養うもののために人を害することはできない。

章通し番号10に「惟《ただ》智者能く小以て大に事えるを爲す」と孟子は言っており、智を用いて生き延びるべきである。謀を用いて生き延びることを考えずにただ必敗の戦いをして死ぬのは愚者と言うべきである。

戦わずに去るというのは人君にとって都合の悪い考え方である。人君が去っても民が従わなければ人君は簡単に自分の地位を失ってしまう。死を賭して国を守るという考え方のほうが、人君にとって都合がよい。それで死を賭して戦うのが正道とされてきたのでなかろうか。民は国より重い。民のために国が滅ぶことは許されるが、国が滅ばないようにするために、必敗の戦いを民にさせることは許されない。

## 章番号16　章通し番号23　通し番号125～127

魯の平公が出かけようとする。寵臣の臧倉《ぞうそう》が言う。「王様がお出かけになる時は、役人に行く所をおっしゃっています。今回はすでにお車の準備ができているのに、役人はまだ行き先を聞いていません。行き先をおっしゃってください。」王が言う。「孟子に会いに行くのだ。」臧倉が言う。「どうしてでございますか。王様が尊い身を軽んじて自分から庶民の所へ会いに行かれるとは、孟子を賢人とお思いですか。礼は賢人から出て来ます。孟子の母の葬儀はその前の父の葬儀を越えるものでした。孟子は礼を知っているのでしょうか。王様、会うのをおやめください。」王は言う。「わかった。」

楽正子は宮中に入り王に会って言う。「王様はどうして孟軻《か》にお会いにならないのですか。」王が言う。「ある者が私に孟子の母の葬儀はその前の父の葬儀を越えていたと言ったから、会いに行かなかった。」楽正子が言う。「王様のおっしゃる越えるというのはどういうことでしょうか。前は士の礼でして、後は大夫の礼でしたということでしょうか。前は士の礼の三鼎《てい》を用い、後は大夫の礼の五鼎を用いたということでしょうか。」王は言う。「そうではない。柩《ひつぎ》、衣服、遺体を包むふすまが華美なことだ。」楽正子は言う。「それはいわゆる越えるというものでありません。孟子の貧富が違っていたためです。」

楽正子が孟子に言う。「克が王様に申し上げ、王様は先生の所へ会いに来るつもりでした。寵臣の臧倉《ぞうそう》が王様を止めました。それで王様は来られませんでした。」孟子は言う。「行くには行かせるものがあり、止まるにも止まらせるものがある。行くも止まるも人間ができることでない。私が魯の君に会わなかったのは天命である。臧倉が私に会わせなかったのでない。」

# 公孫丑章句上　篇番号３

章番号１〜９　章通し番号24〜32　通し番号１２８〜２０２

## 章番号1　章通し番号24　通し番号128～140

公孫丑は問う。「先生が斉で要職につかれたら、管仲や晏子の功業を私は期待できるのでしょうか。」

孟子が言う。「君は本当に斉の人だね。管仲と晏子のことだけを知っている。ある人が曽西に尋ねた。『あなたと子路とどちらが優れていますか。』曽西は落ち着かずに言う。『私の祖父が尊敬していた方だ。』また尋ねる。『あなたと管仲とどちらが優れていますか。』曽西は怒り喜ばなかった。『どうして私と管仲を比べるのだ。管仲は君主に信任され専ら政治を行なった。しかも非常に長く政治を行なった。しかしその功績はとても低い。あなたはどうして私と管仲を比べるのだ。』管仲のようにすることは曽西がしないことだ。君は私が管仲のようにすることを願うのか。」

公孫丑が言う。「管仲はその君主を天下の覇者にしました。晏子はその君主の名声を天下にとどろかせました。管仲や晏子でも不足とおっしゃるのですか。」

孟子が言う。「斉を天下の王とすることは、手の平を返すようにやさしいことだ。」

公孫丑が言う。「そのようにおっしゃると私はますますわからなくなります。周の文王は非常に徳があり、百歳で亡くなりましたが、まだ天下すべてを治めていませんでした。武王や周公がこれを継ぎ、天下にゆきわたるようになりました。先生が天下の王になることがたやすいとおっしゃるなら、文王は模範とするに足らないのでしょうか。」

孟子が言う。「文王には匹敵することはできない。殷の湯より殷の武丁までの間に聖賢の君主が六、七回出ており、天下は長く殷に帰服していた。長いと変えることは難しい。武丁が諸侯を朝貢させ、天下を有することは、手の平をかえすようにやさしいことだ。殷の紂は武丁からまだ年月がたっていなかった。旧臣や教化も残っていた。さらに微子、微仲、王子比干、箕子《きし》、膠鬲《こうかく》はみな賢人であり、紂を補佐していた。だから年月を経て天下を失ったのだ。少しの地も紂の有でないものはなく、一人の民も紂の臣でない者はなかった。文王はわずか四十五キロの領土から勃興してきた。それで天下を有することは難しかったのだ。斉では『知恵があっても時勢に乗るのに及ばない。農具があっても時期を待つのに及ばない。』と言われている。今の時勢はたやすい時だ。夏、殷、周の盛時でもその直轄の領土は四百五十キロに過ぎない。斉はすでに四百五十キロの領土を持っている。夏、殷、周の時代は鶏や犬の鳴き声が互いに聞こえるほど家が密集して国境まで続いていたが、斉もまたそれだけの人がいる。斉は領土をさらに広める必要はなく、民をさらに集める必要もない。仁政を行い天下の王となることを妨げるものはない。また天下の王が起こらないのは今ほど長いものはない。民が虐政に苦しんでいるのも今ほどひどいものはない。腹が減っていると何を食べてもおいしいし、喉が乾いているると何を飲んでもおいしい。孔子が言われる。『徳がゆきわたるのは、継ぎ馬で命を伝えるよりも速い。』今大国が仁政を行なえば民が喜ぶのは、逆さにぶら下げられているのを解かれるようなものだ。することは古の人の半分で成果は必ず倍になる。今の時勢のためだ。」

**通し番号 132**　章内番号 5　識別番号 3・1・5

私たちはとかく成功を求める。成功したものはよく、成功しなかったものは間違っていると思いがちである。しかし事には必ず自分の力でどうしようもできない運がある。これを儒学では天とか命と呼ぶ。理のなすべきことをして、強いて結果を求めない。これが君子のやり方なのである。結果には必ず天が伴うからである。

管仲や晏子は確かに成功した者、その王を成功させた者だが、成功したから正しいとは言えない。顔回は狭い家に住み若死にした。世俗的な栄達を得ていない。しかし正しくないとは言えない。

## 章番号 2　章通し番号 25　通し番号 141～168

公孫丑は問う。「先生が斉の宰相の地位につき、道を行うことができるなら、覇者や王者の業績を立てても不思議でありません。それなら先生は心を動かしますか。」

孟子は言う。「動かさない。私は四十歳で心を動かさない。」

公孫丑は言う。「そのようなら先生は孟賁《ほん》をはるかに超えています。」

孟子は言う。「これは難しいことでない。告子は私より先に心を動かさない。」

公孫丑が言う。「心を動かさないのに道がありますか。」

孟子は言う。「ある。北宮黝《ゆう》が勇を修めるのは、筋骨隆々として皮膚はたゆまず、おどしても目をそらさない。少しでも人に辱められると、多くの群集の前で鞭打たれるように思い、卑賎な者にも辱めを受けず、諸侯にも辱めを受けない。大国の君を刺すのも卑賎な者を刺すがごときである。諸侯を恐れることなく、悪口を言われると必ず報復した。孟施舎は勇を修めることについて言う、『勝てないことでも勝つがごとく見る。敵を図ってから進み、勝ちを図ってから戦うのは大軍を恐れているのだ。私は勝つことを必としない。恐れることをしないのだ。』孟施舎は曽子に似ている。北宮黝《ゆう》は子夏に似ている。この二人の勇はどちらがまさっているのかわからない。しかし孟施舎は要を守っている。昔、曽子は子襄《じょう》に言った。『私は孔子に大勇を聞いた。自ら省みて正しくなければ、目下の者でも恐れないことがあろうか。自ら省みて正しければ、千万人でも私は立ち向かう。』孟施舎が気を守っているのは、曽子が要を守っているのに及ばない。」

公孫丑が言う。「先生の不動心と告子の不動心のことをおうかがいできますか。」

孟子が言う。「告子は言う。『言に得ないと心に求めるな。心に得ないと気に求めるな。』心に得ないと気に求めるなと言うのは可である。言に得ないと心に求めるなと言うのは不可である。志は気を率いる。その気は体に満ちる。志が最も大事で、気はそれに次ぐ。だから志を持ち気も乱すなと言うのである。」

公孫丑は言う。「志が最も大事で、気がそれに次ぐと先生はおっしゃったのですが、さらに志を持ち気も乱すなとも言われます。どうしてですか。」

孟子が言う。「志が一であれば気を動かす。気が一であれば志を動かす。けつまずいたり疾走したりするのは、気である。この時は気が心を動かしている。」

公孫丑が問う。「先生は何に長じているのですか。」

孟子は言う。「私は言を知っているし浩然の気を養っている。」

公孫丑が言う。「おうかがいします。何を浩然の気と言うのですか。」

孟子が言う。「言い難い。その気は至大至剛で直である。その気を養い害することがないと、天地の間に満ちる。気は義と道と連れ合う。道と義がないとこの気は欠乏する。義が集まりこの気が生ずる。義は外に取るものでない。心に快くないものがあると、この気は欠乏する。これがために私は告子は義を知らないと言うのだ。義を外にあるとしているからだ。事があっても必ず予め期することをしてはいけない。心を尽さないことをしてもいけない。気を宋の人のように扱ってはならない。その宋の人は苗が育たないと心配して、苗を引っ張った。家に帰り家族に言う。『今日は疲れた。苗が育つのを助けたから。』その子が走って行って見ると、苗は枯れていた。天下の人で苗が育つのを助けない者は少ない。しても益がないと思い放っておくのは、雑草を取らない者だ。苗が育つのを助けようとする者は苗を引っ張る者だ。苗を引っ張ると益がないだけでなく、苗を枯らすことになる。」

公孫丑が言う。「何を言を知っていると言いますか。」

孟子が言う。「片寄った言葉はその蔽われている所を知る。ほしいままの言葉はその耽溺している所を知る。邪《よこしま》な言葉はその道理から離れている所を知る。逃げ言葉はその窮している所を知る。心に失が出て来ると政にも害がある。政に失があると、事にも害がある。聖人がまた起こっても、私の言うことに賛同されるだろう。」

公孫丑が言う。「宰我、子貢は言語に優れていました。冉牛《ぜんぎゅう》、閔子《びんし》、顔淵は徳行に関してよい言がありました。孔子はこれらを兼ねておられますが、言葉は得意でないと言われました。先生が言葉を知っているなら先生はすでに聖人ですか。」

孟子が言う。「ああ、何を言うのか。昔、子貢は孔子に尋ねた。『先生は聖人ですか。』孔子は言う。『聖人に及ばない。私は学んで飽きず、教えて倦まないだけだ。』子貢は言う。『学んで飽きないのは智です。教えて倦まないのは仁です。仁で且つ智ですから、先生はすでに聖人です。』孔子でさえ聖人であるとはされなかった。私が聖人であるとは君は何を言っているのか。」

公孫丑が言う。「子夏、子游、子張はみな聖人の一部を得ている、冉牛、閔子、顔淵は聖人の全体を得ているが小さいと以前に聞きました。先生はどこにおられますか。」

孟子が言う。「それはしばらく置いておけ。」

公孫丑が言う。「伯夷、伊尹はどうですか。」

孟子が言う。「道が同じでない。その君でないと仕えず、その民でないと使わない。治まっていると進んで仕え、乱れると退く。これが伯夷だ。どの君に仕えても君である、どの民を使っても民であるとし、治まっていても乱れていても進んで仕えるのが伊尹だ。仕えるべきは仕え、仕えざるべきは仕えず、長くいるべき時は長くおり、速やかに去るべき時は速やかに去るのが孔子だ。みな古の聖人だ。私はまだこのように行うことができないが、願っていることは孔子を学ぶことだ。」

公孫丑が問う。「伯夷、伊尹と孔子は同等ですか。」

孟子が答える。「同等でない。人類が始まって以来、孔子のような方はいない。」

公孫丑が言う。「同じ所はありますか。」

孟子が言う。「ある。四十五キロの領土の君となれば、三人とも諸侯を朝貢させ、天下を有することができる。一つの不義をしたり、一人の罪なき者を殺したりして天下を得ることは、三人ともしない。これが同じだ。」

公孫丑が問う。「伯夷、伊尹、孔子の異なる所をお尋ねしたいです。」

孟子が言う。「宰我、子貢、有若は、その智は聖人を知るのに足りる。下にいても好む所におもねることはしない。宰我は言う。『私が孔子を見るに、堯舜にはるかにまさる。』子貢は言う。『その礼を見るとその政がわかる。その音楽を聞くとその徳がわかる。百世の後から百世の王を比べても間違うことはない。人類が生まれて以来孔子のような方はいない。』有若は言う。『麒麟と獣、鳳凰と鳥、太山と蟻塚《ありづか》、河海と水たまりはみな類である。人間も同じで聖人と民は類である。類から出て、多くの者に抜きん出るのは、人類が始まって以来、孔子ほど盛んな者はいない。』」

**通し番号 155**　章内番号 15　識別番号 3・2・15

浩然の気は天の気である。天に従った時に得ることができる。天はそれぞれの人が分を尽すことを望んでいる。人と人を比較して、自分が他人より優れていると主張することなどは望んでいない。だから自分の心に私意の気持が出ると、天の気である浩然の気はなくなっていく。

**通し番号 157**　章内番号 17　識別番号 3・2・17

私達は言葉の中で生活している。毎日いろんな言葉に接する。現代は技術の発達のため、接する言葉が昔より格段に多くなっている。テレビ、新聞、雑誌、インターネットからたくさんの言葉を聞く。これらはすべて孟子の時代にはなかったものである。言葉はそのまま信じることはできない。理に合わない言葉があり、そのまま信じれば、人を大きく害するからである。では言葉の何が問題なのか。

まず片寄った見方や一方向だけから見ているものがある。一つのことばかりしている専門家はこれが多い。その狭い専門範囲から見ると正しいかもしれないが、全体から見ると間違っている。これが孟子の言う詖《ひ》辞である。

次にただ自分の欲を満たすために発される言葉がある。テレビに出て来る人は多くの人に自分が認められるように言葉を発する。正しいことであっても、多くの人が認めないことは言わない。人に認められるためにありもしないことも言ったりする。セールスマンは商品を売るために言葉を発する。その商品の欠陥は言わない。しばしばその商品を実際以上に美化して言う。欲を満たすために言葉を発すると理にもとることも多くなる。これが孟子の言う淫辞である。

次に人を欺くために理でないことを理であるように見せて言うことがある。新型コロナウイルスが流行した時、ＰＣＲ陽性者はすべて新型コロナウイルス感染者でないのに、ＰＣＲ陽性者をすべて新型コロナウイルス感染者と発表した。それがために単にウイルスが少し付着していただけの人がすべて新型コロナウイルス感染者に仕立て上げられた。さらにＰＣＲ陽性者で死亡した人はすべて新型コロナで死亡したと発表した。それがために、末期癌や交通事故で死亡しても、ＰＣＲ陽性であると、新型コロナウイルスでの死亡者になった。これが孟子の言う邪辞である。

## 章番号 3

章通し番号26　通し番号１６９〜１７０

孟子が言う。力があり、仁を借りている者が覇である。覇は必ず大国である。徳があり、仁を行なう者は王である。王は大国である必要はない。湯の領土は三十キロで、文王の領土は四十五キロであった。力で人を服する者は、人は心から服しているのでない。力が足らないから服しているのである。徳で人を服する者は、人は心の中から悦び、その者に誠に服している。七十人の弟子が孔子に服したようなものである。詩経に言う。「西も東も南も北も服さない者はいない。」これはこのことを言っている。

**通し番号 170**　章内番号 2　識別番号 3・3・2

現在、世界の一番の強国はアメリカである。アメリカを強国たらしめているものはその軍事力である。アメリカは資本主義社会である。資本主義は富の増大を絶対視する。富の増大を絶対視するのだから、富の増大のために不仁なことがかなりなされる。しかしそれを民主主義とか自由な社会とかの美辞で仁らしく見せている。孟子の言う力以て服し仁を借る国である。

## 章番号 4　章通し番号 27　通し番号 171～176

孟子が言う。仁であれば栄え、不仁であれば屈辱を受ける。今の人は屈辱を嫌っているのに不仁であるが、これは湿気を嫌い低い所にいるようなものだ。屈辱が嫌なら、徳のある者を貴び、才のある者を尊び、賢者がふさわしい位につき有能な者がふさわしい職にあるようにする。国家が平穏な時に政治、司法を理にあったものにすれば、大国でさえも必ず畏れる国になる。詩経に言う。「雨が降らない間に桑の根の皮を取って来て、巣の口をくくりつくろう。下の人々は私を侮るだろうか。」この詩をつくった人は道を知っていると孔子は言われる。国家を治めることができるなら、誰が侮ろうか。国家が平穏な時に楽しみに耽り、怠り遊ぶのは、自らが災いを求めているのだ。詩経に言う。「長く考え正理に合い、自ら多福を求める。」太甲に言う。「天がなす災いはまだ避けることができる。自らなす災いは生きのびることができない。」このことを言っている。

**通し番号 173**　章内番号 3　識別番号 3・4・3

私の父は洋蘭を栽培していた。洋蘭を買いに来た人にきれいな花を咲かせるにはどうしたらいいかと聞かれた時に次のように答えていた。「たいていの人は花が咲く前になると、きれいな花を咲かせようとし肥料をやりよく世話をする。それでは駄目で普段から肥料をやりよく世話をすることが大事だ。」たいていの人は平穏無事の時に災いの準備をすることができない。災いが起こってからあわてふためいてそれに対処しようとする。だから十分な対処ができない。鳥がしたように、雨が降っていない時に、雨に備えて巣の修復をしておかなければならないのである。

**通し番号１７５**　章内番号５　識別番号３・４・５

「禍福、己自《よ》り之を求めざるもの無し」。味わい深い言葉である。すべてとは言えないが、禍福のかなりの部分が己がもたらしたものである。ところが人は禍に巻き込まれると己を責めずに人を責める。それがためにその禍から免れる能力が身に付かず、後にまた同じ禍に巻き込まれる。人間は誤る動物だから一度その禍に巻き込まれるのはやむを得ない。しかし二度同じ禍に巻き込まれることはあってはならない。二度同じ禍に巻き込まれるのは、己を責めずに人を責め、その禍から免れる能力が身に付かなかったからである。

**通し番号１７６**　章内番号６　識別番号３・４・６

警察庁の２０２０年３月７日の発表によると、東日本大震災の死者は一万五千八百九十九人である。約二万人である。東日本大震災は２０１１年３月11日に発生した。２０１１年から２０１８年までの警察庁が発表した交通事故死亡者数が次の表である。これは事故発生から24時間以内の死者数だから実際の交通事故による死者数はこれよりもっと多くなる。

| 年 | 交通事故の死者 |
|---|---|
| ２０１１ | ４６１２ |

| | |
|---|---|
| 2012 | 4411 |
| 2013 | 4373 |
| 2014 | 4113 |
| 2015 | 4117 |
| 2016 | 3904 |
| 2017 | 3694 |
| 2018 | 3215 |
| 計 | 32439 |

東日本大震災が発生した2011年から2018年までの8年間の交通事故の死者数は三万二千四百三十九人である。すでに東日本大震災の死者の数をはるかに上回っている。しかもこれは八年間だけの死者数である。これからも毎年三千人以上の死者が出ることが続く。

交通事故の死者は、人間がつくった自動車による死者である。これは人間が引き起こした災害である。自然が起こした災害ではない。人間が起こした災害は自然が起こした災害よりも多くの人を殺すのである。

## 章番号 5

章通し番号 28　通し番号 177〜182

孟子が言う。賢い者を尊び、能力のある者を使い、才徳の優れた者が位にあると、天下の人材はみな喜んでその朝廷に立つことを願う。商売は店舗にだけ税金をかけ、商品に税金をかけない、あるいは商売を法律で取り締まるだけで、店舗にも税金をかけない。そうすると天下の商人はみな喜んでその市場に商品を持って来るだろう。関所は取り調べるだけで税金を取らない。そうすると天下の旅人はみな喜んでその道を通ろうとするだろう。耕す者は公田を耕すのみで他に税金を取らない。そうするると天下の農民はみな喜んでその田を耕そうとするだろう。宅地に夫役や地税をかけない。そうすると天下の民はみな喜んでその民となるだろう。君主がまことによくこの五つのことを行なうことができるなら、隣国の民はその君主を自分の父母のように仰ぐ。子弟を率いてその父母を攻めることのできたことは、人類始まって以来一度もない。天下の人に父母のように仰がれれば天下に敵はない。天下に敵がない者は天吏である。天吏となって王とならない者は今まで一度もない。

### 通し番号 182

章内番号 6　識別番号 3・5・6

孟子が天下の王となるのに必要なものとしてあげた五つのうち四つまでが税金を安くすること

である。孟子がどれだけ税金を安くすることを重んじていたかがわかる。税金は一律収入の一割とし、それ以上取るのを不可とするのが先王の法である。

今、日本が税金を一律一割にしたらどうなるだろうか。富裕な者も法人も一律一割にするのである。富裕な者はたくさん税金を取られているから、多くの富裕な人が日本に住みたいと日本にやって来る。法人税はどこでも一割以上だから、法人税が一割の日本に法人を移したいと多くの法人が日本に押しかける。世界中の富裕な者、世界中の優れた企業が日本に集まる。富裕な者は有能な者が多いから、多くの有能な者も日本に集まる。そうなれば日本はおそらく何の武力も使わずに世界一の強国になる。何をしたのか。単に税金を一割にしただけである。それだけで日本は世界一の強国になる。

税金を一律一割にできないと言うのだろうか。それは不要なものに金を使っているからである。一割の税金でやっていけるように出費を抑えれば一割にできる。先王の法は税金は一割である。

## 章番号 6　章通し番号 29　通し番号 183～189

孟子は言う。人間はみな人を害するのが忍べない心がある。先王は人を害するのが忍べない心を持つから、人を害することが忍べない政をする。人を害するのが忍べない心で人を害することができない政をすると、天下を治めるのは、天下を手の平の上でころがすようなものだ。たやすいことである。人は皆人を害するのを忍べない心を持っていると言うわけはこうだ。今、幼い子が井戸に入ろうとしているのが急に目に入ると、みなはっとして止めなければと思う。その幼い子の父母と交際したいがためにそう思うのでない。町の人や友人にほめられたいがためにそう思うのでもない。情のない人と悪口を言われるのが嫌なためにそう思うのでもない。これから見ると惻隠《そくいん》の心がない者は人でない。羞悪《しゅうお》の心がない者は人でない。辞譲の心がない者は人でない。是非の心がない者は人でない。惻隠《そくいん》の心は仁の端である。羞悪《しゅうお》の心は義の端である。辞譲の心は礼の端である。是非の心は智の端である。人がこの四端があるのは、四肢があるようなものである。この四端があるのに、自分はできないと言うのは自分を棄てる者である。自分の君はできないと言う者は、自分の君を棄てる者である。四端は自分にある。四端をみな拡めて充《み》たすことを知れば、火が燃え始め、水源に始めて達するようなものである。もしこれを充《み》たすことができるなら、天下を保つ。もし充《み》たすことができないなら、父母に対しても十分のことができない。

## 通し番号 183　章内番号 1　識別番号 3・6・1

ものをつくることは天に従うことである。ものを害することは天に逆らうことである。米や野菜を育て栽培する。これはものをつくることだから天に従うことである。深く考え自分の考えを書き留める。これはものをつくることだから天に従うことである。結婚し子供をつくる。これはものをつくることだから天に従うことである。人が栽培しているものを踏みにじり荒らす。これはものを害することだから天に逆らうことである。人の悪口を言い人を中傷する。これはものを害することだから天に逆らうことである。子供の育児を放棄し子供を虐待する。これはものを害することだから天に逆らうことである。ものをつくるように生きる人は、ものを害するように生きる人より必ず優れる。なぜなら天に従っているからである。

天はいつも人を害さないのでなく、台風や旱魃でものを害するでないかと言うかもしれない。しかし台風や旱魃は天の常態でない。時に起こるだけである。風は強くなく、雨も適宜に降るのが天の常態である。

## 章番号 7　章通し番号 30　通し番号 190～194

孟子が言う。矢を作る人はよろいを作る人より不仁だろうか。矢を作る人はただ人を死傷させないことを恐れる。よろいを作る人はただ人を死傷させることを恐れる。巫女《みこ》と葬儀屋も同じである。巫女は人の幸福のために祈るから、人が幸福になると喜ぶ。葬儀屋は人が死ぬと利益になるから人が死ぬと喜ぶ。だから仕事は慎重に選ばなければならない。孔子は言われる。「住む所は仁のならわしがある所をよい所とする。選んで仁におるようにしなければ、どうして智と言えようか。」仁は天が与えた尊い爵位であり、人の安全な家である。仁をとどめることなく、不仁になるのは、智がないのである。

仁でない、智でない、礼がない、義がない者は人に使われる者である。人に使われているのに人に使われるのを恥じる。これは弓を作る人が弓を作ることを恥じ、矢を作る人が矢を作ることを恥じるようなものである。もしこれを恥じるならば、仁をなすのに及ぶものはない。

仁は弓を射るようなものである。自分が狙いを定めて矢を発する。当たらないと人を責めることをせず、自分の狙いを正すだけである。

**通し番号 190**　章内番号 1　識別番号 3・7・1

僧侶の年収は檀家の数に比例する。一般的に檀家一軒で四万円の年収になる。檀家が千あれば、四千万円の年収になる。しかし檀家が千もある大寺院は少なく、年収が二百万円に満たない僧侶も少なくない。僧侶の主な収入源は葬式と法事である。葬式が一つあると、五十万円前後の収入になる。特に年収が少ない僧侶にとって葬式があることは嬉しいことである。年収が二百万円もないのに、一度葬式があると、五十万円の現金が入って来るからである。つまり僧侶は人が死ぬことによって利益を受ける職業である。孟子の言う矢をつくる人や葬儀屋に類する職業である。

このために僧侶は一般人よりも不仁になりがちな環境にある。このような人よりも不仁になりがちな環境の中で仁徳に優れた僧侶になるには、大変な自助努力が必要だろう。

**通し番号 192** 章内番号 3 識別番号 3・7・3

人の下におりただ人に使われるだけの境遇は誰もが嫌がるものである。人の上に立ち人を使う人間になりたいと思う。それでどの職場でも人の上に立とうとして出世競争が見られる。孟子はここで仁でない、智でない、礼でない、義でないと人に使われる者だと言う。どんなに高い地位にいても、仁でない、智でない、礼でない、義でないと人に使われる者なのである。仁義礼智は自分の内にある。自分の内にあるものに従っておれば自ずと仁義礼智になるはずである。仁義礼智でないのは、自分の内にあるものに従っていない、外物により自分の内が使われている者である。外物に使われているのだからこれは人や物に使われていると言うべきである。孟子の言う人の役である。荘子の言う「物を物として物に物とせられず」と同じである。

**通し番号 194** 章内番号 5 識別番号 3・7・5

仁と言うと「思いやり」とか「いつくしみ」と考えがちである。ところが孟子は「仁は弓を射るようなもので、的に当たらないと人を責めずに自分に反り自分を責めることだ」と言う。この仁の説明に「思いやり」とか「いつくしみ」とかの言葉は出て来ない。ただ自分に求めることだけを言っている。また朱子は通し番号１９１－12朱注で「仁は天地が物を生じる心だ」と言う。この説明だと仁はものをつくること、つまり創作活動はすべて仁になる。詩をつくったり絵をかいたりすることも仁になる。ニュートン力学や相対性理論のような学問的理論も新しいものをつくることだから仁になる。電話機や飛行機のような新しい物をつくることも、物を生じたのだから仁になる。野菜をつくったり、米を栽培したりすることも、物を生じるのだから仁になる。また己に反れば、人間の心は本来物をつくろうとする所があるから、何かの物をつくることになる。だから孟子の仁の説明と朱子の仁の説明が一致する。人を思いやり人をいつくしむのは、人を生じさせているのだから、確かに仁である。しかし仁はそれだけでなく、もっと広い概念と考えるべきである。

## 章番号８　章通し番号31　通し番号１９５～１９９

孟子が言う。子路は人に誤りを指摘されると喜んだ。禹はよい言を聞くと頭を下げた。舜はこの二つよりさらに偉大である。よいことを人と同じくし、己を捨てて人に従い、人のよいものを取ることを楽しんだ。舜は耕作し、陶磁器を作り、漁をしていた時から帝になるまで人に取らないものはなかった。人のよいものを取るのは、人とともによいことをなすことである。君子にとって人とともによいことをするほど大事なものはない。

## 章番号 9　章通し番号 32　通し番号 200~202

孟子は言う。伯夷は君にふさわしい人でなければ仕えず、友にふさわしい人でなければ友としなかった。悪人の朝廷に立たず、悪人とは話をしなかった。悪人の朝廷に立ったり悪人と話をすることを、正装して泥や炭の中に坐ることのように思った。私がこの悪を嫌う心を推しはかるに、村人と居り、その冠がゆがんでいると、汚されると思いさっと立ち去るだろう。だから諸侯が招聘しても受けなかった。受けないのは諸侯に仕えるのを清いこととしないからだ。

柳下恵は不徳の君を恥じず、低い官職も恥じなかった。進み仕える時は賢を隠さずにその道を行なおうとした。放逐されても怨まず困窮しても憂えなかった。柳下恵は言う。「あなたはあなたであり、私は私だ。私の横であなたが上半身や全身裸になっても、私をけがすことができようか。」喜んで人とともに居り、自分を失うことがない。引き止めると留まる。引き止めて留まるのは去るのを清いこととしないからだ。

孟子は言う。伯夷は狭く、柳下恵はおおまかである。狭いことにもおおまかなことにも孔子は従わない。

# 公孫丑章句下　篇番号４

章番号１～14　章通し番号33～46　通し番号203～270

## 章番号１　章通し番号33　通し番号２０３～２０７

孟子が言う。天の時は地の利に及ばない。地の利は人が従うことに及ばない。１・５キロメートルの城、３・５キロメートルの外城を囲んで攻めても勝つことができない。囲んで長く攻めているのだから、必ず天の時がよい時があるだろう。それでも勝てないのは、天の時は地の利に及ばないからである。城壁は高くないことはなく、堀は深くないことはなく、武器は強力でないことはなく、兵糧も多くないことはない。それなのに逃げ去るのは、地の利は人が従うことに及ばないからだ。だから言う。民をへだてるのは国境でない。国を固めるのは高い山、深い谷でない。天下に威厳を示すのは強力な武器でない。道を得る者は助ける人が多い。道を失う者は助ける人が少ない。助ける人が最も少ない者は親戚も離れる。助ける人が最も多い者は天下の人が従う。天下の人が従う者が、親戚さえ離れる者を攻めるのだから、君子は戦う必要がない。もし戦うなら必ず勝つ。

**通し番号２０３**　章内番号１　識別番号４・１・１

『孫子』始計篇に「一曰道、二曰天、三曰地、四曰將、五曰法（一に曰く道、二に曰く天、三に曰く地、四に曰く将、五に曰く法）」とあり、この五項目を戦いの前に敵と味方でどちらが優れるかを考えることで、戦う前に勝敗がわかると言う。この中で孟子の言う「人の和」、つまり人が従うことは道と将と法である。道は「道者、令民與上同意、可與之死、可與之生、而不畏危也（道は民をして上と意を同じくし、之と死すべく、之と生きるべくして、畏れ危ぶまざらしむ）」と説明されており、将は「將者、智、信、仁、勇、嚴也（将は智、信、仁、勇、厳なり）」と説明されており、法は「法者、曲制官道、主用也（法は曲制、官道の主用なり）」と説明されている。道は下の者が大将に従い生死をともにしようと思うことであり、将は大将に「智、信、仁、勇、厳」の能力があることであり、法は大将の命令で下が寸分違わず動くことである。兵家の孫子の冷徹な分析によると、人が従うことだけでも勝てない。天と地も必要である。しかし最も大事なものが人が従うことであるのは、孫子も一致した見解である。なお現代戦では武器の優劣が勝敗に大きく左右する。現代戦では、「一曰道、二曰天、三曰地、四曰将、五曰法、六曰兵」と六項目で比較しなければならない。兵とは武器のことである。

**通し番号 207**　章内番号 5　識別番号 4・1・5

荻生徂徠は『孫子国字解』の中で、「天の時は地の利に如かず、地の利は人の和に如かず」はまことに千万世兵家の至理と云いつべしと言っている。人が上に従い上のために必死に戦う国ほど強い国はないのである。

国を守ると言うと、私たちはまず軍隊を強くすることを考える。高価な強力な武器を装備しようとする。日本も高価な武器を購入するために巨額の国費を出している。ところが日本のために懸命に戦おうとする人がどれだけいるのだろうか。日本のために戦うというような教育をしようとすると、これは軍国主義教育だと強く非難される。しかし政府が国民の心を得て、国民は日本のために懸命に戦おうとする人の和がなく、単に巨額の武器をそろえるだけでは、戦えば必ず敗れる。今の国防政策は巨額の金をどぶに捨てているようなものである。

武器を購入するのをすべてやめ、それで浮く巨額の金額を減税にあてる。すると税金が安く住みやすいと世界中の優秀な人材が日本に集まる。世界のすぐれた企業は法人税の安い日本を拠点にしようとする。優れた人材や企業が日本に集まれば、日本が侵略されたら被害が大きいから、その頭脳、技術、資本を使い日本を守るために懸命に画策する。そうすると日本は侵略を免れるだろう。こちらのほうが、軍事費として巨額の金をどぶに捨てるよりもはるかに日本を防衛することになる。

## 章番号２

章通し番号34　通し番号２０８～２１７

孟子は斉王に謁見しようとしていた。斉王は人をよこして言わしめた。「私が行って先生と会うべきだが、風邪をひいているので外へ出て風にあたることができない。今日の朝に朝廷に出るからその時に先生に会うことはできないか。」孟子は答えた。「あいにく私も病気になっており朝廷へ行くことはできません。」

次の日孟子は東郭氏に弔いに出かけようとした。公孫丑が言う。「昨日は病気と言って断り、今日弔いに行かれるのはよくないと思いますが。」孟子が言う。「昨日は病気であったが、今日はなおったのだ。弔いに行かないわけにいかない。」

王は見舞の人と医者を孟子の所へよこした。孟仲子は答えた。「昨日は王命ではございましたが、孟軻《か》は病気にかかっており朝廷に参ることができませんでした。今は少しよくなったので、朝廷へ走って行きました。着いたのかどうかわかりませんが。」数人の人を道に待たせて、孟子に必ず帰宅せずに朝廷へ行くようにと言ってもらった。

やむを得ないので孟子は景丑氏の家に泊まった。景丑は言う。「内では父子、外では君臣は大きな人倫です。父子の間では主として愛で接します。君臣の間では、主として敬で接します。私は王様があなたを敬していると思いますが、あなたは王様を敬していません。」孟子は言う。「何ということを言われるのか。斉の人で仁と義を王様に言う者はいません。仁と義をよくないものとする人はいないでしょう。斉の人は心の中で王様は仁と義を言うのに値しないのだと思っているのです。これほど人を敬さないものはありません。私は堯舜の道でないものは王様の前で申し上げておりません。だから斉の人が王様を敬するのは私が王様を敬するのに及びません。」

景丑は言う。「いや、私はそういうことを言っているのでありません。礼記に言います。『父が呼ぶとすぐに恭しく答える。だらだらと恭敬に欠けた返事をしてはいけない。君が呼ぶと車に馬をつけるのも待たない。』あなたはもともと謁見に行こうとされていた。王が召すのを聞くと行くのをやめました。これは礼記の意に合わないと思います。」

孟子は言う。「そういうことではありません。曽子は言います。『私の富は晋楚の富には及ばない。晋楚には富があるが、私には仁がある。晋楚には爵位があるが、私には義がある。私は何か少ないことがあろうか。』曽子が義でないことを言うでしょうか。これは道理の一つです。天下には尊いものが三つあります。一つは爵位であり、一つは年齢であり、一つは徳であります。朝廷では爵位を最も尊び、町や村では年齢を最も尊びますが、世を救い人の上に立つのは徳に及びません。その一つを持っているだけで他の二つを軽んじることができるでしょうか。だから大きなことをなそうとする者は、必ず呼びつけない臣がいます。施策を考えるには、自らその臣の所へ行って尋ねます。徳を尊び道を楽しむのがこのようでないと、ともに事業をするには不足です。だから湯と伊尹の場合、湯はまず伊尹に学んでから、伊尹を臣としました。それで湯は労することなく天下の王になりました。桓公と管仲の場合は、桓公はまず管仲に学んでから管仲を臣としました。それで労することなく天下の覇となりました。今、天下の諸侯は領土も徳も同じであり、優れる者がいません。それは自分に従う人を臣とするのを好み、自分が教えてもらう人を臣とするのを好まないからです。それ以外の理由はありません。湯は伊尹を呼びつけることはせず、桓公も管仲を呼びつけることをしませんでした。管仲は単に覇王の道を知っているだけです。王道を知っている者を呼びつけることができるでしょうか。」

**通し番号 208**　章内番号 1　識別番号 4・2・1

この王は斉の王だと言われている。当時の斉王は宣王である。斉の宣王は牛を殺すのを忍びなかったことから、孟子が民を安んずることができる王であると言った王である。（通し番号37）その王が話をしたいと使いをよこしたのに、孟子は病を口実にして行かなかった。これは斉の宣王との初対面の時のことでない。孟子はすでに王と何回か会っており、王は孟子を賓師として遇していた。何か孟子と相談することができ、孟子と話をしたかった。賓師に対しては、当時の礼として王のほうから行かなければならない。風邪をひいているのにその日の朝に朝廷に出るというのは、来ることができないほどの病でないことは明らかである。これは賓師に対する礼を欠いている。だから孟子も病を口実にして行かなかった。翌日に弔問に出かけたのは、これは単なる口実であり、王が礼を欠いているから行かなかったのですよと王に知らしめるためである。賢者を呼び寄せるような志では、王に意見しても道を行うことはできない、もっと賢者を貴ぶ志を持たないと天下の王となれないと孟子は言うのである。この場合宣王に対する一番適切な教えは会いに行かないことである。会いに行くよりももっと教えることになる。だから孟子は行かなかったのである。通し番号801の「予之を教誨するを屑《いさぎよ》しとせざるは、是れ亦之を教誨《きょうかい》するのみ」の一例である。斉の宣王は天下の王となる素質があると孟子が認めた王である。しかし素質があっても、真摯な志がなければ天下の王となることはできないのである。

## 章番号3　章通し番号35　通し番号218～222

陳臻《しん》が問う。「以前、斉で王様が先生に純金七十五キログラムを贈られましたが、先生はお受けになりませんでした。宋で五十二キログラムの純金を贈られると受けられました。薛《せつ》で純金三十七キログラムを贈られると受けられました。以前に受けられなかったのが正しいなら今回受けられたのは間違っています。今回受けられたのが正しいなら前回受けられなかったのは間違っています。このどちらかだと思いますが。」

孟子が言う。「すべて正しい。宋では私は遠くへ行こうとしていた。去る者には選別を贈るのが習薛《せつ》では私は生命の危険があり警戒していた。『選別を贈ります』とおっしゃればどうして受けないことがあろうか。薛《せつ》では私は生命の危険があり警戒していた。『生命の危険があり警戒されているのを聞いています。警備の費用にしてください。』とおっしゃればどうして受けないことがあろうか。斉にいた時は金を使うことがなかった。使うことがないのに、金を贈るのは、金で人を取ろうとしているのだ。君子を金で取ることができようか。」

**通し番号 222**　章内番号 5　識別番号 4・3・5

これは人から金をもらった時にどういう金は受け取ってよく、どういう金は受け取ってはいけないかを示しており興味深い。受け取るべき理由のある金は受け取ってよく、受け取るべき理由のない金は受け取ってはいけないのである。孟子の時は遠方に行く人に餞別として金を贈る慣習があった。これは当時の慣習であり当時の礼儀である。だからその金は受け取ってよいのである。命を狙われているので人を雇い身を守る必要があった。しかし貧乏でありその費用がない。そういう時に金持から警備の費用として金を贈られると受け取ってよいのである。理由があって金を贈っているからである。どういう金は受け取ってよく、どういう金は受け取っていけないかのこの基準は現代でも通じる。

**通し番号２２２**　章内番号５　識別番号４・３・５

資本主義社会は富の増大を絶対視する。富の増大のためなら戦争でさえ平気でする。ところが誰もが持っている善心のために、ただ富を求めて動くことはよくないこと、恥ずかしいことだという気持ちがある。それで国のためだとか、公共のためだとか、人のためだとか言って、単に富を求めているのでないと言おうとする。しかしその実は富を求めることを絶対視し富を理の上に置いているのである。現代社会は増収賄がなくならない。これは各個人の資質の問題でなく資本主義社会という構造の問題である。

## 章番号４　章通し番号36　通し番号２２３〜２２６

孟子は平陸に行き、そこの長に言う。「戟《ほこ》を持つあなたの兵士が一日に三回隊列から離れると、その兵士を殺しますか。」長は言う。「三回も待ちません。」孟子が言う。「あなたが隊列を離れていることは多いです。災害の多い年、不作の年には、あなたの民は老いた者弱い者は溝の中で動くことができずにころがっており、壮年の者は何千人と四方に散じています。」長は言う。「それは私の一存でできることでありません。」孟子が言う。「今、人の牛羊を預かり養う者がいます。必ず牛羊を放つ土地と牛羊の食べる草を求めることでしょう。もし土地と草が見つからなければ、牛羊をその人に返します。牛羊が死ぬのを立って見ているだけということはしません。」長が言う。「これは私の過ちです。」

孟子は別の日に王に会い言う。「王様の都市を治める者を私は五人知っておりますが、自分の過ちを知る者は孔距心だけです。孔距心と以前このような話をしました。」孟子は平陸の長の孔距心との問答を王に言った。王は言う。「それは私の罪だ。」

## 章番号 5

章通し番号 37　通し番号 227~231

孟子は蚳鼃《ちあ》に言う。「あなたが霊丘の長をやめて司法の長を望むのは、理に近いと思います。王様に諫言することができるからです。司法の長になってもう数ヶ月になりますが、まだ諫言ができないのですか。」

蚳鼃《ちあ》は王に諫言したが、用いられなかった。それで臣を辞して去った。

斉の人が言う。「孟子は蚳鼃《ちあ》にはよいことをしているが、自分にはよいことをしているのだろうか。」

公都子が孟子に言った。孟子は言う。「官職についている者は職責を果たすことができないなら辞職する。進言や諫言の職責にある者はその言が用いられないならば辞職する。私は官職についていないし、進言や諫言の職責にもない。私の進退はゆったりとしている。」

## 章番号6　章通し番号38　通し番号232～233

孟子は斉の卿となり、正使として滕に弔問に行った。王は蓋《こう》の大夫である王驩《かん》を副使とした。王驩《かん》は朝夕に孟子に会い使節のことを言ったが、孟子は斉と滕を往復する間、使節のことに対し一度も意見を言わなかった。公孫丑は言う。「斉の卿の位は低いものでありませんし、斉と滕の間は近くはありませんが、先生は王驩《かん》に使節のことをひとつもおっしゃりませんでした。どうしてですか。」孟子が言う。「役人（王驩《かん》）がすでに手配しているから、私が言うことがあろうか。」

### 通し番号233　章内番号2　識別番号4・6・2

使節の正使は孟子なのだから、本来は副使の王驩《かん》は孟子と相談しながら事を進めるべきである。ところが王驩は王に寵愛を得ているから、孟子を無視して自分がすべて事を進め手配してしまった。そして朝夕孟子にそのことを自慢げに言ってくる。もし王驩の取り仕切ったことに不備があれば、孟子は正使の立場だから、それを指摘しただろう。しかし王驩の手配に不備はなかった。問題は王驩が孟子に諮らず勝手にしたことだけである。孟子はその過ちを王驩に言ってもよいのだが、王驩という人物を知っている孟子は、言っても改める人物でないことがわかっていた。もし言えば王驩が怒り王に孟子を讒言する恐れもある。王に讒言をされると、王はますます孟子の言うことを聞かず、王政を行なうことがますます困難になる。それで孟子は何も言わなかったのだろう。

## 章番号７　章通し番号39　通し番号２３４～２３８

孟子の母が亡くなったので、孟子は斉から魯に帰り葬った。斉に帰り南にある町の嬴《えい》に留まった。充虞《じゅうぐ》は言う。「先日は私が不肖なことをご存じなく、私に葬儀屋を管理させました。その時は急なことであったので、お尋ねしなかったのですが、棺の木が立派過ぎるように思いますが。」

孟子が言う。「古は棺は厚さや寸法が決まっていなかった。中古に内棺を十五センチメートルとし、外棺をそれに釣り合うようにした。天子から庶民まで同じである。これは単に外観の美のためでない。このようにして親を思う心を尽すことができるのである。法律上できないなら、立派な木を使って親を思う心を尽すことはできない。お金がない時も立派な木を使って親を思う心を尽すことはできない。法律上可能であり、お金もあるなら、古の人はみな棺に立派な木を使った。私一人がどうしてしないことがあろうか。死者のために土を皮膚から遠ざける。人の心が快くないことがあろうか。私は聞いている。君子は天下を得るためにでも自分の親に倹約することはしない。」

## 章番号 8　章通し番号 40　通し番号 239~240

沈同は個人的に孟子に問う。「燕を伐《う》つことができますか。」孟子は言う。「できる。子噲《しかい》は燕国を人に与えることはできない。子之《しし》は燕国を子噲《しかい》から受けることはできない。ここに仕える者がいて、あなたがその者が気に入り、王様に言わずにその者にあなたの禄や位を与え、その者も王命がないのに、それを受けると可であるか。これと同じことだ。」

斉は燕を伐った。ある人が孟子に問う。「斉に燕を伐つように勧めることがあったのですか。」孟子は言う。「ない。沈同が『燕を伐《う》つことができますか』と私に聞いたので、『できる』と答えた。その後沈同は燕を伐った。沈同がもし『誰が燕を伐つことができますか』と聞けば、私は『天吏が伐つことができる』と答えただろう。人を殺す者がいて、ある人が『その者を死刑にできますか』と聞けば、私は『できる』と答える。もし『誰が死刑にできますか』と聞けば『司法の官についている者が死刑にできる』と答える。今、燕が燕を伐っている。私がどうしてこれを勧めることがあろうか。」

**通し番号 240**　章内番号 2　識別番号 4・8・2

この一文から孟子が死刑廃止論者でないことは明白である。死刑廃止論者は次のようなことを根拠とする。

1　死刑は、野蛮であり残酷であるから廃止すべきである。
2　死刑は、一度執行すると取り返しがつかない。裁判に誤審の可能性がある以上、死刑は廃止すべきである。
3　死刑に犯罪を抑止する効果があるか否かは疑わしい。
4　犯人には被害者、遺族に被害弁償をさせ、生涯、罪を償わせるべきである。
5　どんな凶悪な犯罪者であっても更生の可能性はある。

孟子は死刑を必要とする明確な根拠を示していない。しかし孟子は性善説である。人の善を強調する人が死刑を容認しているという事実は重く受けとめなければならない。

右記に私が反論すると次のようになる。

1　一瞬にして人の生命を奪う死刑が、一生獄中で暮らすよりも野蛮であり残酷であるとは言い難い。一生獄中で暮らすほうが、苦しみは大きいかもしれない。
2　誤審はいかなる場合も許されない。誤審のため長い間刑務所の中で暮らし、その人の人生に取り返しのつかないことをした例は多い。

3　死は人間が最も恐れることであり、犯罪抑止効果がある。
4　犯人に生涯、罪を償わせるのは、ずいぶんと残酷な仕打ちである。
5　孟子でさえ死刑を容認したということは、更生不可能な人間がいるということだろう。

## 章番号9　章通し番号41　通し番号241〜244

燕の民が叛《そむ》いた。王は言う。「私は孟子に恥じる。」陳賈《か》が言う。「王様、憂うことはありません。王様と周公とどちらが仁で智だと思いますか。」王は言う。「おい、何を言っているんだ。」陳賈《か》が言う。「周公は管叔《かんしゅく》に殷の監督を継続させましたが、管叔は殷とともに叛きました。管叔が叛くことを知って管叔に監督させたのなら、周公は仁でありません。管叔が叛くことを知らずに管叔に監督させたのなら、周公は智でありません。仁であり智であるのは周公でさえ尽していないのです。王様がそうでないのは、もっともなことです。私が孟子に会って王様が恥としていることをなくしましょう。」

陳賈は孟子に会って問う。「周公はどういう人ですか。」孟子は答える。「古の聖人だ。」陳賈は言う。「管叔に殷の監督を継続させましたが、管叔は殷とともに叛きました。そうですか。」孟子が答える。「そうだ。」陳賈が言う。「周公は管叔が叛くことを知って管叔に監督させたのですか。」孟子が答える。「知らなかった。」陳賈が言う。「それなら聖人でも過ちがあるのですか。」孟子が答える。「周公は弟であり管叔は兄だ。周公が過ったのはもっともなことだろう。古の高位の人は過てば改める。今の高位の人は過ってもそれに従う。古の高位の人の過ちは日食、月食のようなものだ。日食、月食になると、民はみなこれを見るが、改めると民はみなこれを仰ぐ。今の高位の人は過ちに従うだけでなく、過ちを飾る辞をつくる。」

## 章番号10　章通し番号42　通し番号２４５〜２５１

孟子は臣を辞して家に帰った。

王は孟子の所へ行って言った。「以前から先生に会うことを願っていたが会えなかった。今回私の臣下も先生の教えに接し、同じ朝廷にいる者は大変喜んでいる。今、私を捨てて帰国されると聞いている。引き続いて会うことはできないか。」孟子は答える。「あえて申し上げなかっただけで、それはもとより願う所でございます。」

別の日に王は時子に言う。「私は国の真ん中に孟子に家を授け、弟子を養うために千キロリットルの穀物を与えたい。孟子を大夫や国民の手本としたい。私にかわって孟子に言ってくれ。」

時子は陳臻《しん》を介して孟子に告げた。陳臻《しん》は時子の言を孟子に告げる。

孟子は言う。「そうか。時子には私が留まることができない理由がわからないだろう。私が富を求めているとしよう。するとこの千キロリットルの贈り物を受けたら、卿の一万キロリットルの禄を辞退して千キロリットルの贈り物を受けることになる。これは富を求めるならしないことだ。季孫は言う。『子叔疑には納得がいかない。政をして用いられないならば去るのに、子叔疑はその子弟を卿にした。』人は誰が富貴を望まないだろうか。子叔疑は富貴の中にいて一人で貪る者だ。昔の市場は持っているものを持っていないものと交換し、役人がそれを管理するだけであった。卑しむべき男がおり、高い丘を捜して登り、その上から左右を見て利をことごとく取った。人はみないやしむべき行為と考え、税金を課すようになった。商人に税金を課すのはこの卑しむべき男から始まった。」

**通し番号 249**　章内番号 5　識別番号 4・10・5

孟子は道を行なうことができないという理由であっさりと斉の卿という高位を辞し、高給も辞退した。高い位を得るために権謀術数を尽し、利を求めて走り回っている俗世間に住んでいる人間から見ると、まるで異次元に住んでいる人間のように見える。しかし孟子の言うように、富貴を求めれば富貴はかえって得ることができず、道を求めれば富貴は自ずと得るものなのだろう。

**通し番号 251**　章内番号 7　識別番号 4・10・7

高い所から見てあそこで買いここで売れば利が取れると取引をする。こういうことをする男を人々はみな卑しむべき男としたと言う。しかしこういう取引は私たちが住んでいる資本主義社会では普通になされていることである。株式市場では各市場で同じ株式でも値段が少し違うことがある。すると安い所で買い高い所で売るということを瞬時にして利を取ろうとする。多くの株式売買は時間による値段差から利を取ろうとする取引である。一ヶ月前に買った時が安く、今一割値上がりしているなら、売れば一割の利が取れる。時間による利を取っているのである。ファンドは巨額の金額を動かし莫大な利益を得る。私たちはこういう取引をする人々を卑しむべき人々と考えているだろうか。そういう気持ちはほとんどない。巨額の利益をあげる花形トレーダーにはむしろあこがれ、自分もあんなに儲けてみたいものだと思ったりする。私たちの社会では利を取ることは恥ずべきことだという感覚がなくなってしまった。利益追求を絶対とする資本主義の論理のためだろう。

## 章番号 11　章通し番号 43　通し番号 252～255

孟子は斉を去り昼に宿を取った。王のために孟子が去るのを止めようとする者がいた。坐って孟子に自説を滔滔《とうとう》と言うが、孟子は応じない。肘かけにもたれて横になっていた。客は喜ばずに言う。「私はつつしんで申し上げています。先生は横になって聞きません。もう先生と会うことはありません。」

孟子は言う。「坐って聞いてくれ。昔、魯の繆公《ぼくこう》は、しかるべき伝令がその側《かたわら》におり、しかるべき伝令を子思、泄柳《せつりゅう》、申詳《しんしょう》に派遣した。そうでないと子思、泄柳《せつりゅう》、申詳《しんしょう》は魯に安んじておらなかった。あなたが私にしていることは、子思、泄柳《せつりゅう》、申詳《しんしょう》への伝令に及ばない。あなたが私を絶ったのか、私があなたを絶ったのか。あなたが私を絶ったことになるだろう。」

## 章番号 12　章通し番号 44　通し番号 256～262

孟子は斉を去る。尹士《いんし》は人に言う。「王様が湯王、武王となることができないことを、孟子が知らなかったのなら、孟子は不明である。湯王、武王となることができないことを知って来たのなら、恩沢を求めているのだ。五百キロメートルの遠方からやって来て、王様と合わずに去った。去るのに昼《ちゅう》で三泊もした。どうしてそんなに時間がかかるのだ。私は気に入らない。」

高子は孟子にこのことを言った。孟子は言う。「尹士に私がわかるだろうか。五百キロメートルを遠しとせずに王様に会いに来たのは私の望んだことだ。王様と合わずに去ることを私はどうして望んでいようか。やむを得ないのだ。私は去ることにして、昼で三泊してから昼を出た。私はなお早すぎたと思っている。私は王様がそれを改めることを願った。王様がもしそれを改めるなら、必ず私を呼び戻すと思った。昼を出ても王様は私を追わなかった。そこで始めて帰国する気持ちが固まった。しかし私は王様を見捨てたのでない。王様は善をするのに十分な資質がある。王様が私を用いるならば、斉の民が安らかになるだけでなく、天下の民も安らかになるでしょう。王様、願わくばそれをお改めください、と私は日々に望んでいる。度量の狭い男は、人君に諫言して聞かれないと、怒りが顔に現われ、去るとなると、日が明るい限り道を進めてから宿を取る。私はそういう度量の狭いことはしない。」

尹士はこれを聞いて言う。「私はまことに小人だ。」

# 章番号13　章通し番号45　通し番号263〜267

孟子は斉を去った。その道中で充虞《じゅうぐ》が問う。「先生は落ち込んでいるご様子です。以前に先生から天を怨まない、人を咎めないとうかがいました。」

孟子が言う。「その時に言ったことは今も同じだ。五百年で必ず王者が起こる。その時には必ず世に名ある者も出て来る。文王、武王の時から七百年余りだ。王者が出て来る五百年の年数から考えるともう過ぎている。今の時勢から考えると王者が出て来てよい時勢だ。天はまだ天下が治まることを望んでいない。もし天下を治めたいと願うなら、今の時代では私以外の誰が王の補佐になることができるのか。私が落ち込むことがあろうか。」

## 通し番号267　章内番号5　識別番号4・13・5

気温が下がると誰でも寒いと感じる。しかしその寒さで手足に亀裂ができて苦しむ人もおれば、平気で過ごしている人もいる。手足に亀裂ができて苦しんでいる人は寒いことを怨むことになる。これが天を怨むである。寒くても平気でいる人は寒さを楽しんでいるのだから、天を怨んでいない。ただ外見から見ると、その人も寒いと言い寒そうにしているから寒さを怨んでいるように見える。つまり天を怨んでいるように見える。しかし実際は寒くても平気なのだから、寒さを怨み天を怨むことはない。ここで孟子が落ち込んでいると充虞《じゅうぐ》が思ったのもこれと同じことだろう。

**通し番号 267**　章内番号 5　識別番号 4・13・5

朱子の「天の意は未だ知るべからず、而して其具《そな》えるは又我に在り」の一文は実に味わい深い。自分が有用な人物になるかどうかは専ら自分にある。人にあるのでない。自分にあるのだから、自分が思うようにすることができることである。自分に能力がないのは、自分が努力しなかったからに過ぎず、人を責めることでない。専ら自分を責めるだけである。人に認められる、人に重用されることは、他人のすることであり、自分でどうにかできるものでない。だからこれは天である。天の深意は知ることができず、人に認められない、人に重用されないことが天の意なら、それに従うだけである。天を怨むことはない。

## 章番号 14

章通し番号 46　通し番号 268〜270

孟子は斉を去り休にいた。公孫丑が問う。「仕えて禄を受けないのは古の道でしょうか。」

孟子が言う。「古の道でない。私は王に崇で会ったが、王の所から退出した時に去る気持ちがあり、この気持ちを変えたくなかった。それで禄を受けなかったのだ。それに続いて戦争となり、去ることを言いにくく長く斉にいることになった。私は長くいるつもりではなかったのだ。」

**通し番号 270**　章内番号 3　識別番号 4・14・3

孔氏の「義の在るところでは、礼は時に変ず」という言葉は感銘深い。現代は中国の儒学、老荘思想、西洋のキリスト教、古代ギリシャ、ローマの思想、中東、アジアのイスラム教、アジアの仏教、インドのヒンズー教、近世に起こった科学思想といろんな思想、考え方が混然としている。万人、万国に通じる礼、生活のやり方というものが少なく混迷を極めている。そんな中では特に義や理が大事である。義や理があるならば、現在なされている礼、習慣、やり方と違ってもそれは正しいのであり、礼、習慣、やり方のほうを変えなければならない。また礼記に書かれている礼であっても、義や理を害さない範囲で、各国各地の習慣、やり方に合うように礼を変えなければならない。

# 滕文公章句上　篇番号５

章番号　１～５　章通し番号47～51　通し番号　２７１～３２３

## 章番号 1　章通し番号 47　通し番号 271~275

滕の文公がまだ太子であった時に楚へ行く道すがら宋に立ち寄り孟子に会った。孟子は性善を言い、言えば必ず堯舜をたたえた。

太子は楚より帰り、また孟子に会う。孟子は言う。「太子様、私の言うことをお疑いですか。道は一つです。成覸《けん》は斉の景公に言います。『彼も男ですし、私も男です。どうして彼を恐れることがありましょうか。』顔淵は言います。『舜はどういう人だ。私はどういう者だ。なすことがあれば舜のようになる。』公明儀は言います。『文王は私の師だ。周公が私を欺くことがあろうか。』みな道が一つであることを言っているのです。滕の領土の長い所を切り、短い所を補い正方形にすれば、25キロメートル四方の領土になります。よい国とすることができる大きさです。書経に『頭がくらくらし目がかすむのでないと、病気は治らない』と書いてあります。」

**通し番号 274**　章内番号 4　識別番号 5・1・4

朱子は「文王我が師なり」を周公の言とするが、これはおかしい。

まずこの文脈から見ると、「文王我が師なり」も、「周公豈我を欺かんや」も公明儀の言とする周公がこれを言ったということが広く知られていた事実がなければならない。ところが趙注は両方とも公明儀の言としている。朱子自身も「蓋し周公の言なり」と「蓋し」をつけている。つまり周公が「文王我が師なり」と言ったというのは、広く知られていた事実でない。

文王は周公の父である。「文王我が師なり」が周公の言とすると、文王は子を教えたことになる。これは章通し番号79の君子は子を教えないに反する。師と弟子の間は正で以て接する。正しいことを直言すれば父子の愛を害す。父子の間は愛を主としなければならない。だから父は子を教えないし、子は父を師としない。

舜の父、瞽瞍《こそう》が人を殺せば、舜は天子の位を捨てて瞽瞍とともに逃げる。それは父子の間は愛を主とするからである。愛を正より重んじなければならない。舜が殺人を犯した瞽瞍とともに逃げることは、正の観点から見るとよくないが、愛から見ると当然のことである。もし瞽瞍が舜と赤の他人であり、舜が殺人を犯した者とともに逃げたらこれは明らかな誤りである。

管叔は周公の兄であった。だから周公は愛の心から管叔を殷を監督する地位にすることに反対せず、また周公が成王の摂政になってからもその地位を解任しなかった。ところが管叔は殷とともに反乱を起こした。周公のこの過ちは管叔が周公の兄であったから、許される過ちである。兄弟の間も愛を主としなければならないからである。正を通して愛を害してはならない。もし管叔が周公の赤の他人であったなら、これは非難されるべき周公の過ちであり、周公は聖人とは言えなくなる。

親と子の間で師弟関係になることはあってはならない。愛を害するからである。これは聖人の文王と周公の間でも同じである。子は愛を主とし親に孝を尽さなければならない。

## 章番号 2　章通し番号 48　通し番号 276〜280

滕の定公が亡くなった。太子は然友《ぜんゆう》に言う。「以前に私は宋で孟子と話をした。心に残りいつまでも忘れることができない。今、不幸にして親の喪となった。お前が孟子の所に行って、葬礼を聞いてほしい。その後葬礼を行ないたい。」然友は鄒へ行って孟子に問う。孟子は言う。「立派なことだ。親の喪はもとより心を尽すことだ。曽子は言う。『父母が生きている時は礼で接し、父母が亡くなると礼で葬り、その後も礼で祭れば孝行と言うことができる。』諸侯の礼は私は学んでいない。しかし三年の喪、喪服、粥食は天子から庶民まで同じであり、夏、殷、周はみなそのようにしていたと聞いている。」

然友は帰り太子に報告した。太子は三年の喪をしようと重臣、官僚に言った。みな反対して言う。「我が国の本家である魯の先君も、我が国の先君も三年の喪をしておりません。太子様が以前と違うことをするというのは、不可です。文書には『葬礼は先祖に従う』とあります。」太子は言う。「私は聞いた所があるのだ。」

太子は然友に言う。「私は以前は学問をせず、馬を馳せ剣を使うことを好んでいた。今、重臣や官僚を納得させることができない。この葬礼の大事を十分にできないことを心配する。私のかわりに孟子にもう一回聞いてみてくれ。」然友はまた鄒へ行き孟子に尋ねる。孟子は言う。「そうか。他人には求めることができないものだ。孔子は言われる。『人君が亡くなれば、百官の長が政治を取り仕切る。太子は粥をすすり、顔色は暗く、喪の席では哭泣する。役人、官僚は悲しまない者はない。上が先に立ってするからである。上に好むものがあると、下は必ず上よりもそれを好む者が出て来る。上に立つ者の行為は風である。民の行為は草である。草に風を加えれば必ず伏す。』これは太子にかかっております。」

然友は太子に報告した。太子は言う。「孟子が言う通りだ。確かにこれは私にかかっている。」太子は五ヶ月間粗末な小屋におり、命令をしなかった。官僚、一族はこれを可として「太子は礼を知っている」と言った。葬る時に四方から人々が来て太子を見た。憂いに満ちた顔、悲しい哭泣を見て、弔問者は非常に感服した。

**通し番号 277**　章内番号 2　識別番号 5・2・2

現在、親の死後、一定の期間粗末な服を着て粗末なものを食べて喪に服すという習慣はなくなってしまった。初七日の法要には豪華な食事と酒が出される。とても喪に服しているとは言えない。現在では、死んだ人のために長い間喪に服しても意味はない、今生きている人が楽しむことが大事だと考えられている。孟子の言う三年の喪どころか七日の喪にさえ服さない。喪に服して粗末なものを食べるなら生きている人を苦しめるからである。親が亡くなると、その次の正月に年賀状を出さないという習慣は残っている。年賀状を出さなくても生きている人を苦しめることがないから習慣として残ったのだろう。しかし派手な忘年会をして食べたいだけ食べているのに、親の喪に服しているので、年賀状は遠慮しますというのは、考えてみれば滑稽なことである。喪の習慣がなくなったということは、親や近親者に対する愛情が薄れたという現れでもある。

服喪の習慣がなくなったのは、現在が資本主義社会であることも関係している。国民が皆三年間も服喪するようになれば、その間の消費は大きく落ちる。ものが売れなくなり経済成長は低下する。資本主義社会では、喪に服することは好ましくないのである。

## 章番号 3　章通し番号 49　通し番号 281〜300

滕の文公が国を治めることを問う。

孟子は言う。「農業はおろそかにできません。詩経に言います。『昼はカヤを刈りに行き、夜は縄をなう。春には種を播き始めるから、急いで屋根に上がり修繕する。』一般の民は生活ができなければ善心がなくなります。善心がなくなると、道理からはずれ、悪いことであろうと、人を欺くことであろうと、何でもやります。民が生活できないようにすることは、民を網におびき出し捕えるようなものです。生活ができないことで、民をおびき出し捕えて罰しているのです。仁のある人が位におれば、民をおびき出し捕えることをするでしょうか。だから賢君は必ず恭しく、つつましく、下に礼で接します。民に取るものを制限します。陽虎は言います。『富むことをすると仁でない。仁であることをすると富まない。』

「夏王朝は一軒に五十畝を与え、貢法で税を取りました。殷王朝は一軒に七十畝を与え、助法で税を取りました。周王朝は一軒に百畝を与え、徹法で税を取りました。実際の税はみな十分の一です。徹は通じることです。助は借りることです。龍子は言います。『土地を治めるのは助法よりよいものはなく、貢法ほどよくないものはない。』貢法は数年の平均で常数を決めます。豊作の年は米が散乱するほど多いのですから、たくさん税として徴収しても民を虐げることになりません。災害のあった年は肥料を入れても十分の収穫がありません。それなのに満額を取ろうとします。人君は民の父母であるのに、民は恨み目で人君を見ます。一年中苦労しても父母を養うことができません。利息を払い米を借りて決められた量になるようにしています。老いた者、幼い者は動くことができず、溝にころがっています。これではどうして民の父母と言えましょうか。代々の禄は滕はすでに行なっています。

詩経に言います。『雨が公田に降り私の田まで降れ。』助法だけが公田がありますから、この詩から見ますと周の徹法もまた助法の一種であったのです。

「庠《しょう》、序、学、校をつくり教えます。庠は養うことです。校は教えることです。序は弓を射ることです。夏は校と言い、殷は序と言い、周は庠と言いました。学は夏、殷、周の三代ともに同じ名称です。みな人の序を明らかにします。人の序が上で明らかになれば、民は下で互いに親しみます。天下の王者が起こることがあると、必ず滕を手本にします。これは王者の師となることです。詩経に言います。『周は古い国だが、命令、政令は旧習にとらわれない新しいものだ。』これは文王のことです。王様も王道に努め実行されますと、王様の国を新しくします。」

文公は畢戦に井田の法を尋ねさせた。

孟子は言う。「あなたの主君は仁政を行おうとされ、あなたを選んで任命した。必ず努めなさい。仁政は境界を定めることから始まる。境界が正しくないと、田の分割が公平にならず、田から税として得る禄も公平にならない。だから暴君や貪欲な官吏は境界をきちんとしない。境界が正しくなれば、田を分け禄を定めることは簡単である。滕の領土は小さいが、仕える者と耕す者がいる。仕える者は耕す者を治め、耕す者は仕える者を養う。王城から25キロから100キロの所は九分の一の税にして助法を用いる。王城から25キロ以内は十分の一の税を取る。卿以下の仕える者には圭田を与える。圭田は五十畝《ほ》である。一家の長に弟がいると、十六歳から結婚するまでは二十五畝を与える。一家の長が死んでも残った者は郷の中で暮す。里の中で井を同じくする八家は田では共同して働き、盗賊もともに防ぎ、病気になると助け合う。百姓は親睦を深める。一里四方の田を一井とする。一井は九百畝ある。中を公田にし八家が百畝ずつ私田とし、一緒に公田を耕す。公田の仕事が終わってから私田の仕事をする。これは仕える者と耕す者の分があるからである。これがあらましである。時勢と風俗に合わすのは人君とあなたがすることだ。」

**通し番号 284**　章内番号 4　識別番号 5・3・4

君主制の政治体制の時、上に立つ者の利益は民から搾取することで得られる。それで上が自分の利益のことだけを考えると上は民に民が食えないほどの重税を課そうとする。ところが資本主義体制では人々に食えないほどの重税を課すことはない。食えないほどの重税を課すと上の利益にならないからである。資本主義体制は大企業が上に立つ社会である。大企業の力はむしろ大統領や首相よりも強い。大企業が利益を上げようとする時、人々に食えないほど課税して搾取すると、大企業の利益はむしろ下がる。人々が購買力をなくしてしまい、物を買わないからである。だから大企業は大統領や首相が人々に食えないほど重税を課すことを決して望まない。大企業の意向に従い大統領や首相は食えないほどの重税を課さない。大企業は株式会社である。株式会社は利益の増大を目的につくられた組織である。だから大企業は当然利益の増大のために動く。それで資本主義社会では、企業には大きな利益になるが、人々の健康を害する製品があふれることになる。人間の体と地球環境によいのは石鹸である。ところが多くの人が合成洗剤を使っている。

合成洗剤のほうが大企業の利益が上がる。それでマスコミを使い人々が合成洗剤を使うように誘導したのである。自然な素材でつくられた食べ物は人間の体によい。ところが現在は食品添加物のたくさん使われた食品があふれている。食品添加物をたくさん使ったほうが原価を下げることができ、大企業の利益になるからである。

資本主義社会では人々の体を害するものがあふれてしまうのである。ここに資本主義社会の大きな問題点がある。

**通し番号　285**　章内番号　5　識別番号　5・3・5

将棋や囲碁は自分の智が対戦相手より優れることを喜ぶ競技である。もし双方が相手を気遣い、自分が負けて相手を勝たせてあげようとしてプレーすると、対戦そのものがおもしろくなくなる。双方が相手に勝とうとして智を尽す所に将棋や囲碁のおもしろみがある。仁を為せば勝ならず、勝を為せば仁ならずである。

資本主義では利益の増大を絶対視する。しかし自分の会社が大きな利益を得ているということは、しばしば他の会社が大きな損失を出しているということである。自社の製品がシェアを大きく伸ばし利益を大きく増大させることは、他社が大きくシェアを落とし大きな利益を失うことと同じである。つまり利益や富は他に損失を与えることで成立する。つまり不仁の上に成立する。

陽虎の言うように富を爲せば仁ならずなのである。富の増大を絶対視する資本主義社会は仁でない社会になってしまう。

**通し番号　２８６**　章内番号　６　識別番号　５・３・６

現在私たちはどれだけ税金を取られているのだろうか。２０１７年の平均年収は４３２万円である。一人暮らしの１ヶ月の平均生活費は16万１６２３円であるから、１年の平均生活費は１９３万９４７６円である。

給与所得控除は収入金額×20％＋５４００００円、社会保険は収入の13・６％、地方税は所得金額の10％、消費税は８％として税額を計算してみる。

| | |
|---|---|
| 年収 | ４３２００００ |
| 給与所得控除 | ９１８０００ |
| 基礎控除 | ４８００００ |
| 社会保険控除 | ５８７５２０ |
| 所得 | ２３３４４８０ |
| 所得税 | ２３３４４８ |
| 住民税 | ２３３４４８ |

| | |
|---|---|
| 直接税 | 466896 |
| 1年の生活費 | 1939476 |
| 消費税 | 143665 |
| 全税金 | 610561 |
| 全税金／年収 | 14・1% |

年収の14・1%を税金として払っている。孟子の言う10%を軽く越えている。富裕者は税率が上がるため、もっと酷税になっている。不動産を持つ者はさらに固定資産税がかかる。利子や配当にも2割の税がかかる。自動車を持っている者には自動車税がかかる。相続をすると、相続税がかかることがある。家を購入すると、登録免許税や不動産取得税がかかる。ガソリンは1リットル当たり53・8円のガソリン税がかかる。たばこではたばこ税がたばこの値段の半分以上をしめる。ビールでは酒税が値段の3割以上をしめる。現代の税制は所得税、住民税、消費税だけでなく、いろんな名目で取られているため、すべて合わせると右記の計算よりさらに大きくなる。このようにいろんな名目で税金を取られているため、すべて合わせると一年にいくら税金として払ったのか、正確に知っている人はほとんどいない。これは実際にいくら税金を収めたのかをわかりにくくし、重税感をうすめ、国民の不満をそらすためだろう。先王の法の税は収入の1割だからわかりやすい、年収が432万円なら、43万2千円が税金である。610561−

432000＝170561円　先王の法よりも少なくとも17万円余計に税金を取られているのである。

　先王の税制で参考にすべきは収入や売上に対して税率を決めていることである。現代の税制は収入や売上から必要経費を引いたものを所得とし、さらにいろんな控除をして税率をかける。それで実際に税金がいくらになるかがわかりにくい。ほとんどのサラリーマンは自分の毎月の給料がいくらなのかを知っている。それを十二倍しボーナスを足せば年収になるから、年収は簡単にわかる。税金を年収の1割と決めておけば誰でも簡単に税金がわかる。自営業や企業も利益に対して税金をかけるのでなく、売上に対して税金をかける。そうすれば必要経費を水増しして利益を少なくし、税金を免れることもなくなる。このようなシンプルな税制のほうが、現代のような複雑な税制より優れる。

## 章番号4

章通し番号50　通し番号301〜318

神農の言を実行する許行が楚より滕へ来て、文公の門へ行き文公に言う。「私は遠方の者ですが、王様が仁政をなされていると聞いています。宅地を一ついただき王様の民になりたいと願っております。」文公は許行に家を与えた。その徒は数十人おり、みな粗末な服を着てくつを打ち、敷物をつくって食を得ていた。

陳良の徒、陳相と弟の陳辛は、すきをかついで宋から滕へ行って言う。「王様は聖人の政をしていると聞いています。聖人の政をするから、王様もまた聖人です。聖人の民となることを願っています。」陳相は許行に会い非常に喜んだ。今まで学んだことをことごとく捨てて許行に学んだ。陳相は孟子に会って許行の言を言う。「滕の君はまことに賢君です。しかしまだ道を聞いていません。賢者は民とともに耕して食べ、煮炊きして国を治めます。今、滕には米蔵や金蔵があり、民を苦しめ自分が食を得ています。どうして賢者と言えましょうか。」

孟子が聞く。「許子はいつも穀物を栽培してそれを食べているのか。」陳相が答える。「そうです。」孟子が聞く。「許子はいつも布を織ってから、その布を着ているのか。」陳相が答える。「そうではありません。許子は粗末な服を着ています。」孟子が聞く。「許子は冠をかぶっているか。」陳相が答える。「かぶっています。」孟子が聞く。「どういうものをかぶっているか。」陳相が答える。「飾りのないものです。」孟子が聞く。「自分で織るのか。」陳相が答える。「いいえ、織りません。穀物と交換します。」孟子が聞く。「どうして許子自らが織らないのか。」陳相が答える。「自ら織ると、耕作に差し障りがあるからです。」孟子が聞く。「許子は釜や甑《こしき》を火にかけ、すきで耕すか。」陳相が答える。「そうです。」孟子が聞く。「釜、甑《こしき》、すきを自分でつくるか。」陳相が答える。「いいえ。穀物と交換します。」孟子は言う。「穀物を釜、甑《こしき》、すきと交換しても、鋳物師や陶工を苦しめることはない。鋳物師が釜、すきを穀物と交換し、陶工が甑《こしき》を穀物と交換したら、農民を苦しめるだろうか。また許子はどうして自分で釜、甑《こしき》、すきを作らないのだ。すべて家の中にある物を使うことをせずに、どうして職人とごたごたと交換するのだ。許子はどうしてこういう煩わしいことをするのだ。」陳相は言う。「職人の作る物をすべて作ることは、耕作しながらできることでありません。」孟子が言う。「それならば天下を治めることは、耕しながらできることなのか。大人《たいじん》の仕事と小人《しょうじん》の仕事がある。一人の身の回りにはいろんな職人の作ったものがある。もし自分が作ってから使わなければならないとしたら、天下の人は道を奔走して休まることがない。心を労する者もおれば、体を労する者もいる。心を労する者は人を治め、体を労する者は人に治められる。人に治められる者は人を養い、人を治める者は人に養われる。これが天下に通じる理である。」

孟子が言う。「堯舜の時は、土地はまだ荒れており、民は害されることが多かった。大水があふれ天下に氾濫していた。草木が生い茂り鳥獣がたくさんいた。五穀は実らず、鳥獣が人に迫ってきた。鳥獣の足あとは人が多くいる町にも見られた。堯はこれを憂え、舜を登用し治めさせた。舜は益に火を担当させ、益は火で山や沢を焼き鳥獣を遠ざけた。禹は九つの河を流れるようにして海に注いだ。済《せい》水、漯《とう》水も流れるようにして海に注いだ。汝《じょ》水、漢水、淮《わい》水、泗《し》水も流れるようにして、江水に注いだ。この後に中国は食べ物を得ることができるようになった。この時、禹は外に八年もおり、三度自分の家の前を通ったが家に入らなかった。耕したいと思ってもできるだろうか。后稷《こうしょく》は民に農業を教えた。五穀を植え五穀が実り、民は生活することができた。人には道がある。飽くまで食べ、暖かいものを着て安逸に過ごすだけで教えがないと鳥獣に近い。聖人はこれを憂えたので契《せつ》を教育を司る司徒の官職につけ人倫を教えた。父子は愛し、君臣は義で接し、夫婦は仕事を分け、長幼に順序をつけ、友人とは信で接する。堯は言う。『疲れている者はいたわる。来たい者は来させる。邪な者は正す。曲がっている者はまっすぐにする。助けて立たす。助けて行なわす。その性を自分で得るようにする。』そうすることで、民を救い民に恵みを与える。聖人はこのように民を憂えている。耕す時間があるだろうか。堯は舜を得ないことを己の憂いとした。舜は禹、皐陶《こうよう》を得ないことを己の憂いとした。百畝の田がよくできていないことを己の憂いとするのは農民である。人に財を分けるのを恵と言う。人に善を教えるのを忠と言う。天下のために人を得るのを仁と言う。天下を人に与えるのはやさしく、天下のために人を得るのは難しい。孔子は言う。『広大なことだ、堯が君であるのは。ただ天だけが広大であるが、堯だけは天に則る。広大であり、民は名づけることができない。舜は君の道を尽している。高く大きく天下を有しているのだが、天下を有しているようでない。』堯舜が天下を治めることに心を用いないことがあろうか。ただ耕作に心を用いなかっただけである。」

「私は中国の礼儀が夷狄を変えたことを聞いているが、中国が夷狄に変えられたことは聞いたことがない。陳良は楚の生まれである。周公、孔子の道を好み、北へ行き中国で学んだ。北方の学者で陳良に勝る者はいない。豪傑の士である。あなたがた兄弟は数十年陳良に師事した。師が亡くなってから師にそむいた。昔、孔子が亡くなり三年の喪が終わり、門人は荷物をまとめ帰ろうとした。子貢に挨拶し、互いに声をあげて泣き、声がかれてしまった。そして帰った。子貢はまたもどって来て、墓の祭祀を行なう所に居所をつくり、三年いてから帰った。その後、子夏、子張、子游は有若が孔子に似ているから、孔子に仕える礼で有若に仕えようとした。曽子にも強いると曽子は言う。『それはできない。江水や漢水で洗い夏の太陽にさらせば、非常に清くなりもうそれ以上清くすることはできない。』今、南蛮人のもずの鳴き声のように話す人が先王の道を謗っている。あなたは師にそむいてその人に学ぶ。また曽子と異なっている。私は深い谷から出て高い木に移ると聞いている。高い木から下り深い谷に入るのは聞いたことがない。詩経の魯頌に言う。『夷狄は撃ち楚や舒《じょ》はこらしめる。』周公は夷狄を撃とうとした。あなたが夷狄に学んだのはよい変わりかたとは言えない。」

陳相が言う。「許子の道に従えば国中で偽りがなくなります。背たけが1メートルの子供が市場へ行っても欺くことができません。布は長さが同じなら値段も同じになります。麻糸、絹糸、絹のわたは重さが同じなら値段も同じになります。五穀は量が同じなら値段も同じです。くつは大きさが同じなら値段も同じです。」

孟子が言う。「物が等しくないのは物の性である。価値が倍のもの、五倍のもの、十倍のもの、百倍のもの、千倍のもの、一万倍のものがある。これを押し並べて同じにすると、世の中を乱すことになる。粗悪なくつと精巧なくつの値段が同じなら、精巧なくつをつくろうとする人がいるだろうか。許子の道に従うと、人々が偽をなし合うようになる。どうして国家を治めることができようか。」

**通し番号 308** 章内番号 8 識別番号 5・4・8

2019年11月24日にNHKの「ダーウィンが来た」で「学校が決め手！ハイエナ大繁栄の秘密に迫る」という番組を放送していた。アフリカで一番数が多い肉食動物は、意外にも、百獣の王ライオンでなく、ハイエナであると言う。この番組は次のように言う。ハイエナの強さはその集団行動であり、集団でする狩りの成功率はライオンよりも高い。この集団生活を支えているのが、ハイエナ社会の秩序である。生まれた子は後から生まれたものが序列が高くなる。その親にも序列があるから、ハイエナ社会に厳然とした秩序ができる。子が生まれると子はじきに一ヶ所に集められ、ここでこの秩序を教えられる。ハイエナとハイエナが出会うと序列の低いものが先に後ろ足を上げる。きちんとした序列があるから、一番上の女王のハイエナが統率したまとまった行動ができ、狩りの成功率が高い。もしこの序列がないと、ハイエナどうしの喧嘩が起こり集団としてのまとまりがなくなる。

人と人が争うことなく集団生活をする秘訣は各自の仕事を分けることである。人間は生きるためにいろんなもの、いろんな道具が必要である。まず毎日食べる米や野菜が必要である。米や野菜を煮る鍋が必要である。煮るためには、ガスコンロやガスが必要である。食べるには食器が必要である。食べるだけでもたくさんのものが必要である。これらのものを全部自分でつくるわけでなく、仕事は分担されている。米や野菜を栽培するのは農民である。鍋をつくる仕事の人もいる。ガスコンロをつくる仕事の人もいる。ガスを供給する仕事の人もいる。食器をつくる仕事の人もいる。もし米や野菜を栽培する人、鍋をつくる人、ガスコンロをつくる人、ガスを供給する人、食器をつくる人がただ一人しかいないなら、私たちはその人を非常に大事にするだろう。その人がいなければ自分が生きるのに非常な支障が出るからである。仕事を分ければ人は必ず協力し合おうとするのである。ところが同じ仕事の人の間では競争が起こる。農民と農民の間、鍋をつくる人と鍋をつくる人の間、ガスコンロをつくる人とガスコンロをつくる人の間、ガスを供給する人とガスを供給する人の間、食器をつくる人と食器をつくる人の間では競争が起こる。自分がもっと売上をあげようとして、同業者を誹謗中傷することもなされる。同業者の間では排斥し合うのである。

人倫というのは、人間を別にし、秩序をつけ、協力し合うようにさせようとする知恵である。

夫婦別ありというのも、夫の仕事と妻の仕事を分け、夫婦が協力し合い助け合うようにさせようとする知恵である。夫が外で働き、妻が家の中の仕事をするというふうに仕事を分けると、夫は家の中のことが何もできないから妻がいないと困るし、妻は外の仕事ができないから夫がいないと困る。それでお互いが協力し合おうという気持ちが強くなる。ところが夫も妻も外で働き、夫も妻も家の中の仕事をするという夫婦の場合、夫と妻は同じ仕事をしているから、お互いを必要とすることが乏しくなる。だから夫婦の仲がうまくいかず離婚が多くなる。現代に離婚が多いのは、夫婦の仕事を分けないことも一因だろう。

君臣義あり、夫婦別あり、長幼序ありは封建時代の遺物であり、古くさいことと思うかもしれない。しかし仕事を分け、互いが協力し合い、人間社会の争いを少なくし、人間社会がまとまる秩序をつけ、人間社会を平和にする知恵である。ハイエナがハイエナの間の秩序をつけたように。フランス革命の平等の思想から現代まで、人間を同じにしようとする傾向が強くなっていると思う。フランス革命以来、ナポレオン戦争、幾多の帝国主義戦争、第一次世界大戦、第二次世界大戦と人類が今まで経験したことのない戦争が起こった。勿論昔より、世界の人口が増えているから、当然戦死者も多くなるという一面があるし、昔になかった大量破壊兵器があるから、死者が多くなるという一面もある。しかし人間を同じにしようとするから、お互いが憎み合いひどい戦争が起こるという一面も否定できない。人倫で人間を区別し、同じにしないようにして、人間間の争いを避けるという統治術の利点をもう一度再考すべきである。

**通し番号 308**　章内番号 8　識別番号 5・4・8

堯は「自ずから之を得せしむ」と言っている。堯の政治は人々に上から強制するのではなく、人々に自分が本来持っているものを得させようとするのである。これが国家の本来のあり方である。国が定めた法律に強制的に従わせようとするのは、国家の本来の形ではない。今なされている政治が、自分が本来持っているものを得させようとしているか、外から上の意思を強制しようとしているかを見れば、それがよい政治であるかどうかがわかる。

**通し番号311**　章内番号11　識別番号5・4・11

「惟《ただ》天大と爲す、惟《ただ》堯之に則《のっと》る」「天下を有ちて与《あずか》らず」は東洋思想の根本的な立場を示している。自然を疑わず、自然を大なるものとしてそれに従おうとする。それに対して近世に起こった科学思想は自然の理を探ろうとし、知り得たその理を応用して物を作ろうとした。その結果、自動車、飛行機、ロケット、コンピューターと今までの文明が作り得なかったいろんな物を作り出した。科学思想が作り出した武器は、今までのどの文明が作り出した武器よりもはるかに優れる。武力の優れる者が支配者となってきたのが歴史であるから、最も優れた武器を持つ現代文明は過去のすべての文明をその支配下に置くことができる。しかし現代文明は自然に従おうとせず、作り出した道具で問題を解決しようとする。自然に従おうとしないため、そのすることはいつも大きな誤りがあり、大きく理から離れている。それでやがて現代文明は自壊する。

## 章番号 5　章通し番号 51　通し番号 319〜323

墨翟に学んだ夷之《いし》が徐辟《じょへき》を通じて孟子に面会を求めた。孟子は言う。「私はもとより会いたいが、今は病気にかかっている。病気が治ったら私のほうから行こう。今は来ないようにしてくれ。」

その後また孟子に会うことを求める。孟子は言う。「今は会うことができる。正さないと道は現れない。私はこれを正したい。夷之《いし》は墨者である。墨者は薄喪にすると聞いている。夷之は墨翟の道で天下を変えようとしているから、その道を正しいとし貴んでいるのだろう。ところが夷之は親を厚く葬った。これは自分が蔑むことを親にしたことになる。」

徐子は夷之に言う。夷之は言う。「儒者の道は古の人は赤子を安んじるが如しと言っている。私は愛に差はないと考え、愛することを親から始めているだけだ。」

徐子は孟子に言う。孟子は言う。「夷之は自分の兄の子を愛するのは、隣の子を愛するようなものだと本当に思っているのか。古の人は赤子を安んじるが如しというのは、喩えただけだ。民を赤子に喩え、赤子がはって井戸に入るのは、赤子に罪はないとする。また天の物を生ずるのは本は一である。夷之は本を二つにしているから、愛と愛することを分けることになる。太古に親の屍を葬らない者がいた。親が死ぬとかついで溝に捨てた。その後通り過ぎると、きつねやたぬきが食べ、ぶゆやけらが食べていた。額に汗が出て正視できなかった。他人が見ていたからでない。心の中から出て来たものだ。帰ってもっこや土車を持って来て屍をおおった。屍をおおうことが真に正しいことなら、孝と仁のある人が親の屍をおおうのもやり方というものがある。薄くおおうことはない。」

徐子は夷之に言う。夷之はしばらく茫然としてから言う。「私に教えてくれた。」

**通し番号 321**　章内番号3　識別番号5・5・3

儒学は自然に反したことをしようとしない。自然に反することは無理がありやがて行き詰まるからである。「人間はみな人間として平等に愛さなければならない」と言う人がいる。墨子の兼愛はこれである。しかし実際の人間は身近な人間を強く愛するものである。大きな地震が起こった時、「自分の親は無事だったか、自分の子は無事だったか。」とまず心配する。電話をして安否を確認しようとする。隣の人の親や子が無事であっただろうかと思うのは、自分の親や子の安否を確認してからの後のことである。愛には明らかに違いがある。自分に近い者はより強く愛し、自分から遠くなるほど愛は乏しくなる。愛に違いがあるという自然の理に従わずに、「人間は誰も平等に愛さなければならない」などという実際の人間の情に反することを強いると、無理がある。無理があるから必ず行き詰まる。孟子が墨子を強く排斥する所以である。

# 滕文公章句下　篇番号6

章番号1～10　章通し番号52～61　通し番号324～377

# 章番号 1　章通し番号 52　通し番号 324〜328

陳代は言う。「諸侯に会わないのは、人間が小さいように思います。一度諸侯に会われると、先生は王業をなされ、王業までに至らなくても覇業をなされるでしょう。また古書にも二十センチを曲げて二百センチを伸ばすとあります。諸侯に会われるべきだと思います。」

孟子は言う。「昔、斉の景公が狩をした。動物管理官を旗で招くと動物管理官は来なかった。景公は動物管理官を殺そうとした。孔子は言われた。『志のある者は困窮して歩けなくなり溝の中でころがりそこから出ることができないことを常に忘れない。勇士は首を取られることを常に忘れない。』孔子は何をほめられたのか。招くべき方法で招かなかったので、行かなかったことをほめられたのだ。招くべき方法で招くのを待つことなく行くことができようか。また二十センチを曲げて二百センチを伸ばすのは、利益で言っている。もし利益であるならば、二百センチを曲げて二十センチを伸ばすことをなすべきか。昔、趙簡子は御者の王良を嬖奚《へいけい》と一緒に馬車に乗らせた。一日狩をして、一匹の獲物も取ることができなかった。嬖奚《へいけい》は王に報告する。『王良が馬を御するのは、天下一の下手くそです。』ある人がこのことを王良に言った。王良は言う。『もう一度一緒に乗りましょう。』嬖奚《へいけい》に強く言って、嬖奚《へいけい》はようやく同意した。朝だけで獲物を十匹得た。嬖奚《へいけい》は王に報告して言う。『王良が馬を御するのは、天下一に巧みです。』趙簡子が王良に言うと、王良は聞かない。王良が言う。『私が法度に合うように馬を御しますと、一日狩をして一匹も獲ることができませんでした。嬖奚《へいけい》の射法に合うように馬を御しますと朝だけで獲物を十匹得ました。詩経に言います。〝馬を走らすのは正しい走法からはずれず、矢を放つと破るように当る。〟私は小人《しょうじん》と乗ることに慣れていません。お断りします。』御者でさえ、人におもねることを恥じる。おもねて獲物を丘陵のようにたくさん獲《え》るとしても、そういうことはしない。道を曲げて相手に従うとはどういうことだ。君は間違っている。自分を曲げて人を正すことができた者はいない。」

**通し番号 325**　章内番号 2　識別番号 6・1・2

通し番号 171-2に「仁ならば則ち栄え、不仁ならば則ち辱なり」とある。これは「志士固より窮す」や「君子固より窮す」と矛盾しているように見える。孔子や孟子でも困窮したことがあったし、キリストのような方でも磔にされ殺された。だから「君子固より窮す」は間違いのないことである。それならば「仁ならば則ち栄える」が間違っているかというとそうでもない。孔子や孟子は今でも聖人、亜聖として崇《あが》められているし、キリストも多くの人に崇められている。仁ならば栄えるというのも間違いのないことである。君子であっても一時的な困窮はもとよりやって来る。しかし長い目で見ると、君子は結局は栄えるのである。

**通し番号 328**　章内番号 5　識別番号 6・1・5

選挙で国会議員を選び、国会議員や党員の選挙で首相を選ぶ現行制度の場合、国民の支持率は非常に大事である。支持率が低下すれば選挙に負ける。選挙に負ければ首相の地位を失うだけでなく、野党に政権を取られる。それで現行制度では、支持率を上げる政治がなされる。国民におもねる政治がなされる。真に国の将来のことを懸命に考え、国民の嫌がることでも平気で言うような人物は、国民の支持を得ることができず落選する。詭遇《きぐう》を求める政治家ばかりになる。王良のような真の政治家は政治家として認められることもない。現行の選挙制度は、政治の手段としては、大きな欠陥を抱えている。

**通し番号 328**　章内番号 5　識別番号 6・1・5

現代社会では道理であるかどうかよりも、獲物を得ることが重んぜられる。獲物を得ればそれでよしとする。王良のように、範して馳駆し獲物をまったく得ないと失敗だとされる。また現代社会では己を厳しく修めようとする人が少ない。自分が曲がっているのに、自分を直にしようとせずに、人の曲がっているのを直にしようとする。それでは孟子の言うように人を直にすることはできない。

**通し番号 ３２８**　章内番号５　識別番号６・１・５

私たちは理を考え、理に合うことを言い、理に合うように動こうとする時と、多くの人が受け入れること、多くの人が正しいとしていることを考え、多くの人が受け入れること、多くの人が正しいとしていることを言い、多くの人が受け入れること、多くの人が正しいとしていることに合うように動こうとする時がある。前者が範して馳駆にあたり、後者が詭遇にあたる。私たちの社会では詭遇を求めることが横行している。テレビの放送を考えてみると、テレビ業界では視聴率が極めて重んじられる。民放の収入は企業の出す宣伝料である。同じ時間の宣伝でも、視聴率が１％なら百万人の人しか見ないが、視聴率が20％なら二千万人の人が見る。宣伝効果がまったく違う。だから企業は視聴率の高い番組には高額の宣伝料を出そうとする。それで番組制作会社は視聴率の高い番組をつくることに奔走する。理から考えると正しいかもしれないが、難しくて人が受け入れようとしないことは放送されなくなる。ビール片手に見てもわかりおもしろい番組が多くの人に受け入れられる。１％の人しか見ないがよい番組もあるはずである。しかしそういう番組はつくろうとされない。ただ万人受けする視聴率のかせげる番組をつくろうとする。これはテレビが詭遇を求めるものであることを示している。

**通し番号 328**　章内番号 5　識別番号 6・1・5

「己を枉《ま》げる者は未だ能く人を直《なお》くすること有らざるなり」というのは、今の政治家に特に言うべきことである。政治家が曲がっておれば、どんなに国民を直にしようとしても国民は直にならない。政治家が曲がるのは、曲がった人でないと当選できない今の選挙制度自体の問題でもあるだろう。

## 章番号 2　章通し番号 53　通し番号 329〜331

景春は言う。「公孫衍《えん》、張儀はまことに大人物だ。一たび怒ると諸侯が恐れる。安らかにいると争いがなくなる。」

孟子が言う。「どうして大人物と言えようか。君は礼を学んでいないのか。男子が元服すると、父が心がけを教える。女子が嫁に行く時には母が心がけを教える。門まで送って言う。『夫の家へ行くと敬い慎み、夫に従うようにしなさい。』従うことを正しい道とするのは、男性とともに生活している女性の道である。天下の広居におり、天下の正位に立ち、天下の大道を行う。志を得ると自分の得ているものを民に推し、民とともに道を行う。志を得ないと独りその道を行う。富貴も心を動かすことがない。貧賤も節を変えることがない。権勢、武力も屈することがない。これを大人物と言う。」

**通し番号 330**　章内番号 2　識別番号 6・2・2

順以て正となすのは妾婦の道なり（従うことを正しいとするのは、結婚した女性や同棲している女性の道である）というのは、男女平等が叫ばれる時代に反発を招くかもしれない。男は力が強く、女は力が弱いと言えば、多少の例外はあるが、誰もが納得することである。男はひげが生えてきて女は生えないと言えばこれも誰も納得することである。男女は身体的特徴に違いがある。同様に精神的な特徴も違う。女性は感情で動く傾向が強く、男性は理詰めで動く傾向が強い。だから女性は男性よりも感極まり泣くことが多くなる。女性はきれいにしようとする傾向が強く、男性は女性ほどはきれいにしようとしない。だからたいていの女性は化粧するが、化粧する男性は少ない。化粧するのは、人によく思われたいという気持ちが女性に強いことも示している。人によく思われたいというのは、人の評価に従うことであり、人に従うことである。女性は男性よりも人に従うことを好むのである。男性は女性よりは、自分で独立してやって行こうとする傾向が強い。孟子はこの精神的特徴を見て、人に従うのは女性のすることだと言っているのである。

**通し番号 331**　章内番号 3　識別番号 6・2・3

国民の選挙で国会議員を選び、国会議員の選挙で首相を選ぶという現行制度の場合、首相は国民の気に入るような政治をすることが極めて大事である。国民の支持を失えば選挙に負け権力を失うからである。今の政治体制では必然的に大衆迎合の政治に陥る。今の政治家のしていることは、孟子の言う妾婦の道である。大衆迎合の政治に大成功した例はヒトラーだろう。しかしその末路は悲惨な大戦争であった。

## 章番号 3　章通し番号 54　通し番号 332〜337

周霄《しょう》は問う。「古の君子は仕えますか。」

孟子は言う。「仕える。古書には、『孔子は三ヶ月君に仕えないと、求めて得ることができない様子であり、国境を出る時は、君への進物をのせて行った。』と書いてある。公明儀は『古の人は三ヶ月君に仕えなければお見舞いに行く。』と言っている。」

周霄が問う。「三ヶ月君に仕えないとお見舞いに行くというのは、仕えることを急ぎ過ぎるのでありませんか。」

孟子が言う。「士に位がないのは、諸侯に国家がないようなものだ。礼に『諸侯は田を耕す礼をし、民が助け、器にきびを盛る。夫人は蚕を飼い、糸をくり衣服をつくる。』とある。牲《いけにえ》ができず、器に盛ったきびが清くなく、衣服がそろわないと、敢えて祭ることはしない。士もまた田がないと祭らない。牲や器や衣服がそろわないなら、敢えて祭らない。宴もない。お見舞いに行くのに十分だろう。」

周霄が問う。「国境を出るのに必ず進物を持って行くのはどうしてですか。」

孟子が言う。「士が仕えるのは農夫が耕すようなものだ。農夫が国境を出る時にそのすきを捨てるだろうか。」

周霄が言う。「晋国も仕える国ですが、仕えることをそのように急にしなければならないとは聞いていません。そのように急いで仕えなければならないのに、君子が仕え難いのはどうしてですか。」

孟子が言う。「男の子が産まれると、父母はその子が将来妻を娶ることを願い、女の子が生まれると、父母はその子が将来夫を持つことを願う。これは父母の心でどの親でもそうだ。しかし父母の許可も取らず、媒酌人を通すこともせずに、穴をあけてのぞき合い、塀を越えて会うなら、父母も世間の人もみな蔑む。古の人は仕えることを望まないことはない。しかし道によらないで仕えることはしない。道によらないで仕えるのは、あなをあけてのぞき合う類である。」

## 章番号4　章通し番号55　通し番号338～342

彭更は問う。「後ろに従う車が数十台で従者は数百人います。諸侯を転々とし食を受けています。過分でありませんか。」

孟子が言う。「受けるべき道理がないなら、一杯の食も受けてはならない。受けるべき道理があるなら、舜が堯から天下を受けても過分ではない。君は舜が堯から天下を受けたのを過分と思うか。」彭更は答える。「過分ではありません。今の士は功がないのに人の食を食べていますが、これは不可です。」孟子が言う。「物を流通させ交易させ、余っている所で不足している所を補うようにしないと、農夫は米が余り、女は布が余ってしまう。余っているものを流通させれば、大工も車工もみな食を得ることができる。物をつくらず、流通させ交易させただけだが、立派な仕事になる。ここに人がおり、内では孝で外では悌であり、先王の道を守り、後の学に志す者を待っている。これも立派な仕事だ。それで報酬を得ることができないなら、大工や車工を尊んで仁と義をなす人を軽んじているのだ。」

彭更は言う。「木工、車工は志が報酬を求めることにあります。君子が道を行うのも、志は報酬を求めることにあるのですか。」孟子は言う。「君はどうして志のことを考えるのか。功があって報酬を与えることができるものなら与えるものだ。君は志に対して報酬を与えるのか。功に対して報酬を与えるのか。」彭更が答える。「志に対して与えます。」孟子が言う。「ここに人がおり、屋根をふかせると雨漏り、へいの壁を塗らせると一様にならない。志が報酬を得ることにあるなら、君は報酬を与えるか。」彭更は言う。「与えません。」孟子は言う。「それなら君は志に対して報酬を与えているのではない。」

**通し番号 340**　章内番号 3　識別番号 6・4・3

人間社会は一人はごく一部の物の生産に従事し、他の物は人がつくった物を購入して生活している。生産物を交換して生活しているのである。ところがこの交換がうまくいかず、物が余っている所がある。余るばかりか不要な物として捨てられている所がある。余っている所や捨てられている所はその物は当然安くなる。物を買うのに余っている所や捨てられている所で買うようにすれば必ず安く買える。

**通し番号 342**　章内番号 5　識別番号 6・4・5

求道者と言うと清貧なイメージがある。ところが孟子が移動する時は数百人の従者が従い数十台の車が後ろからついて行ったという。孟子は富貴を求めているのでないかと思ってしまう。彭更もそう感じ孟子に尋ねたのである。朱子は孟子の立場をきれいに説明している。「我自《よ》り言えば、固より食を求めず、彼自《よ》り言えば、凡そ功有る者ならば、則ち当に之を食《やしな》うべし（自分からは報酬を求めない。しかし相手が功ある者に対して報酬を与えるのは当然である。）」自分の仕事に対する正当な報酬として与えられたものは、辞退せずに受けるのである。功をなした者に十分な報酬を与えないなら、その功をなした者を軽んじていることになる。

儒学は決して富を排斥しない。功に対して与えられる富は、大きいものでも受ける。儒学が許さないのは、不義をして富を得ることである。道義にかなったものでなければ、一杯の食も受けない。

**通し番号 342** 章内番号 5 識別番号 6・4・5

孟子はした仕事に対しての正当な報酬は受け取るという現実的な対応をしている。

人が何か役に立つ仕事をしてくれたら、報酬は払わなければならない。相手が固辞するなら、報酬を払わないことはあり得る。しかし最初からボランティアの仕事をお願いすることはしてはならないことである。

2020年の東京オリンピックの時、大会の運営に直接関係する人員が8万人、交通案内や観光案内をする人員が3万人必要であった。大会組織委員会はこの人員をボランティアであてようとした。1日8時間の労働で10日以上無償で働き、交通費や宿泊料もボランティアが負担するという条件であった。しかし新国立競技場などを建設したゼネコンは正当な報酬を受けている。ボランティアで働いたわけでない。どうして大会を運営する人員だけがボランティアで働かなければならないのか。そもそもボランティアを募集するということ自体がしてはならないことである。

## 章番号５

章通し番号56　通し番号３４３～３４９

万章は問う。「宋は小国です。王政を行なおうとしたら、斉、楚が宋を憎み、宋を攻撃したらどうしますか。」

孟子は言う。

「湯は亳《はく》におり葛は隣国であった。葛伯はほしいままで先祖を祭ることをしなかった。湯はどうして先祖を祭らないのかと尋ねさせた。葛伯は言う。『犠牲としてささげる動物がいないのだ。』湯は葛伯に牛羊を送った。葛伯をそれを食べてしまい、やはり先祖を祭ることをしなかった。湯はまた人にどうして先祖を祭らないのかと尋ねさせた。葛伯は言う。『器に盛ってささげる穀物がないのだ。』湯は亳の民を葛に行かせ耕作させ、老人や子供に食物を贈らせた。葛伯は人を率いて酒食、きび、米を持つ者を脅しそれを奪った。拒もうとすると殺した。きびと肉を贈る子供がいたが、その子も殺して奪った。書経に葛伯は贈る者を仇にしたとあるが、このことを言う。天下の人はみな『湯が葛を征伐するのは子供を殺したからだ。天下がほしいのでない。民の仇を取るためだ。』と言った。湯の征伐は葛より始まり、十一の国を征伐し天下に敵はなかった。東を征伐すれば西の国が怨み、南を征伐すれば北の国が怨んだ。『どうして私の国を後にするのか』と言う。民が湯の来るのを願うのは、大旱魃に雲が湧き上がることを願うようであった。市場へ行く者は立ち止まらない。雑草を取る者は雑草を取ることをやめない。君を征伐して民をあわれむので、旱魃の雨のようだった。民は非常に喜んだ。書経に言う。『私は君を待っている。君がおいでになると、私は無道の罰を免れる。』」

「周の武王は周の臣とならない者がいたので、東を征伐しその男女を安んじた。殷の人は絹をかごに入れて武王を迎え、周王に仕え、周王の天命を見ようとした。周国に臣として従ったのだ。私が思うに、位のある者は絹を籠に入れて周の位のある者を迎え、民は飲食物を持って行き周の民を迎えた。民を水に溺れる苦しみ、火に焼かれる苦しみから取り除いたからだ。太誓に言う。『武威はあがり、殷との国境を侵し、人々を害するものを取り除く。戦功は大きく湯よりも輝く。』」

「宋は王政を行っていないだけだ。もし王政を行なえば、天下の民はみな頭を上げて見て自分の君としたがる。斉や楚は大国であるが、畏れるに足らない。」

**通し番号 344**　章内番号 2　識別番号 6・5・2

湯は他国が先祖を祭っていないと、「どうして先祖を祭らないのか」と問い、暗に先祖さえ祭らないことを非難している。他国があまりに間違ったことをすれば、それに対して意見する、あるいは非難するのは当然のことである。非難された国はそれをよく聞き、それが道理に合うものかどうかをよく考え、道理に合うことなら改めなければならない。他国から非難されると、すぐに内政干渉だと反発するのは、人から苦言を受け、人に干渉するなとすぐに反発するようなものである。子路は人が自分の過ちを言ってくれると喜んだという。国も他国がその過ちを言ってくれるなら喜ばなければならない。

**通し番号 344**　章内番号 2　識別番号 6・5・2

孟子が説くように人間の本質が善であるというのは事実である。しかしその本質に帰ろうとせずに、本質から遠く離れてしまうと、自分に食べ物を持って来た子供を殺しその食べ物を奪うような冷酷無道の葛伯のような人間がいることも事実である。聖人湯の徳を以てしても葛伯を善良な人間にすることはできなかった。世の中に癌という恐ろしい病気があることを知れば、癌にならないようにするにはどうすればよいのかと深く考え対策を立てることができる。世の中に葛伯のような冷酷無道な人間がいることを知れば、そういう極悪人から身を守るにはどうすればよいのかと深く考え対策を立てることができる。葛伯のような極悪人が実際にいるということをまず認識することが大事である。

**通し番号 348**　章内番号 6　識別番号 6・5・6

武王は殷との国境を侵し殷に侵略した。しかし武王を侵略者と非難する人は少ない。武王は殷を侵略することで殷の人々の苦を救ったからである。

現代は侵略するのは悪いことで、いつも侵略したほうが悪いとする風潮がある。しかし今その国に住んでいる人々も、その祖先を考えると、結局その国を侵略した者に過ぎないことが多い。アメリカの国土はアメリカ人のものだから、侵略は許さないとアメリカ人は言う。しかしアメリカの国土はもともとアメリカ人のものでなかった。インディアンのものだった。それをアメリカ人が侵略して自分の国土としたのである。

侵略自体は悪いことではない。侵略してそこの民に苦を与えるなら、これは悪いことである。侵略してそこの民の苦を取り除くなら、これはよいことである

## 章番号 6　章通し番号 57　通し番号 350〜351

孟子は戴不勝《たいふしょう》に言う。「あなたは王様が善になることを望みますか。人が善になるようにすること

を言いましょう。ここに楚の大夫がおり、その子が斉の言葉を話すようにしたいと思っています。斉の人に教えさせますか。楚の人に教えさせますか。」戴不勝は答える。「斉の人に教えさせます。」孟子が言う。「一人の斉の人が教えても、多くの楚の人が周りで楚の言葉を話していたらどうですか。たとえ毎日鞭打って斉の言葉を話すように強いても、斉の言葉を話すようにならないでしょう。ところがその子を斉の町、荘嶽に数年住まわせたらどうですか。たとえ毎日鞭打って楚の言葉を話すように強いても、楚の言葉を話しません。あなたは薛居州《せつきょしゅう》は善良な士だと言います。王様の所にいる者が、若い者から年寄まで、上の者から下の者まで、みな薛居州のような者なら、王様は誰と不善を言うことがありましょうか。王様の所にいる者が、若い者から年寄まで、上の者から下の者まで、みな薛居州のようでないなら、王様は誰とともに善を言うのでしょうか。薛居州が一人だけでは、宋の王様をどうすることもできません。」

**通し番号 351**　章内番号 2　識別番号 6・6・2

いつも善人と接しておれば自分もその環境に影響されて自ずと善人になる。いつも有能な人と接しておれば自分もその環境に影響されて自ずと有能になる。このことは本についても同じことが言える。いつも賢人の本を自分の側に置き、いつも賢人の本を読んでおれば、自分も自ずと賢くなる。いつも小人《しょうじん》の本を自分の側に置き、いつも小人の本を読んでおれば、自分も自ずと小人になる。徒然草第157段に「あからさまに聖教の一句を見れば、何となく、前後の文も見ゆ。

卒爾にして多年の非を改むる事もあり。仮に、今、この文をひろげざらましかば、この事を知らんや。あからさまに：ほんの少し」とある。吉田兼好も環境が人に与える大きさを指摘している。孔子も「里は仁を美と爲す、択んで仁に処《お》らざれば、焉《いずくん》ぞ智を得ん。」と言っている。

## 章番号 7　章通し番号 58　通し番号 352〜355

公孫丑が問う。「諸侯に会わない理由は何ですか。」孟子が答える。「古は臣でないと会わない。段干木は垣根を乗り越えて避け、泄柳《せつりゅう》は門を閉じて入れなかった。これは極端だ。諸侯が会おうとして来られるなら会うべきだ。陽貨は孔子に会いたかったが、礼がないと言われるのが嫌だった。大夫が士に贈り物をすると、家で拝して受けるのが礼である。もし家で拝して受けることができなかったら、贈り物をした者の家へ出向き拝するのが礼である。陽貨は孔子がいないのをうかがって蒸し豚を贈った。孔子もまた陽貨のいないのをうかがって行き拝そうとした。この時は陽貨が先に蒸し豚を贈る礼をしたから、孔子は会わざるを得ないのだ。曽子は言う。『肩をすぼめてへつらい笑うのは、夏の農作業より疲れる。』子路は言う。『心が合わないのに、上の人と話をする。その顔は恥じて赤い。私にはどうしてそのようなことをするのか理解できない。』これから見ると、君子が心に養っているものがわかる。」

## 章番号 8　章通し番号 59　通し番号 356〜358

戴盈之《たいえいし》は言う。「十分の一の税にして、関所税、市場税をなくするのは、今年はできません。今年は関所税、市場税を軽くして、来年に関所税、市場税をやめましょう。どうですか。」

孟子は言う。「隣の鶏がこちらへやって来ると、それを自分のものとする人がいる。ある人がその人に言う。『それは君子のすることでない。』するとその人は言う。『鶏を取るのを減らそう。月に一羽取り来年になったら取るのをやめよう。』君の言うことはこれと同じだ。義でないことがわかれば、すぐにやめる。どうして来年を待つことがあろうか。」

**通し番号 358**　章内番号 3　識別番号 6・8・3

法律上の脱税とは、一億円以上の課税逃れがあり、その手口が巧妙なものを言う。起訴まで至らないものは課税逃れと言う。しかし課税逃れでも追徴課税が課され厳しく徴税される。この徴税は、税法は国民の選んだ国会で可決されているのだから正しいものであり、国民はその法律に従わなければならないという論理に基づいている。しかし法律とは、数の力で押し切ってつくられたものであり、必ずしも理に合っているとは言えない。無道な法案でも数の力で押し切れば法律になる。税金は収入の十分の一というのは、古からの鉄則である。国家を運営するのに、それ以上は不要である。それ以上の税金がいるのは、大きな無駄使いをしているか、上のものがほしいままに浪費しているかである。今の日本では、軍事費の莫大な無駄である。孟子の言うように、十分の一以上の税金を取る者は泥棒なのである。政府は国民が課税逃れをすると犯罪者扱いするが、十分の一以上の税金を取る政府もまた犯罪者であるという自覚を持つべきである。

現代社会は法治国家である。国民の選んだ代表者が国会で審議、可決し法律をつくる。そしてその法律に従って治める。一度法律となってしまうと、それは正しいこととされ、法律自体が間違っているのでないかという議論がなされない。法律に従って動いているのだということで、まったく理に合っていないことも正当化されてしまう。法令遵守であれば、それだけで正しいことをしているように思っている。各自が法令遵守しても、その法令が理に合っていないなら国は大きく乱れることになる。法令遵守をするのが大事なのでなく、道理を遵守することが大事なのである。法令が道理にもとるものなら従う必要はないし、また従うべきでない。

## 章番号 9　章通し番号 60　通し番号 359～371

公都子は言う。「他人はみな先生が弁を好むと言います。先生はなぜ弁を好まれるのですか。」

孟子は言う。

「私が弁を好むことがあろうか。やむを得ないのだ。人間が生まれてから久しいが、治まったり乱れたりしている。」

「堯の時、河の水は逆行し中国に氾濫した。ワニや蛇が生育していた。人は定住できなかった。土地の低い所では、木の上に住み、土地が高い所では穴に住んだ。書経に言う。『洚水《こうずい》が私を戒めた』洚水は洪水である。禹に洪水を治めさせた。禹は河のふさがっていた所を掘って除き、河の水が海に注ぐようにし、ワニや蛇を草の生える沢に追いやった。水は両岸の間を流れるようになったのだ。今の江水、淮《わい》水、河《か》水がこれだ。水の氾濫がなくなり鳥獣が人を害することがなくなった。それで人は平地に定住できるようになった。」

「堯舜が没してから聖人の道は衰えた。暴君がかわるがわる出て来た。民家を壊して池としたため、民は休まることがなかった。田を木を植える所、動物を飼う所にしたため、民は衣食に事欠いた。邪説や暴行も起こった。木を植えてある所、動物を飼う所、池、沢が多いため鳥獣も出て来た。紂になって天下はまた大いに乱れた。」

「周公は武王を助け、紂を誅し、奄《えん》国を伐ち、その後三年してその君を討った。飛廉《ひれん》を海岸に追いつめ、五十の国を滅ぼした。虎、豹、犀、象を追いやり人々から遠ざけた。天下の人は大いに喜んだ。書経に言う。『文王のお考えは明るく照り輝き、武王は立派に継がれて光がある。後の人を助け導き、みな正しく欠ける所がない。』」

「その後、世は衰え道は見えなくなり、邪説や暴行がまた起こった。臣がその君を殺し、子がその父を殺すことが起こった。孔子は恐れて春秋をつくった。春秋に書いてあることは天子がすることである。だから孔子は言う。『私を知るのはこの春秋だけだが、私を罰するのもこの春秋だけだろう。』」

「聖王が出て来ず、諸侯はほしいままである。理のないことを言い天下を回る士がいる。楊朱や墨翟の言が天下に満ちている。天下は楊朱でなければ墨翟である。楊朱は自分のためにするから君がない。墨翟は同じく愛するから父がない。父がなく君がないのは禽獣である。公明儀は言う。『料理場には脂の乗った肉があり、馬屋には肥えた馬がいる。しかし民は飢えて野には餓死者がいる。これは獣を率いて人を食べさせているのである。』　楊墨の道はなくならず、孔子の道は明らかにならない。邪説が民を欺き、仁と義はふさがってしまっている。獣を率いて人を食べさせ、人と人が共食いをしている。私はこれがために恐れた。先聖の道を守り、楊墨を防ぎ、ほしいままの言葉を遠ざけた。邪説は起こることができなくなった。邪説が心に起こると、事に害があり、政に害がある。聖人がまた起こっても私の言を変えることはない。」

「昔、禹が洪水を治めて天下はおだやかになった。周公が夷狄を併合し、猛獣を追いやり民はやすらかになった。孔子が春秋をつくり、君を殺す臣、父を殺す子は恐れた。詩経に言う。『夷狄は撃ち楚や舒《じょ》はこらしめる。私に手向かおうとする者はない。』父がなく、君がない所は周公が撃つ所である。私は人の心を正し、邪説をやめ、偏ったものを拒み、ほしいままの言葉をなくし、三聖を継承したい。どうして弁を好もうか。やむを得ないのだ。楊墨を防ぐことができる者は聖人の徒だ。」

**通し番号　３６６**　章内番号　８　識別番号　６・９・８

現代は人君を立てずに選挙で首長を選ぶという歴史的に見ると珍しい政治体制を取っている。孟子は君が無いと禽獣であり、人と人が食べ合う社会になると言う。現代はどうであろうか。

東日本大震災は２０１１年３月11日午後２時46分に発生した。この地震が自然災害でなく人工的に起こされた地震であるという根拠のある説がある。震災で福島原発事故が起こったが、事故の処理に当たった作業員に大きな被爆はなかった。ところが福島原発からかなり離れている三陸沖にいた空母ロナルドレーガンの乗組員には大きな被爆があった。空母ロナルドレーガンがいた海底で水爆を爆発させて人工地震を発生させたと考えなければ説明ができない。大国は地震兵器も必死に開発しており、アメリカはすでにかなりの程度の地震を起こすことのできる兵器を持っていると思われる。もし東日本大震災が人工地震ならば、何の目的で人工地震を起こしたのだろうか。株式の利益のためである。

東日本大震災が起こる前の２０１１年3月11日午後1時10分の日経平均は１０３４８円であった。震災後の3月15日終値は８６０５円になった。16・8％も下落している。震災前にプットオプション（売る権利）を買い、震災後に売り抜ければ莫大な利益を得たはずである。また株価が下がりこんだ時点で日本の優良企業の株式を大量に買えば、少ない費用で日本の優良企業を支配下に置くことができる。東日本大震災の死者、不明者数は1万8千人以上である。1万8千人の人を殺して莫大な利益を上げたことになる。まさに人と人が食べ合う社会である。

２００1年9月11日のアメリカ同時多発テロ事件は、アメリカによるでっち上げであるという根拠のある説がある。アフガニスタン、イラクと戦争を起こすためにでっち上げたと言うのである。世界貿易センタービルにつっこんだ2機の飛行機の残骸は何一つ残っていない。ところが飛行機をハイジャックした犯人のパスポートは判読可能な状態で見つかった。飛行機がビルに激突して、何の残骸も残らないということはありえない。何の残骸も残っていないのに、犯人のパスポートだけ残ることもありえない。事件をでっち上げ戦争を起こすことは、過去に何回もなされてきた。日本は柳条湖事件をでっち上げ満州事変を起こした。アメリカはトンキン湾事件をでっち上げベトナム戦争に介入した。アメリカ同時多発テロ事件で約３０００人が死亡し、アフガニスタンとの戦争でアメリカ人は２０００人以上死亡し、イラクとの戦争でアメリカ人は約４５００人が死亡した。全部合わせると約1万人のアメリカ人が死亡している。アメリカ同時多発テロ事件がでっち上げなら、その目的は何なのか。軍需産業の莫大な利益とイラクの石油利権である。軍需産業の利益と石油利権のために自国民1万人を殺したのである。まさに人と人が食べあう社会である。

**通し番号 371**　章内番号 13　識別番号 6・9・13

孟子は楊朱、墨翟の説を人を害することが甚だしいと強く排斥している。現代ではさらにキリスト教、イスラム教という孟子が知らなかった宗教も加わっている。キリスト教、イスラム教の信者は儒学を重んじる人よりもはるかに多い。交通と通信の発達で私たちはいろんな土地、いろんな考え方を知るようになった。私たちの時代と比べると、孟子の時代ははるかに狭い世界であった。その狭い世界では孟子の主張は正しかったのだろう。しかし現代のようにいろんな考え方が入り乱れる世界、人間の作った道具が非常に発達し、昔では考えられなかったことができるようになった時代に、儒学以外の学説をすべて排斥することは無理があるし、またすべきことでない。

## 章番号 10

章通し番号 61　通し番号 372〜377

匡章《きょうしょう》は言う。「陳仲子はまことに廉潔な人だ。於陵《おりょう》にいて、三日間飲まず食わずであった。耳はあまり聞こえなくなり、目はあまり見えなくなった。井戸の上にすももの木があり、虫が半分食ったすももの実が落ちていた。仲子ははって行き、それを食べ、三回飲み込むと耳が聞こえ目が見えるようになった。」

孟子が言う。「斉国の士の中で私は必ず仲子を親指としよう。しかし仲子は廉潔とは言えない。仲子の節操はみみずになってはじめてできることだ。みみずは上では乾いた土を食べ、下では濁水を飲む。仲子のいる家は伯夷が作ったものなのか、あるいは盗跖の作ったものなのか、仲子の食べるものは、伯夷がつくったものなのか、あるいは盗跖のつくったものなのか、これはわからない。」

匡章《きょうしょう》は言う。「それは気にする必要はないと思います。仲子は自らくつを織り、妻は麻から糸をつくり、穀物と換えています。」

孟子が言う。「仲子は斉の世襲の卿である。兄の戴《たい》は蓋《こう》に一万キロリットルの穀物の取れる土地を禄としてもらっていた。仲子は兄のこの禄を不義として食べなかった。兄の家を不義の家として、そこにいなかった。兄を避け、母と離れて於陵《おりょう》にいた。かつて家に帰ると、兄に生きたガチョウを贈る者がいた。仲子は憂えて言う。『私はこのガーガー鳴くものを用いたりはしないぞ。』その後母がそのガチョウを殺して料理として仲子に出した。仲子は食べた。兄が外から帰り、『これはガーガー鳴くものの肉だ。』と言うと、家から出てそれを吐いた。母がつくれば食べず、妻がつくれば食べる。兄の家にはおらず、於陵の家にはおる。これでは類を満たしているとは言えない。仲子のような者はみみずになって始めてその節操を満たすことができる。」

# 離婁章句上　篇番号７

章番号　１～28　章通し番号62～89　通し番号　378～462

# 章番号1　章通し番号62　通し番号378～390

孟子は言う。

離婁のように目がよく見えても、公輸子のように細工に巧みでも、円や四角をつくる道具を使わなければ、円や四角をつくることはできない。師曠《しこう》のように耳がよくても、竹管を使わないと音の調律はできない。堯舜の道は法度《はっと》を用いて天下を治める。今、仁の心、仁の評判があるのに、民は恩沢を受けていないし後世の範とすることができない。先王の道を行なわないからだ。だから言う。善の心だけでは政をするのに不足である。法だけでも政をすることはできない。詩経に言う。「過ちがない。欠けている所もない。古い法典に因り、古い法典に従っている。」先王の法に従い過《あやま》ったことは今まで一度もない。聖人は目の働きを尽して、さらに定規、コンパス、水準器を作り、直線、四角、円、水平をつくるようにした。それでいくらでも直線、四角、円、水平をつくることができる。耳の働きを尽し、さらに調律器で音を正した。それでいくらでも音を正すことができる。心を尽し、さらに人をそこなうのが忍べない法度をつくった。それで仁は天下をおおう。だから言う。高いものを作るには、丘陵の上に作る。低いものを作るには川や沢のある低い所に作る。政をするのに先王の道によらないと、智と言えようか。

仁者だけが高位におるべきである。不仁な者が高位におれば、悪を衆にまくことになる。上は義と理を考えることがない。下は法を守ることがない。朝廷にいる者は道を信じていない。民は法を信じていない。高位の者は義を犯し、民は法を犯す。これで国が滅びないのは幸運である。だから言う。城壁が完備していない、武器が多くないことは、国の災いでない。田野が開発されていない、財貨が集まらないのは、国を害するものでない。上の者に道理がなく、下の者が道理を学ぶことがなければ、賊民が起こる。滅ぶのに日を待たない。

詩経に言う。「天はまさに国をくつがえそうとしている。泄泄《えいえい》と怠慢し悦従すること無かれ。」泄泄《えいえい》は沓沓《とうとう》のようなもので怠慢し悦従するさまである。君に仕えて義がない、進退に礼がない、言えば先王の道を誇るのは、詩経の言う怠慢、悦従のようなものだ。だから言う。人が君に言いにくいことを言って君を正すのは、恭と言う。善を言って君の邪心を防ぐのは敬と言う。自分の君はできないと言うのは賊と言う。

**通し番号 380**　章内番号 3　識別番号 7・1・3

現代日本は法治国家である。法律で国を治めようとしている。しかし法だけでは国は治まらない。法律的に正しくても仁愛の心がないと国は治まらない。これは一個人と接する場合も同じである。法律的に正しいことを言っても、仁愛の心で相手に接しないと相手は服さない。孟子の言うように「徒法は以て自ずから行うこと能わず（法だけで政をすることはできない）」である。

**通し番号 383** 章内番号 6 識別番号 7・1・6

人間は社会の産物であり、社会の影響を受けていない人間はいない。人間は言葉を話すが、その人の生まれ育った母国の言葉、母国語を話す。ものを考える時も母国語を用いて考える。母国語はまるで自分が生来持っていたかのように思っているが、そうではなく環境が得さしめたものである。優れた人の言に親しむと、知らずに優れた人の言葉を話し、優れた人の言葉でものを考えるようになる。優れた人に親しむ環境がそうさせるのである。だから高い丘の上にものを建てることになる。当然低い土地にものを建てる人より高いものを建てることが容易である。常に優れた人に親しむことが大事である所以である。

**通し番号 386** 章内番号 9 識別番号 7・1・9

国家の安全保障を考える時は、まず軍備の拡張を考える。仮想敵国が核武装すると、自国も核武装しなければ自国の安全保障が脅かされると考える。それで核武装に邁進することになる。ところが孟子は国家に強大な武力がないのは、国の災いでないと言う。上の者が道理を考えず、下の者が道理を学ばないと国家は日ならずして滅ぶと言う。このことは仮想敵国を滅ぼすのに、武力は必要ないことを示している。仮想敵国の上の者が道理を考えず、下の者が道理を学ばないようにすれば、仮想敵国は日ならずして滅ぶのである。

## 章番号 2

章通し番号 63　通し番号 391〜395

孟子が言う。定規、コンパスは四角や円をつくることを極めている。聖人は人倫を極めている。君にふさわしい者になろうとすれば、君の道を尽す。臣にふさわしい者になろうとすれば、臣の道を尽す。君の道、臣の道は堯舜に則るだけだ。舜が堯に仕えるように君に仕えないのは、君を敬さないことだ。堯が民を治めるように民を治めないのは、民を害することだ。孔子は言う。「道は仁と不仁の二つだけである。」民を虐げることが非常にひどいと、身は殺され国は滅ぶ。民を虐げることがひどいと、身は危うく国は侵略される。その王は幽《ゆう》、厲《れい》という諡《おくりな》をつけられる。孝行で慈愛のある子孫でもその諡を改めることはできない。詩経に言う。「殷王朝の鏡とすべきものは遠くにない。近い夏王朝にある。」これはこのことを言っている。

## 章番号 3　章通し番号64　通し番号３９６～３９９

孟子が言う。夏、殷、周の三代が天下を得たのは、仁によってである。天下を失ったのは不仁によってである。国の存亡興廃もまたそうである。天子が不仁であると、天下を保つことができない。諸侯が不仁であると、国を保つことができない。卿大夫が不仁であると、家を保つことができない。士や民が不仁であると、身を保つことができない。死ぬこと、滅ぶことを嫌うのに、不仁を楽しんでいる。これは酔うのを嫌うのに、酒を強いるようなものである。

## 章番号 4　章通し番号65　通し番号４００～４０２

孟子が言う。私は人を愛しているのに、人が私を愛さないなら、自分の仁に反る。私が人を治めて治まらないなら、自分の智に反る。私は人を礼しているのに、人が答えないなら、自分の敬に反る。何かをして望むことを得ることができないと、みな自分に反り求める。自分の身が正しければ、天下が自分に帰する。詩経に言う。「長く考え正理に合い、自ら多福を求める。」

**通し番号 401**　章内番号 2　識別番号 7・4・2

儒学は天下を治めようとせず、自分の身を正しくしようとする。自分の身が正しければ天下は自ずと治まると考える。だから修身にうるさい。資本主義社会で修身をうるさく言うと、多くの人が寡欲になる。寡欲になると物を買おうとしない。多くの人が物を買おうとしないから物が売れない。生産しても在庫がたまるだけである。人が皆修身に努めれば不況になり経済は成長しないのである。資本主義社会では修身は害悪以外の何ものでもない。だから資本主義社会では修身は重んじられない。政治家も修身をしようとせず、権謀術数で政治をしようとする。きれいなことを言ってもすることが違っている政治家を見て国民は政治家を信用しなくなる。だから国は治まらない。

**通し番号 402**　章内番号 3　識別番号 7・4・3

君子はただ正理に合うことを長く考え行動するのである。私たちは何を長く考え行動しているのだろうか。政治家は人々の支持を得ることを長く考え行動する。商売人は利益が上ることを長く考え行動する。テレビ関係の人は視聴率を上げることを長く考え行動する。学者は自分の論文が高い評価を得ることを長く考え行動する。人々の支持、利益、視聴率、評価を得ることを長く考え行動するから正理は後に追いやられる。その結果しばしば正理に合わない行動をする。それで自ら災いを求めることになる。

## 章番号5　章通し番号66　通し番号403〜403

孟子が言う。人は常に言うことがある。みな天下国家のことを言う。天下の本は国にある。国の本は家にある。家の本は自分の身にある。

## 章番号6　章通し番号67　通し番号404〜404

孟子は言う。人君が政をするのは、難しいことでない。代々の家臣に怨まれないようにする。代々の家臣が服する人君には、一国の人々も服する。一国の人々が服する人君には、天下の人々が服する。その恩恵と命令は天下にあふれる。

**通し番号 404**　章内番号 1　識別番号 7・6・1

「不得罪於巨室」を「巨室に罪を得ざれ」と読み、「代々の家臣に怨まれないようにしろ」と解釈するのが一般的である。しかしそう読むと、「代々の家臣に怨まれないように、代々の家臣が気に入るような政治をしろ」と解釈される恐れがある。滕の文公が三年の喪をしようとした時、代々の家臣は皆反対した。代々の家臣が気に入るようにするのが政治なら、滕の文公は三年の喪をしないのが正しかったことになってしまう。ここの「不得罪於巨室」の意味は人君の身を修めることで自ずと「不得罪於巨室」になると言っているのである。前章で家の本は自分の身にあると言っているが、この家はここの巨室になる。つまり代々の家臣を治める本は人君の身にある。人君の身が修まれば代々の家臣は自ずと服す。代々の家臣が服すれば国も服するし天下も服する。しかし代々の家臣が服するようにと政治をするのでない。ただ人君の身を修める。人君の身が修まれば代々の家臣は自ずと服するのである。

## 章番号 7　章通し番号 68　通し番号 405～410

孟子が言う。天下に道があれば、徳が乏しい者は徳の豊かな者に使われ、智が乏しい者は智が豊かな者に使われる。天下に道がないと、小さい者は大きい者に使われ、弱い者は強い者に使われる。この二つは自然の理である。自然の理に従う者は生き延び、自然の理に逆らう者は滅ぶ。斉の景公は言う、「私は命令を出して呉を使うことはできない。呉の言うことを受けないと呉と国交を絶つことになる。」涙を流して娘を呉に嫁がせた。今では小国は大国を師としている。ところが大国の命令を受けることを恥じている。これは弟子が師の命令を受けることを恥じるようなものだ。これを恥じるなら文王を師とするのに及ぶものはない。文王を師とすれば、大国は五年、小国は七年で政を天下に行うことができる。詩経に言う。「殷の子孫はその数は十万を下らない。上帝はすでに命令を出し、殷の子孫は周に服した。天命は常がない。殷の臣の才徳が優れ敏達な者は都で祼《かん》献の礼を助けた。」孔子は言う。「仁には衆をなすことはできない。」国君が仁を好めば天下に敵はない。天下に敵がないことを望むのに、仁をなそうとしない。これは熱い物を持つ前に手をぬらさないようなものである。詩経に言う。「熱い物を持つのに、手をぬらさないで持つことができようか。」

**通し番号 410**　章内番号 6　識別番号 7・7・6

明治維新の頃、世界最強の強国、世界最大の大国はイギリスであった。その富の源泉は植民地である。アジア、アフリカ、オセアニアと世界の各地にまたがる広大な植民地がその帝国を支えた。イギリスには及ばないが、フランス、ドイツ、ロシアも強国であった。日本はこれらの列強にならい、国力を高めようとした。産業を興し軍備を整え植民地を得ようとした。朝鮮や中国に進出したのはこれである。孟子の言う「小国は大国を師とする」である。日清戦争で遼東半島を得たところがロシア、フランス、ドイツの三国が口出しし、遼東半島を清に返させた。国民はこれを屈辱と感じた。孟子の言う「小国は大国を師として、命を受くるを恥ず」である。第一次世界大戦後、イギリスの国力は落ち、第二次世界大戦後は植民地が相次いで独立したため、イギリスはますます国力が落ち、アメリカが最大の大国となった。その富の源泉は技術である。いろいろな製品を作りそれを売りまくって莫大な富を集めた。またその技術で強力な武器を作りそれで世界を威嚇した。自動車、テレビ、冷蔵庫、エアコン、化学繊維、パソコン、スマートフォンと、今まで考えられなかったような製品が次々と出て来た。これらはアメリカから生まれたものが多い。なぜか。アメリカは移民の国であり、移民しやすく、また優秀な人を高給で雇った。それで世界中の優秀な人がアメリカに集まった。こういう人たちが次々と革新的な製品を作り出した。

日本が明治維新の頃、当時の大国、イギリス、フランス、ドイツ、ロシアにならわず、文王にならう政治をしていたらどうなっただろうか。仁に務め、軍備などには金を使わず、その金を減税にあて、税を収入の十分の一にする。すると日本は慈愛にあふれた国で、犯罪も少なく、しかも税金が安いので実収入が多いと、世界中の優秀な人が日本に集まったに違いない。すると日本で次々と技術革新がなされ、画期的な製品が次々と生み出されただろう。それを売りまくることで莫大な富が日本に集まったはずである。

## 章番号 8　章通し番号 69　通し番号 411〜415

孟子は言う。不仁の者とは話をすることができない。危ないものに安んじており、災いを利としている。不仁の者と話をすることができるなら、国が滅亡し家が没落することがあろうか。子供が歌う。「滄浪《そうろう》の水が澄んでいると、冠の紐を洗う。滄浪《そうろう》の水が濁っていると足を洗う。」孔子は言う。「君たち、よく聞きなさい。水が澄んでいると冠の紐を洗い、水が濁っていると足を洗う。自分からすることだ。」人は必ずまず自分が人を侮る。その後に人がこちらを侮る。家は必ずまず自分がこわす。その後に人が家をこわす。国はまず自分が自分の国を攻撃する。その後に人が攻撃する。太甲に言う。「天がなす災いはまだ避けることができる。自らなす災いは生きのびることができない。」このことを言うのである。

**通し番号 415**　章内番号 5　識別番号 7・8・5

「心が存していると得失の機微を得る、心が存していないと存亡が明らかなものでもわからない。」という朱子の言葉は感銘深い。欲や間違った情報で心が乱されると明らかなものでもわからなくなる。国を滅ぼすのに武力はいらない。欲や間違った情報でその心を乱し、心が存しないようにすれば、明らかに滅亡する道であってもわからなくなる。必然の結果として滅亡する。これは一個人の場合も同じである。

## 章番号 9　章通し番号 70　通し番号 416〜421

孟子が言う。桀紂が天下を失ったのは、民を失ったからである。民を失ったのは、民の心を失ったのである。天下を得るには道がある。民を得れば天下を得る。民を得るには道がある。民の心を得れば民を得る。民の心を得るには道がある。望む物を与え、望む物が集まるようにし、嫌がることはしないことだ。民が仁に帰するのは、水が下に流れ、野獣が広野を走るようなものである。深い水に魚を駆るのはかわうそである。樹木の茂った林にすずめを駆るのは隼《はやぶさ》である。湯王、武王に民を駆るのは桀紂である。今、天下の君で仁を好む者がおれば、諸侯はその君のために民を駆るだろう。仁を好む君なら、天下の王になりたくないと思っても天下の王になってしまう。今の天下の王になりたいと願う者は、七年も病気をしているのに、三年ものの艾《もぐさ》を求めるようなものである。前もって蓄えておかないから、三年ものしかないのである。蓄えておかないと、一生得ることができない。仁に志さないと、一生憂えて辱められ、ついに死し滅ぶ。詩経に言う。「どうしてよかろうか。ともに溺れている。」このことを言っている。

## 章番号10　章通し番号71　通し番号422～424

孟子は言う。自暴の者は話をすることができない。自棄の者はともに為すことができない。礼と義を誇ることを言うのを自暴と言う。自分は仁におることができず、義によることができないとするのを自棄と言う。仁は人の安全な家である。義は人の正道である。安全な家にいない。正道を捨てて正道を行かない。悲しむべきことである。

## 章番号 11

章通し番号 72　通し番号 425〜425

孟子は言う。道は近きにあるのに、道を遠くに求める。すべきことはたやすい所にあるのに、難しい所に求める。人々が親を愛し年長の者に譲れば天下は治まる。

**通し番号 425**　章内番号 1　識別番号 7・11・1

年齢よりも能力を重んじるべきである。年下でも能力があれば、年長の者に譲る必要はない。年下の者が上に立つべきだと現代の人は言うかもしれない。

人をまったく同列に置くと、自分が上に立とうとして争いが始まる。この争いが内乱や戦争の原因になる。人を争わないようにさせるには、人に序列、つまり上下をつけることである。この人が上だから、下の者は上の者に譲ってくださいという序列をつけるのである。では何を基準にして上下をつけるのか。年齢というのは非常に便利な基準なのである。人は必ず年を取る。だから年齢で序列をつければ、若い頃は下にいるが、年を取れば必ず上になる。また年齢は客観的な事実だから、誰にも一目瞭然の基準になる。無能な者、無知な者でも年を取れば上になるのだから、不平を抱く者も少ない。世の中の争いが少なくなるのである。能力で序列をつけると、どの人が能力があるのか、一目瞭然に決められない。Aの人が優れている所もあれば、Bの人が優れている所もあるというのが、実状である。一目瞭然にAの人が能力があると言えるものでない。基準があいまいだから、どうしてあいつが上になるのだという不平を抱く者が出てくる。これが争いの元になる。

人君は年齢が若くても賢人ならば登用するのは、当然のことである。年齢の高い者を上にしなければならないというものでない。しかし位が上の年の若い者も、自分より年長で自分より位の低い者には、自分の職権に関することでない限り譲るのである。列車に年の若い部長と年長の平の社員が乗っていた。あいにく席があいておらず、二人とも立っていた。一つ席があけば、年の若い部長は年長の平の社員に席を譲るのである。列車の席に座ることは部長の権限に関することでないからである。

年齢で人の序列をつけるという儒学の考え方は、戦争を未然に防ぐ優れた考え方である。

## 章番号12　章通し番号73　通し番号426～428

孟子は言う。低い地位で上の信任を得られないと、民を治めることはできない。上に信任されるには道がある。友に信じられないと上に信任されない。友に信じられるのに道がある。親に接して喜ばれないと友に信じられない。親に喜ばれるのに道がある。身に反り自分が理に従うようにしないと、親に喜ばれない。自分が理に従うようにするのに道がある。理に明らかでないと自分が理に従うようにすることができない。自分にある理は天の道である。自分にある理で自分を満たそうとするのが、人の道である。自分にある理を尽して動かないものは今までにない。自分にある理を尽さないで動くものは今までにない。

## 章番号 13　章通し番号 74　通し番号 429~431

孟子は言う。伯夷は紂を避けて北海の海岸にいた。文王が興ったと聞いて言った。「どうして帰らないことがあろうか。文王は老いた者をよく治めると聞いている。」太公望は紂を避けて東海の海岸にいた。文王が興ったと聞いて言った。「どうして帰らないことがあろうか。文王は老いた者をよく治めると聞いている。」この二老は天下の優れた老人である。優れた老人が文王に帰するのは、天下の父が文王に帰するのである。天下の父が帰すれば、その子はどこに行くだろうか。諸侯が文王の政を行うならば、七年の内には必ず天下を治めることになる。

## 章番号 14　章通し番号 75　通し番号 432～434

孟子は言う。冉求が季氏の家臣となった。季氏の施策を改めることができず、税として取り上げる穀物は以前の倍になった。孔子は言う。「冉求は私の門人でない。君たち、太鼓を鳴らしてその罪を責めてもよい。」これから見ると、人君が仁政を行っていないのに、人君を富ます者は孔子に捨てられる者である。人君のために戦うことを強いる。土地を争って戦い、死体が野に満ちている。城を争って戦い、死体が城に満ちている。こういうことをすれば、当然孔子に捨てられる。これは土地を率いて人の肉を食べさせているのである。その罪は死刑にしてもなお不足である。だから戦争に巧みな者は極刑にする。諸侯を連合させる者はその次の刑に処する。荒地を開き、土地を民に耕作させる者はその次の刑に処する。

### 通し番号 433　章内番号 2　識別番号 7・14・2

人間は昔から戦争をしてきた。近代は第一次世界大戦、第二次世界大戦という世界中が戦争になることを経験した。現代でも局地的に戦争が続いている。これらの戦争はほとんど土地の所有権の争いである。土地を求めて殺し合いをしているのである。孟子の言う、土地を率いて人の肉を食べさせているのである。孟子の言うように、これは死刑にしてもなお償いきれない大罪である。

## 章番号 15　章通し番号 76　通し番号 435～436

孟子が言う。人にあるものの中で瞳ほどよいものはない。瞳は悪を隠すことができない。胸中が正しいと瞳は清く明らかである。胸中が正しくないと瞳は暗い。その言を聞き、その瞳を見ると、人はどうやってその心を隠すことができようか。

## 章番号 16　章通し番号 77　通し番号 437～437

孟子が言う。恭しい人君は人を侮らない。つつましい人君は人から奪わない。人を侮り人から奪う人君は、人が従わないことを恐れ、声や笑うさまで恭しくつつましく見せるが、どうして恭しくつつましくなることができようか。恭しく、つつましくなることは、声や笑うさまでできることでない。

## 章番号17　章通し番号78　通し番号438～440

淳于髡《じゅんうこん》が言う。「男女が直接物の受け渡しをしないのは礼ですか。」孟子が言う。「礼です。」淳于髡が言う。「兄嫁が溺れた時、その手を引いて救いますか。」孟子が言う。「兄嫁が溺れて手を引いて救わないのは狼のすることです。男女が直接物の受け渡しをしないのは礼です。兄嫁の手を引いて救うのは権（常道を離れて実状に合うようにする）です。」淳于髡が言う。「今は天下が溺れています。先生が救わないのはなぜですか。」孟子が言う。「天下が溺れたら道で救います。兄嫁が溺れたら手で救います。あなたは手で天下を救おうとするのですか。」

### 通し番号438　章内番号1　識別番号7・17・1

古来中国では男女を分けるという考え方が主流である。『礼記』内則にも「七年、男女不同席」（七年にして、男女席を同じくせず）（生まれて七年で男女は敷物をともにすることをしない）とある。男女を分けるのを見てすぐに封建的だと非難するのは、この考え方の深慮を知らないのである。

一般的に自分に近いものは尊ばず、自分から遠いものを尊ぶ傾向がある。「従僕に英雄なし」という言葉がある。世間に英雄と言われる人でも、その英雄の世話をしている従僕から見ればばただの人であり、とても英雄に見えないということである。多くの人が尊ぶ人でも、毎日接している従僕や家族から見ればその欠点ばかりが見えてとても尊ぶ気にならないのである。私たちは多くの金をかけて遠い国、アメリカやフランスやエジプトに旅行に行く。自分が見たこともない遠い国、自分が見たこともないものにはあこがれるのである。

男女を分けると男性は女性が自分に遠いものとなり、女性は男性が自分に遠いものとなる。遠いものだからあこがれが生じる。あこがれるから強く結びつこうとする。結びつけようとするなら、近づけるのでなく逆に離すのである。離すとかえって強く結びつこうとする。

現代日本は独身の男女が多い。結婚しても結婚する年齢が高い。当然の結果として出生率が低下する。現代日本の出生率では若い者の数がどんどん減り日本が衰亡することは目に見えている。出生率低下の原因は独身者の増加と晩婚化である。なぜ独身者が増加し晩婚化が進んだのか。男性は女性にあこがれず、女性は男性にあこがれず、結婚しようとする願望が薄れたからである。男なぜ男性は女性にあこがれず、女性は男性にあこがれないようになったのか。男女を分けず、男女が一緒に成長するようにしたからである。いつも一緒にいる身近な人にはあこがれないのである。従僕に英雄がいないのと同じことである。

戦前は男子校、女子校があり、男女を分けて教育することが多かった。戦後アメリカが日本を男女共学にしたのである。男女共学にすると、男女がいつも一緒にいるため女性にあこがれたり男性にあこがれたりすることが少なくなる。結果として独身者が増え、晩婚化が進む。

日本には１９４７年から１９４９年にベビーブームと言われる時代があった。この期間に生まれた世代を団塊の世代と言う。１９４９年の出生数は２６９万６６３８人である。１９４７年から１９４９年に子供を生んだ人々は戦前に教育を受けた者である。男女別学の教育を受けたから異性にあこがれ強く結びついたのである。

出生率を上げる簡単な方法がある。男女別学にすることである。古人がなぜ男女を分けたのか。その深慮をもう一度よく考えるべきである。男女を結びつかせるために、男女を遠ざけたのである。

## 通し番号４４０　章内番号３　識別番号７・17・３

共産主義は世の中の仕組みを変えれば理想社会が出現すると考えた。労働者の政権をつくろうとした。ロシア革命で共産主義国家ソ連が誕生した。中国でも北朝鮮でも共産主義国家が成立した。共産主義国家になると、理想社会になったのだろうか。指導者の間の抗争と反対勢力の粛清、上層部の腐敗、民衆の苦難と、理想社会からは程遠い現実が報告されている。社会制度を変えるだけでは、決して理想社会は出現しなかった。孟子は理想社会をつくるのにどうしようとしたのか。社会体制を変えようとせず、自分に求めようとした。朱子は言う。「己を直にして道を守るは、以て時を済《すく》う所なり」『大学』は言う。「古の明徳を天下に明らかにせんと欲する者は、先ず其国を治む、其国を治めんと欲する者は、先ず其家を斉《ととの》う、其家を斉《ととの》えんと欲する者は、先ず其身を修む、其身を修めんと欲する者は、先ず其心を正す、其心を正さんと欲する者は、先ず其意を誠にす、其意を誠にせんと欲する者は、先ず其知を致す、知を致すは物に格《いた》るに在り」。社会を救おうとすれば、社会を変えようとせず、自分に求めるのである。知を致し自分の心を理で満たしてはじめて理想社会に近付く。己に求めずに、ただ社会を変えようとするだけでは、決して理想社会は実現せず、ますます理想社会から遠ざかる。

## 章番号 18　章通し番号 79　通し番号 441～444

公孫丑が言う。「君子が自分の子を教えないのはどうしてですか。」

孟子は言う。「自然の勢でできないのだ。教えるのは正しいことを教える。正しいことをしないと師は責める。親が子を責めると愛さなければならない子を害することになる。子は『父は私に正しいことを教えるのに、していることは必ずしも正しいとは言えない。』と思う。こうなると父子が害し合うことになる。父子が害し合うのはよくない。古は子を換えて教えた。父子の間では善を責めない。善を責めると父子が離れる。父子が離れるほど不吉なことはない。」

**通し番号 444**　章内番号 4　識別番号 7・18・4

厳父慈母という言葉があるように、父は子に対して厳しいのがよいようなイメージがある。子供が少しでも間違ったことをすれば、厳しく叱責するのが、よいしつけのように考えられている。しかし孟子は父は子に善を責めないと言う。善を責めれば愛を損うからである。不義と言える大きな過ちがあった時にだけ子供に注意する。孟子のここの指摘は一般的に信じられている家庭教育に大きな修正を迫るものである。子供にやさしく接することは決して子供を甘やかすことでない。Spare the rod and spoil the child.（鞭を惜しむと、子供はだめになる）という西洋の諺はまったくの間違いである。子供を鞭で打つようなことをすれば、親子関係が大きく破綻し大きな不幸が訪れる。父子の間で一番大事なものは愛情である。愛情を損なわないために、小さな不善で子供をうるさく責めない。これが正しい家庭教育なのである。

## 章番号 19

章通し番号 80　通し番号 445〜448

孟子が言う。尽すことで何が大きいものか。親に尽すことが大きいことである。守ることで何が大きいことか。自分の義を守ることが大きいことである。自分の義を失わずに親に尽すことができた者を私は聞いている。自分の義を失ってしまっているのに、親に尽すことができた者を私は今まで聞いたことがない。尽すことにはいろいろあるが、親に尽すのが尽すことの本である。守ることにはいろいろあるが、自分の義を守るのが守ることの本である。曽子が曽皙を養うには必ず酒肉を出した。膳を下げようとする時は必ず誰に与えるのか聞いた。余りがあるかと聞かれると、必ずあると答えた。曽皙が死に曽元が曽子を養った。曽元も必ず酒肉を出したが、膳を下げようとする時に誰に与えるか聞かなかった。余りがあるかと聞かれると無いと答えた。曽子にそれを食べることを進めようとしたのである。これはいわゆる体を養うことである。曽子のようにするのは、心を養うと言うべきである。親に尽すのは曽子のようにすると可である。

## 章番号 20　章通し番号 81　通し番号 449～449

孟子は言う。人は責めるに足らない。政は責めるに足らない。大人《たいじん》でないと、人君の心の非を正すことはできない。人君が仁になれば、仁でないことはない。人君が義であれば、義でないことはない。人君が正しいと正しくないことはない。一たび人君を正すと国は治まる。

**通し番号 449　章内番号 1　識別番号 7・20・1**

フランス革命や名誉革命のような市民革命を民衆の革命のように思っている人が多いが、ここの市民は民衆のことでない。お金持ちのことである。現代の平均的な収入のサラリーマンではこの市民にならない。王制は世襲制である。王の子が王になる。すると立派な王も出て来るが、無能な王も出て来る。無能な王でも逆らうと殺されるから従わざるを得ない。しかし金を持っている裕福な者は、自分のほうが王よりずっと能力があるのにどうしてこんな無能な王に従わなければならないのかと不満がつのる。その不満が爆発したのが市民革命である。裕福な者がトップを選びそのトップが政治をするという体制になった。これが現代の選挙でトップを選ぶ制度である。現代は普通選挙であり、裕福な者がトップを選んでいるのではないではないかと言うかもしれない。しかし選挙には金が必要であり、候補者は金が集まるように行動する。事実上裕福な者がトップを選んでいる。

現代では選挙でトップに選ばれても任期が4年くらいである。また選挙にはかなりの費用がかかる。こういう状況でトップになった者はどういう政治をするだろうか。次の選挙で当選するように有権者が気に入る政治をしようとする。また大金持ちの利益になる政治をして、たくさん献金してもらおうとする。4年という短い期間では、人に気に入られることをしようとして、国家百年の計に立った政治などはとてもできない。政治というのは必ず反対する者が出て来る。河のここに橋をかけようとすれば、それより上流の人は、どうして自分の所にかけてくれないのかと反対する。それより下流の人もどうして自分の所にかけてくれないのかと反対する。優れた指導者は遠慮深謀に基き、人の反対を押し切ってする人である。ところが4年毎に選挙で選ばれる不安定なトップでは、人の反対を押し切ってすることができない。こういうことができるには、世襲の王のような安定した地位がどうしても必要である。現代の選挙でトップを選ぶ制度では、安定した地位がないため、どうしても大衆や金持ちに媚ることだけをするようになる。孟子が言うようにトップが正しければ国は治まる。トップが正しくなければ国は治まらない。現代の制度ではトップは制度上正しくなることができない。よって国が治まることはない。

## 章番号 21

章通し番号 82　通し番号 450～450

孟子は言う。思いもよらずに誉められることがある。全きを求めているのに謗られることがある。

## 章番号22　章通し番号83　通し番号451～451

孟子は言う。人が軽々しく言うのは、それを実行しようとしないからである。

## 章番号23　章通し番号84　通し番号452～452

孟子は言う。人の病気は好んで人の師となることである。

## 章番号24　章通し番号85　通し番号453～455

楽正子は子敖《しごう》に従い斉に行く。楽正子は孟子に会う。孟子は言う。「私にも会いに来たのか。」楽正子は言う。「先生はどうしてそうおっしゃるのですか。」孟子が言う。「君が来たのはいつだ。」楽正子が言う。「昨日です。」孟子が言う。「昨日来たのなら私がこう言うのももっともだ。」楽正子が言う。

「宿屋がまだ決まっていませんでした。」孟子が言う。「君は宿屋が決まってから師に会うと聞いているのか。」楽正子は言う。「私に罪があります。」

## 章番号 25

章通し番号 86　通し番号 456～456

孟子が楽正子に言う。「君が子敖《しごう》に従って来たのは、ただ飲食のためだ。私は君が古の道を学んで飲食だけするとは思わなかった。」

**通し番号 456**　章内番号 1　識別番号 7・25・1

会社に就職するのは給料をもらうのが一つの目的である。だから高給を出せばたくさんの人がやって来る。しかし給料のために就職するなら、これは飲食のために就職したのと同じである。会社に就職する前に長い間教育を受けて来た。小学校、中学校、高校、大学と十二年以上の教育を受けて来た。それで給料のために会社に就職するなら、これは飲食のために長い間教育を受けたのである。単に飲食のために教育を受けることがあってはならないはずである。

## 章番号26　章通し番号87　通し番号457〜458

孟子は言う。不孝に三つある。子孫が絶えるのが一番大きな不孝である。舜が親に告げずに娶ったのは子孫が絶えるためである。君子は告げたようなものだとする。

### 通し番号458　章内番号2　識別番号7・26・2

現代日本は出生率の低下に苦しんでいる。子供が少なく人口が減少しようとしている。女性が働いても安心して出産できる環境がないから、出生率が低下するのだと考えられている。女性の育児休暇の充実、保育園の充実などに取り組んでいる。しかし出生率低下の一番の原因は別の所にある。社会の考え方である。私たちの今の社会では、自分が楽しく暮らすことが重んじられている。おいしいものを食べ、よいものを着て、よい家に住み、おもしろおかしく一日を過そうとしている。そういう考え方だと子供は邪魔なのである。子供を育てるには手間がかかるから、自分の時間を奪われる。子供は教育費がずいぶんとかかる。だから子供がおれば、自分が使えるお金が減り、うまいものを食べることもよいものを着ることも減らさなければならない。現代の日本には、孟子の頃のような子孫を絶やすことは大変な親不孝だという考え方は微塵もない。それで出生率が落ちるのである。イスラム圏は出生率が高い。コーランには「善良な者は結婚せよ」とあり、結婚を重んじる考え方がある。この考え方が出生率が高い一因になっているのだろう。「子孫がないのは、大きな親不孝だ」という考え方がまた復活しない限り、日本の出生率の向上は望みにくい。

**通し番号 458**　章内番号 2　識別番号 7・26・2

范氏が「道を体している者でないと権を行ってはならない」とするのは同意しかねる。むしろ権を行うことができるから道を体していると言うことができる。権を行うことのできない人は『孫子』を読んで、『孫子』を暗証するほどよく知っているのだけど、戦いに負ける人のようなものである。『孫子』に書かれていることはあくまで兵法の常道である。実際の兵法は状況に応じて千変万化《せんぺんばんか》する。韓信は兵法では禁忌である背水の陣をしいて戦いに勝ったが、常道だけに捉われていては実際の戦いでは勝てない。道も権を行うことができて初めて道を知っていると言うことができる。

## 章番号 27

章通し番号 88　通し番号 459〜460

孟子は言う。仁の実は親に尽すことである。義の実は兄に従うことである。智の実はこの二つを知って去らないことである。礼の実はこの二つを節することである。音楽の実はこの二つを楽しむことである。楽しめば生じる。生じればどうしてやめることができようか。やめることができないなら、知らずに足がこれを踏み手がこれに舞う。

## 章番号 28

章通し番号 89　通し番号 461〜462

孟子が言う。天下は大いに悦んで自分に帰そうとする。天下が悦んで自分に帰するのを見ることが草を見るようである。これができるのは舜だけである。親の心を得ないと人となることができない。親に順でないと子となることができない。舜は親に接する道を尽して父の瞽瞍《こそう》は喜んだ。瞽瞍が喜んで天下はそれに感化された。瞽瞍が喜んで天下の父子というものが定まった。これを大孝と言う。

**通し番号 462**　章内番号 2　識別番号 7・28・2

儒学は親に対する孝を非常に重んじる。親に孝にすれば単に親子の間が良好になるだけでなく、天下が治まるとする。舜の父、瞽瞍《こそう》は舜を殺そうとした。通常なら、警察を呼び、瞽瞍を捕え、瞽瞍を監獄にぶち込もうとするだろう。ところが舜はそんな父に孝を尽し父が喜ぶようにした。孝はここまでしなければならないのである。

現代は孝は重んじられない。学校教育でも孝はほとんど教えられない。子供は年のいった親の面倒を見ようとしない。親に介護が必要になれば、すぐに介護老人保健施設（老健）や特別養護老人ホーム（特養）に入れようとする。

現代では親に孝にすることと政治とはまったく別のことであると考えられている。親に孝など尽さなくても、政治活動に励めば国は治まると考えられている。そうではない、親に孝にするという身近なこと、本となることに努めて初めて国は治まると儒学は考える。親に孝にするという身近なこと、本となることを怠るなら、どんなに政治活動をしても国は治まらないと儒学は主張する。今までの歴史、現代の社会を見ると、儒学の主張のほうが正しい。

# 離婁章句下　篇番号8

章番号１～33　章通し番号90～122　通し番号463～540

## 章番号 1　章通し番号 90　通し番号 463～466

孟子は言う。舜は諸馮《しょひょう》に生まれ、負夏に移り、鳴條《めいじょう》で晩年を過した。東夷の人である。文王は岐周《きしゅう》に生まれ、畢郢《ひつえい》で晩年を過した。西夷の人である。地が離れているのは、五百キロメートル以上だ。時が離れているのは千年以上だ。志を天下に得ると、割符を合わせるように同じだった。先聖と後聖は考えることは同じである。

## 章番号 2　章通し番号 91　通し番号 467～471

子産は鄭国の政を行っていた。溱《しん》川、洧《い》川で、自分の乗っている車に斉の人を乗せて渡した。孟子は言う。「民に私恩小利を与えているが、政を知らない。十月には歩行者が通る板の橋ができ、十一月には車の通る橋ができれば、民は川を渡ることを憂うことがない。上の者は政を治める。上の者が道を通るのに、通行人を左右によけさせるのも可である。どうして人々をみな自分の車で渡すことができようか。政を行う者が一人一人を悦ばそうとすると日数が足らなくなる。」

**通し番号 470**　章内番号 4　識別番号 8・2・4

高位の人が出かける際に、人々を左右によけさせて道を開けるのは、警備のためである。思い切った改革をしようとすると、不当な莫大な利益を得ている者が必ず強く憎み、刺客を送り暗殺しようとすることが多い。だから要人の警備は必須である。

選挙で要人を選ぶ現代の制度の場合、当選するためには、人々の中に出て行かなければならない。それで警備が手薄になる。不当な莫大な利益を得ている者に強く憎まれていると、暗殺の憂き目を見る。これが一つの理由となり、現代の政治家は、不当な莫大な利益を得ている者がいても、改革をしようとせず、現状維持の政策を取ろうとする。

人々の中に気軽に出て行けないというのは、一般庶民にはわからない要人の悩みである。

## 章番号 3

章通し番号 92　通し番号 472〜475

孟子は斉の宣王に言う。「主君が臣を見るのが、自分の手足のようなら、臣は主君を見るのが自分の腹や心のようになります。主君が臣を見るのが犬馬のようなら、臣は主君を見るのが通行人のようになります。主君が臣を見るのが土や草のようなら、臣は主君を見るのが仇のようになります。」

王は言う。「礼にはもとの主君のために喪に服すとある。どういう時に喪に服することになるのか。」

孟子は言う。「諫言は聞かれ進言も聞かれ民に恩恵が及びます。理由があって去るなら、その国境まで人に先導させます。その者が行く所に先に行ってその賢いことをほめます。三年間待ち、帰らない時に始めてその者の田や屋敷を没収します。これを三有礼と申します。このようであれば、もとの主君の喪に服します。今は臣となると、諫言は聞かれず進言も聞かれません。それでは恩沢は民に及びません。理由があって去ると、主君はその者を捕えたり、その行く所で苦しめたりします。その者が立ち去る日にその田と屋敷を没収します。これを仇と言います。仇に喪に服することがありましょうか。」

## 章番号 4　章通し番号 93　通し番号 476～476

孟子が言う。罪がないのに士を殺すと、大夫が立ち去ることは可である。罪がないのに民を殺すと、士が立ち去ることは可である。

**通し番号　４７６**　章内番号１　識別番号８・４・１

現在でもはっきりとした罪がないのに粛正したり、明らかなでっち上げであるのに粛正したりする国がある。こういう国は道を行うことができないばかりでなく、自分も粛正される可能性が高い。そういう国は立ち去ってもよいのである。ただし身の危険を顧みずその国をよくするために尽すというのもまた一つの道でありそれも可である。

キリストほどの智があれば、自分が裏切られ殺されることは予見できたはずである。しかしキリストは、ここで立ち去り身を守るよりも、敢えて殺されるほうが後世の多くの人々に救いを与えることになると判断した。それでキリストは敢えて立ち去らなかった。実際にキリストの判断は正しく、キリストが十字架で処刑されたからこそ、多くの人に救いを与えているのである。あの時キリストが立ち去り身を守っていたらこれほどの救いを人々にもたらしただろうか。キリストは裏切られ殺されることを予見できなかったから智者でないという非難は当たらない。

**通し番号　４７６**　章内番号１　識別番号８・４・１

「君子当に幾《き》を見て作《な》すべし」という朱子の言葉は味わい深い。賢人はかすかな徴候を見て、やがて来ることを知り行動する。だから常人にはどうしてそういうことをするのかがわからない。

## 章番号5　章通し番号94　通し番号477〜477

孟子が言う。人君が仁であれば、仁でないことはない。人君が義であれば、義でないことはない。

## 章番号6　章通し番号95　通し番号478〜478

孟子は言う。礼のようで礼でないこと、義のようで義でないことは大人《たいじん》はしない。

## 章番号7　章通し番号96　通し番号479〜479

孟子は言う。過不及のない者は過不及のある者を育て感化する。才のある者は才のない者を育て感化する。だから人は賢父兄がいることを楽しむ。もし過不及のない者が過不及のある者を棄て、才のある者が才のない者を棄てるなら、賢と不肖の違いはほとんどなくなる。

# 章番号８　章通し番号97　通し番号４８０〜４８０

孟子が言う。人はなさないことがあって後になすことができる。

## 通し番号４８０　章内番号１　識別番号８・８・１

私はここを「ものの理を知り、してはいけないことを知ってから行えば事をなすことができる」と取る。伊藤仁斎はここで次のように論じる。「大凡世之負氣傲才者、其心自以爲吾能濟天下之大事、人亦多以此稱之、殊不知能濟天下之大事者、非其平生有守有養、於義之可否、雖一小事、不敢放過者、不能、不然者、志既不堅、所守亦疎、適足以壞大事、豈能得濟哉（大凡《たいはん》世の気を負い才に傲《おご》る者、其心自ら以て吾能く天下の大事を済すと爲す、人亦多く此を以て之を称す、殊《こと》に知らず、能く天下の大事を済《な》す者は、其の平生、守有り養有りて、義の可否に於て、一の小事と雖も、敢えて放過せざる者に非ざれば、能わず、然らざる者は、志既に堅からず、守る所亦疎《おろそ》かなり、適《まさ》に以て大事を壊《こわ》すに足る、豈に能く済《な》すを得んや）（およそ気負いが強く自分の才に誇る者は自分が天下の大事をなすと思っている。人々もまたこういう人を賞賛する。天下の大事をなすのは、日々の生活で守るものがあり、理があり、理であるかどうかは小さなことでもないがしろにしない者でないとできないことを知らない。そうでない者は志が堅くなく、守る所がおろそかで、大事を壊すだけである。大事をなすことができようか。)」

カール・マルクスは次にように言っている。「The philosophers have only interpreted the world, in various ways. The point, however, is to change it.（哲学者はただ世界をいろんなふうに解釈しただけである。大事なのは世界を変えることである。)」正しい方向に世界を変えればよいが、間違っている方向に世界を変えれば、世界はますます混乱し、人々の苦悩は深まるだけである。儒学は世界を変えようなどという気負いは持たない。日常の生活の中で理をよく吟味し理に従って動くだけである。自らが理に従って動けば世界は自ずと変わると考えるのが儒学である。

## 章番号 9　章通し番号 98　通し番号 481～481

孟子が言う。人の不善を言うと後の災いをどうするのだ。

### 通し番号 481　章内番号 1　識別番号 8・9・1

朱子が「何かのために言う」と言うのは、特定のことまたは特定の人のために言っているのであって、すべての場合にあてはまる一般的なことでないと言っているのである。官職についている時、人君に大きな過ちがあれば、その悪を指摘して人君が正しいことをするように諌めなければならない。後の災いを恐れて口をつぐみ人君に媚るのは、君子のすべきことでない。だから人の悪口を言わないというのは、すべての場合に通じることでない。

## 章番号 10

章通し番号 99　通し番号 482～482

孟子が言う。孔子は甚だしいことをしない。

## 章番号 11

章通し番号 100　通し番号 483～483

孟子は言う。大人《たいじん》は言ったことに固執しないし、行なうことに固執しない。ただ義に従う。

**通し番号 483** 章内番号 1 識別番号 8・11・1

ここは「大人《たいじん》は言った通りに実行しないし、行動しようとしない」と言っているのでない。大人は固より言った通りに実行しようとし、行動しようとするのである。ただし言った時から時間が経つと、状況が変わってきて、言った通りに実行したり行動したりすると、義を害することがある。そういう時は義を優先し、義を害しないように前言を覆すこともするのである。言ったこと、行うことに固執するのでは大人とは言えない。言ったこと、行うことに固執するのは、孔子の言うように、硜硜然《こうこうぜん》として小人なのである。中井履軒は次のように説明する。此非謂大人毎不信不果、又非謂大人不期信果、而自然成信果、蓋信果元是美事、而病在取必焉、大人胸中寛裕、而所期者唯義矣、故宜信者信之、宜果者果之、而未嘗迫切取必焉、全無規規硜硜気象也（此は大人は毎に信ならず果ならずを謂うに非ず、又大人は信果を期せずして自然に信果を成すを謂うに非ず、蓋し信果は元是れ美事なり、而るに病は必を取るに在り、大人は胸中寛裕にして、期する所は唯義なり、故に宜しく信なるべきは之を信とし、宜しく果なるべきは之を果とす、而して未だ嘗て迫切して必を取らず、全く規規硜硜の気象無きなり　規規：小さいさま　硜硜：固いさま）

**通し番号　４８３**　章内番号１　識別番号８・11・１

旧約聖書のエゼキエル書第38章に次のようにある。

主の言葉がわたしに臨んだ、「人の子よ、メセクとトバルの大君であるマゴグの地のゴグに、あなたの顔を向け、これに対して預言して、言え。主なる神はこう言われる、メセクとトバルの大君であるゴグよ、見よ、わたしはあなたの敵となる。わたしはあなたを引きもどし、あなたのあごにかぎをかけて、あなたと、あなたのすべての軍勢と、馬と、騎兵とを引き出す。彼らはみな武具をつけ、大盾、小盾を持ち、すべてつるぎをとる者で大軍である。ペルシャ、エチオピヤ、プテは彼らと共におり、みな盾とかぶとを持つ。」

メセクが今のモスクワであり、トバルがウクライナ地方であり、マゴグはロシアであり、ペルシャはイランであり、プテはリビア地方とする。それでロシアがイラン、エチオピア、リビアと連合してイスラエルに攻めてくることだとする。

旧約聖書は２６００年も前の本である。２６００年の間に世界の情勢は変わっている。孔子、孟子なら、２６００年前はそう言ったが、２６００年の間に情勢が変わったとして、２６００年前に言ったことにこだわらない。言は必ずしも信ならずである。今の義つまり理を見ようとする。旧約聖書を絶対とし、そこに書いてあることがそのまま現代でも起こるというような考え方は儒学は取らない。

**章番号12**　章通し番号101　通し番号484～484

孟子は言う。大人は赤子の心を失わない者である。

**通し番号484**　章内番号1　識別番号8・12・1

赤子の心を重んじるのは老子も同じである。『老子』第五十五章に「含徳之厚、比於赤子（徳を含むの厚きは赤子に比す）」とある。

**章番号13**　章通し番号102　通し番号485～485

孟子は言う。親が生きている時に親を養うのは大事とするに足らない。親が亡くなった時の喪礼は大事にあたる。

**通し番号　485**　章内番号 1　識別番号 8・13・1

ある葬儀社によると、現在、一般葬は42％、参列者の数が三十人以下である家族葬は32％、通夜と告別式を省き火葬場でお別れの時間を設ける直葬が18％としている。家族葬と直葬を合わせると50％になる。葬儀の簡略化が進んでいるのである。すでに亡くなった人に金をかけても仕方ない、家族葬や直葬で十分だという気持ちが強くなっているのだろう。一方、著名人は現代でも盛大な葬儀が行われることが多い。大きな功績を残した人は、それに見合う葬儀をすべきだという価値観がなお人々の心の中にあるのである。自分の親を自分のように愛しているなら、立派な葬儀をしてあげたいという気持が強くなるのが当然である。家族葬や直葬が増えるのは、親を愛する気持が低下していることを示している。儒学は親を愛することを仁の始めとする。親を愛することを天下を治めることよりも大事なこととする。親を愛することが乏しくなると、仁も少なくなり、世の中が殺伐としてくることを見抜いているのである。現代の葬儀の簡略化は世の中がますます殺伐としてくることを示唆している。

## 章番号14　章通し番号103　通し番号486〜486

孟子は言う。君子が深く至るには、行くべき道がある。その道とは自ずからそれを得ることである。自ずから得るとそこにいるのが安らかである。そこにいるのが安らかだと、因ることが深い。因ることが深いと左右に取ってその源に合う。だから君子は自ずから得ることを願う。

### 通し番号486　章内番号1　識別番号8・14・1

現代の学問は何かの目標を決めてなされることが多い。学校の勉強は試験でよい点を取るという目標のためになされる。学者の研究はNatureやScienceのような一流雑誌にのる論文を書くという目標のためになされる。ところが孟子の言う学問とは、おのずから己に得ることである。試験の高得点や雑誌編集者の高評価という外にあるものを得ようとしない。外の評価をまったく考えていないのである。ただ自然に己に得ることだけを求めている。外部の評価のためにしたのでは真の学問になりえないのである。

**通し番号 486**　章内番号 1　識別番号 8・14・1

ものを得ようとする時、自然に得るということは大事なことである。自然に得たものは失いにくいからである。試験前の一夜漬けで覚えたことは試験が終ると忘れてしまう。しかし自然に覚えた母国語のようなものはいつまでも忘れない。ものを得るには得ようとすることよりも、一度得たものを失わないようにすることが大事なのである。一度得たものを失わないようにすれば、たとえ少しずつ得ても、時間がたてば必ずたくさんたまる。浴槽の水を入れるのに、上からドンドン入れても、下からたくさん漏れれば、水はいつまでもたまらない。下から一滴も漏らさなければ、たとえ上から一滴ずつ入れても時間がたてば必ずたまる。ものを己に得るには、得ようとすることよりも、一度得たものを失わないようにすることのほうがずっと大事なのである。自然に得たものは失いにくいからやがてたくさん得ることになる。

このことは富を蓄えることにも言える。富を蓄えるには、倹約とたくさん稼ぐことと蓄えたものを巧みに運用することの三つしかない。富を蓄える方法を説く本はこの三つのどれかを言っている。しかしこの中で一番大事なのは倹約である。倹約は浴槽に水を入れるのに下から一滴もらさないことにあたる。たくさん稼ぐことと蓄えたものを巧みに運用することは、富を蓄える速さと蓄える富の大きさに関係するだけである。倹約ができなければ富は初めからたまらない。たとえ宝くじのような僥倖で富を得たとしても、やがて失ってしまう。倹約ができれば時間がたてば必ず富はたまる。

## 章番号 15　章通し番号 104　通し番号 487〜487

孟子は言う。博《ひろ》く学んでこれを詳しく解き明かすのは、己に反り要《かなめ》を解き明かそうとするのである。

**通し番号 487**　章内番号 1　識別番号 8・15・1

歴史を学ぶ時、過去に起こったいろいろなことを読み、どうしてそのような経過になったのかとその理を探り、よい結果を得るにはどのようにしたらよかったのかと深く考える。そうやって得た理である要《かなめ》は日常の間に応用でき、同じような失敗を防ぐことができる。歴史を学ぶとは、徒に起こった事柄や起こった年号を暗記することでない。理を考えるうちに自ずと起こった事柄や年号を覚えることはあるが、そういうことを覚えることが歴史を学ぶ目的でない。多くの歴史上のことをたくさん覚えておれば、歴史の試験で高得点を取るだろう。しかし単に覚えているだけでは、歴史の教訓を日常生活に応用することはできない。

## 章番号 16　章通し番号 105　通し番号 488～488

孟子が言う。優れていることで人を服そうとする者は人を服することができない。優れていることで人を益すると天下を服することができる。天下が心服しないのに天下の王となることができる者はいない。

**通し番号 488**　章内番号 1　識別番号 8・16・1

人に自分の優れている所をいくら声高に言っても人が服することはない。自分の優れている所で人を益すると人は服す。対人関係でも多くの人はこのことがわかっていない。自分の優れている所を次々と話し自分の優れている所を次々と見せびらかすが、それでは決して人は服さない。自分の優れている所で人を益してはじめて人は服する。

## 章番号17　章通し番号106　通し番号489～489

孟子が言う。言に実がないのは不吉である。不吉とは賢を覆い隠すことである。

## 章番号18　章通し番号107　通し番号490～492

徐子は言う。「孔子はしばしば水を賞賛して言います。『水なるかな、水なるかな。』水の何を称《たた》えているのでしょうか。」

孟子は言う。「源のある水はこんこんと流れて昼も夜も休まない。穴を満たしてから進んで四海に至る。本があるものはこのようである。孔子はこれを称《たた》えている。本がないと、六七月に雨水が集まり田の間に満ちても、すぐにかれてしまう。だから君子は名誉が実に過ぎることを恥じるのだ。」

**通し番号492**　章内番号3　識別番号8・18・3

自分の内から出て来るものは本《もと》がある。だからこんこんと出て来て昼も夜も止まることがない。

自分の外にある名誉や評判には本がない。本がないからやがてなくなってしまう。一世を風靡した流行も何年か経つと跡かたもなくなってしまうのがこれである。

## 章番号 19　章通し番号 108　通し番号 493～494

孟子は言う。

人が鳥獣と異なることは少ない。一般の人は人が鳥獣と異なる所から立ち去ってしまっている。君子はそこから去らず、それを存する。

舜は多くの物に明らかであり、人倫に詳らかである。仁と義により行う、仁と義をよいものとして強いて仁と義を行うのではない。

**通し番号 494**　章内番号 2　識別番号 8・19・2

私たちの住んでいる国家は法治国家である。選挙で択んだ国民の代表が議論して法律をつくり、その法律に従って行動している。法律を正しいものとして強いて法律に従わさせようとする。しかしその法律は国会で数の力で押し切って成立したものも少なくない。また理に合っていないものも少なくない。まして法律がもともと人間の心に根づいているとは言えない。法律は人間を外から規定し人間をしばるものである。もともと人間の中にないもので人をしばって治めようとする。ここに無理がある。だから法律に従おうとしない行動が至る所で見られる。法律に従わせるために罰則をつくる。それでも法律に従わないことがよく見られる。また巧みに法律の網を回避しようとする人も多い。儒学の治め方は仁と義という人間に本来あるものにより治めようとする。人間に本来あるものだから、無理がなくそれに従いやすい。法治よりも仁と義で治めるほうがはるかに優れる。

## 章番号20　章通し番号１０９　通し番号４９５～４９９

孟子は言う。禹はおいしい酒を嫌い理に合う言を好んだ。湯は中を取り、貴賤上下にかかわらずに賢い者を登用した。文王は民が傷を負っているかのように民をあわれんだ。また道を望んでまだ道を見ないかのようであった。武王は近きに慣れず、遠きを忘れなかった。周公は三王を兼ねてこの四つのことを行おうとした。周公は現代に合わないものがあると、天に諮って考えた。夜を日に継いで考え幸いにして得ると、それをすぐに行うために横にならずに夜明けを待った。

## 章番号２１

章通し番号１１０　通し番号５００～５０２

孟子が言う。王者の跡がなくなり、詩は滅んだ。詩が滅んだ後に春秋がつくられた。晋の乗、楚の檮杌《とうこつ》、魯の春秋は同じである。春秋は斉の桓公や晋の文公のことを記し、文は史官の文である。孔子は言う。「春秋の義は私が君命を受けずに取り定めた。」

## 章番号２２

章通し番号１１１　通し番号５０３～５０４

孟子が言う。君子の沢は五世で絶える。小人の沢も五世で絶える。私は孔子に直接教えてもらうことができなかった。孔子の言を人に聞いて自分で理解して、自分の身をよくしようとしている。

# 章番号23　章通し番号112　通し番号505～505

孟子が言う。取ることも可、取らないことも可の時は取ると廉を傷つく。与えることも可、与えないことも可の時は与えると恵を傷つく。死ぬことも可、死なないことも可の時は死ぬと勇を傷つく。

## 通し番号505　章内番号1　識別番号8・23・1

何もしなければ、人を害することは少ない。何かをすると、人を益することもあろうが、その行為によってかえって人を害することもある。だから何かをする時は、それをすれば必ず人を益することが多く、必ず人を害することが少ないと確信してから後でなければならない。するべきか、せざるべきかと迷うような時はすべきでない。人を害する可能性が高いからである。

何かをするのは、医者が病人に薬を投与するようなものである。この薬を投与すれば必ずこの病気をよくし、副作用は少ないと確信した後に薬を投与する。この薬を投与すべきか、すべきでないかと迷う時は、薬を投与するとかえって悪化する可能性が高く、投与すべきでない。

**通し番号 505**　章内番号 1　識別番号 8・23・1

新型コロナウイルスが流行した時、人が旅行や外食をひかえたため、経済活動全体が大きく落ち込み、特に旅行業界、外食業界の業績が大きく落ちこんだ。GoToトラベルやGoToイートの政策で、旅行や外食に補助金を出せば大きく落ち込んだ経済は回復する。しかし人の移動が増えるため新型コロナウイルスの感染が拡大する可能性が高い。旅行や外食に補助金を出すかどうかは迷う所である。これは「以て取ること可、以て取ること無しも可」にあたる。迷う時はしない、それが正しい選択である。

## 章番号 24

章通し番号 113　通し番号 506～507

逢蒙《ほうもう》は弓を羿《げい》に学んだ。そして羿の弓の道を尽く習得した。それで天下で弓で自分より優れるのは羿《げい》だけだと思った。それがため羿《げい》を殺した。孟子は言う。「これは羿にも罪がある。」公明儀は言う。「羿には罪がないように見える。」孟子は言う。「罪が少ないだけだ。どうして罪がないことがあろうか。鄭は子濯孺子《したくじゅし》に衛を攻撃させた。衛は庾公之斯《ゆこうしし》にそれを追い払わせた。子濯孺子《したくじゅし》は言う。『今日、病になった。弓を取ることができない。私は戦死するだろう。』御者に問う。『私を追う者は誰だ。』御者が答える。『庾公之斯《ゆこうしし》です。』子濯孺子《したくじゅし》は言う。『私は戦死しないな。』御者は尋ねる。『庾公《ゆこう》之斯《しし》は衛の弓の巧みな者です。先生が私は戦死しないなとおっしゃるのはどうしてですか。』子濯孺《したくじゅ》子《し》が言う。『庾公之斯《ゆこうしし》は弓を尹公之他《いんこうした》に学んだ。尹公之他《いんこうした》は私に学んだ。尹公之他《いんこうした》は正しい者だ。友を取るのも必ず正しい者を友としているだろう。』庾公之斯《ゆこうしし》が到達して言う。『先生はどうして弓を取らない。』子濯孺子《したくじゅし》は言う。『今日は病で弓が取れない。』庾公之斯《ゆこうしし》は言う。『私は尹公之他《いんこうした》に弓を学んだ。尹公之他《いんこうした》は先生に弓を学んだ。私は先生の道で先生を害するのは忍べない。しかし今日のことは私の主君のことであり、やめるわけにもいかない。』矢を取り車輪に打ちつけ矢じりを取り去ってから、四本矢を放って帰った。」

## 章番号 25

章通し番号 114　通し番号 508～509

孟子は言う。西施が糞《くそ》をかぶると人はみな鼻をおおって通り過ぎる。容貌の悪い人でも、物忌みし心身を清めれば天の神を祭ることができる。

# 章番号 26

章通し番号 115　通し番号 510～512

孟子が言う。天下で性と言うのは、理のことである。理は順を本とする。智で悪いことは自然の状態ではない穴をあけることである。智が禹が水を流すようであるなら、智に悪いことはない。禹は自然の性に従って水を流した。智もまた自然の性に従ってするなら、智も大きいものとなる。天は高く、星は遠い。しかし真にその理を求めると、千年後の冬至も坐したままで知ることができる。

## 通し番号 512　章内番号 3　識別番号 8・26・3

近世に起こった自然科学は自然の理を知り、その理を用いて器物をつくろうとする。現代文明は自動車、コンピューター、飛行機、原子爆弾などの今までの文明が作りえなかったいろんな器物を作った。現代文明の作った武器は今までの文明が作ったいかなる武器よりも殺傷能力が優れる。現代の武器を用いれば過去のいかなる文明の軍隊も打ち破ることができる。それで現代文明は過去のどの文明よりも優れていると思っている人が多い。

自然の理を知り、それに従うのが智であると孟子は言う。自然の理を知りそれを利用して器物を作るのは孟子の言ううがつになる。自然の状態ではあり得ない物をつくるからである。遺伝子を知り遺伝子を操作して新しい物をつくるのは、自然の状態ではあり得ない物をつくることである。自然の理を知るまでは智だが、その知った智を利用して自然の状態ではあり得ない器物を作るとこれはうがつことになる。これは智のしてはならないことである。

## 章番号 27　章通し番号 116　通し番号 513〜515

公行子は子の喪があった。右師《ゆうし》の王驩《おうかん》が弔いに行った。右師《ゆうし》が門に入ると右師の所へ進んで行って話をする者がいた。右師が自分の席につくと、右師の席へ行って話をする者がいた。孟子は右師と話をしなかった。右師は不快になり言う。「みな私と話をしている。孟子だけは私と話をしない。無礼だ。」孟子はこれを聞いて言う。「礼によると、朝廷では席を越えて話をしない。地位を越えて揖《ゆう》の挨拶をしない。私は礼に従おうとしている。王驩は私が礼がないとする。間違いでなかろうか。」

### 通し番号 515　章内番号 3　識別番号 8・27・3

現代日本語で礼とか礼儀と言うと、相手に敬意を払う意味で使う。「礼がない」と言うのは、「敬意を払っていない」「侮っている」という意味である。しかし儒学で言う礼とは、社会生活上の規定である。葬儀はこういうふうにする、朝廷でのふるまいはこういうふうにするというように日常生活全般に対して規定がある。ただし礼は絶対的なものでなく、時代が変わると礼もまた変わる。私たちの住んでいる社会では、社会生活上のしきたりを規定して統治するという概念がない。現在なされているしきたりは上が定めたものでなく、単なる慣習であり流行である。多くの人がしていることを慣習とし正しいこととしているだけである。単なる慣習であるから、理に合わないことも少なくない。例えば男性が革靴をはく時は真夏でも靴下をはくのが礼儀である。おそらく靴ずれを防ぐ必要から靴下をはいて靴をはく習慣になったのだろう。しかし靴下をはかなければ靴ずれになるのは靴が足に合っていないからである。きちんと合った靴をはけば、靴下をはかなくても靴ずれはしない。真夏にはだしで靴をはいて結婚式に行くと、礼儀を知らないとされる。正確には現代の慣習を知らない、あるいは現代の慣習を無視しているというだけである。

孟子は当時に規定されていた礼に従った。その礼では朝廷では、席次を越えて話をしないし、位が違うと揖《ゆう》の挨拶もしない。だから相手は無礼と思うかもしれない。しかしそう規定されているからそれに従うだけである。こういう規定がなされているのは、位が下の者が位が上の者に媚び諂うのを未然に防ごうとする意図があるのだろう。

私たちの国は法治国家である。法で国を治めようとしている。法は罰則のあるものが多い。罰則がなければ人は法に従わないからである。だから法治国家とは人を罰することで治める国家である。礼には罰則がない。礼で治めるとは、人を罰する前に日常生活を望ましいように規定することで治めることである。人を罰さないで治めようとしているのである。法治国家よりも礼治国家のほうが優れる。

## 章番号28　章通し番号117　通し番号516〜522

孟子が言う。君子が人と異なるのは、心に存することである。君子は仁を心に存し礼を心に存する。仁者は人を愛す。礼がある者は人を敬す。人を愛する者は人も常にその者を愛する。人を敬する者は人も常にその人を敬する。ここに人がいる。その人が私に対してあらあらしくて理に合わないことをするなら、君子は必ず自らを省みる。私が必ず不仁なのだ。私が必ず無礼なのだ。そうでないならどうしてこういうことをするだろうか。自ら省みて私は仁である。自ら省みて私は敬である。それでいてやはりあらあらしくて理に合わないことをする。君子は必ず自らを顧みる。私が心を尽していないのだ。自ら省みて心を尽している。それでいてやはりあらあらしく理に合わないことをする。君子は言う。「これはでたらめの人だ。これでは鳥獣と変わらない。鳥獣のすることは非難するのに足らない。」だから君子は一生の憂いはあるが、一日の外からやって来る患《うれ》いはない。憂うことはあるのだ。舜は人であり、私も人である。舜は法を天下に示し後世に伝えることができた。私はまだ村の凡人を免れない。これは憂うべきことである。これを憂えたらどうすればよいのか。舜のようになるだけである。君子は外からやって来る患《うれ》いはない。仁でなければなさず、礼でなければ行わないからだ。外からやって来る患《うれ》いがあっても君子は憂うことがない。

**通し番号 522**　章内番号 7　識別番号 8・28・7

人から暴虐なことをされることはおそらく誰もが経験することだろう。人から暴虐を受けるとたいていの人はその人に暴虐を与えることで仕返しをしようとする。しかし君子は自分がその人を先に害したのでないかと自らを省みる。仁と礼でその人に接したのかと考えてみる。自分は確かに礼と仁で接してその人を害していないと思う。そこでもう一度考えてみる。自分は礼と仁を尽しているのか。自分は確かに礼と仁を尽しているのに、その人が暴虐なら、その人は人間とは言えない。犬猫と同じである。犬が吠えたとしても気に留める必要もない。餌を与えれば尻尾をふるだけである。

何か人から害を受けた時に、すぐに害を与えた人を責めるのでなく、自分に落ち度はなかったかと自省することが極めて大事なのである。

## 章番号29　章通し番号118　通し番号523〜529

禹と稷《しょく》は治世にあたった。三度自分の家の前を通ったが家に入らなかった。孔子は禹と稷《しょく》を賢とした。顔子は乱世にあたった。狭い家に住み一つの竹器の飯、一つの瓢《ひょう》の飲み物だけであった。人はその憂いに堪えることができないだろうが、顔子はその楽しみを改めなかった。孔子は顔子を賢とした。孟子は言う。「禹稷と顔子は道が同じである。禹は天下に溺れる者がいると、自分が溺れさせているように思った。稷は天下に飢えている者がいると、自分が飢えさせているように思った。だからこのように急いで人を救う。禹稷と顔子が立場を変えると同じことになる。今、同じ家の者が争っていると、髪をたばねないで冠のひもをして争いを止めるのは可である。里で争う者がいるのに、髪をたばねないで冠のひもをして争いを止めるのは惑っている。戸を閉じて行かなくても可である。」

**通し番号525**　章内番号3　識別番号8・29・3

「聖賢の道は進めば民を救い、退けば己を修める」という朱子の言葉は、当たり前のことのようだが味わい深い。進んで高官となればただ民を救うことを考える。高官となっているのに、自分の利益のことだけを考えているのでは、とても賢人とは言えない。退いて官についていないなら、ただ自分の身を修めることを考える。官についていないのだから、民を救うことに奔走する必要はないのである。

**通し番号５２９**　章内番号７　識別番号８・29・７

争うことは世界中で考えれば必ずどこかで起こっている。すべての争いを止めるために奔走するなら、毎日世界中を走り回って争いを止めることになる。そういう官職についているなら、確かに毎日世界中を走り回って争いを止めることになる。禹や稷が天下を走り回って忙しく、自分の家の前を通っても家に入る時間がなかったのがこれである。しかしそういう官職についていないのに、世界中を走り回って争いを止める必要はない。上から与えられた自分の任務でないからである。しかし同じ家に住んでいる者は自分の父母や子供や兄弟である。自分に親しいものはみな愛しているのに、争い傷つけあっている。これは争いを止める官職でなくても止めなければならない。自分の親、子、兄弟が害されるのを傍観するわけにいかないからである。

## 章番号30　章通し番号119　通し番号530~534

公都子は言う。「匡《きょう》章は一国の人がみな不孝者と言っています。先生は匡章と交際し敬意を払っています。どうしてですか。」

孟子は言う。「世俗で言う所の不孝は五つある。手足を動かすことをせず、父母を養わないのが不孝の一である。博打をし飲酒を好み父母を養わないのが不孝の二である。財貨を好み妻子は愛すが父母を養わないのが不孝の三である。耳目の欲に従い行動するため父母の恥となるとなるのが不孝の四である。勇を好んで争いさからい父母を危険にするのが不孝の五である。匡章はこのどれかにあたるか。匡章は親と子が善を責めあい合わなかった。善を責めるのは友人の道である。父子が善を責めあうと愛を大きくそこなう。匡章は妻子と一緒にいることを願わないことがあろうか。父に罪を得ているため父に近づくことができない。妻を出し子をしりぞけ自分は一生養われることがなかった。そのようにしないと、その罪は大きくなる。これが匡章だ。」

# 章番号 31

章通し番号 １２０　通し番号 ５３５～５３７

曽子は武城にいた。越の軍隊が攻めて来た。ある人が言う。「越の軍隊が攻めて来ます。どうして立ち去らないのですか。」曽子は言う。「私は立ち去るから、人を私の家におらせ、草木をいためることのないようにしなさい。」軍隊が退くと曽子は言う。「私は帰るから、垣根と家を修繕しなさい。」軍隊が退いてから曽子は帰った。曽子の門人達は言う。「武城の大夫は心を尽して先生を待遇しています。また先生に敬意を払っています。越の軍隊が攻めて来ると先生が先に立ち去りました。民は先生を見習います。このようなことはすべきでないと思います。」沈猶行《しんゆうこう》が言う。「君たちはわかっていない。以前、負芻《すう》の禍があった時、先生に従う弟子七十人はその禍にかかわらなかった。」

子思は衛にいた。その時斉の軍隊が攻めて来た。ある人が言う。「軍隊が攻めて来ます。どうして立ち去らないのですか。」子思は言う。「もし私が立ち去れば人君は誰とともに守るのか。」

孟子は言う。「曽子と子思は道を同じくしている。曽子は師であり父兄であった。子思は臣であり位が下であった。曽子と子思が立場を変えればまた同じことをする。」

## 章番号 32

章通し番号 121　通し番号 538～538

儲子《ちょし》は言う。「王は人に先生をひそかに見させました。先生は人と異なる所がありますか。」孟子は言う。「どうして人に異なることがあろうか。堯舜も人と同じである。」

## 章番号 33

章通し番号 122　通し番号 539～540

斉の男で一人の妻、一人の妾が家にいる者がいた。その男は、出かけると必ず酒や肉で腹一杯にして帰って来た。妻が誰と一緒に飲食したのかを聞くと、その男が言う者はみな富貴の人だった。妻は妾に言う。「夫は出かけると必ず酒肉で腹一杯にして帰って来る。誰と一緒に飲食したのかと聞くと、夫が言う人はみな富貴の人ばかりだ。しかし富貴の人が家に来たことは一度もない。夫が行く所をひそかに見てみようと思う。」朝早く起きて、夫の行く所へついて行った。見つからないように斜めに歩いた。国中あまねく行っても夫と立ち話をする者はいなかった。東の城壁の墓へ行き、墓に供物《くもつ》を祭る人の所へ行って供物の残りを乞い求めた。それを食べて腹が満たないと、またまわりを見て別の所へ行き、供物の残りを乞い求めた。これが腹が一杯になる方法であった。妻は帰って妾に言う。「夫は一生仰いで見る人であるのに、今はこのようなさまである。」妾とともに夫を誹《そし》り、中庭でともに泣いた。夫はこれを知らないで、喜び満足して帰って来て、妻と妾に誇り高ぶった。

孟子は言う。「君子から見ると、今の富貴やコネを求める方法を妻や妾が見ると恥じて泣かないものは少ない。」

**通し番号 540**　章内番号 2　識別番号 8・33・2

孟子は今の富貴の人は人にあわれみを乞って得ていると言う。君子は道を実行するために仕えるのだから、上の者にあわれみを乞って高官を得るようなことはもとよりしない。当時は貨幣経済が発達しておらず、富は貴に伴うことが多かった。しかし貨幣経済が発達している現在では、貴でなくても富を得ることができる。富を得ている者は上の者にあわれみを乞うだけで得たものでない。

萬章章句上　篇番号9

章番号1～9　章通し番号123～131　通し番号541～587

## 章番号１　章通し番号１２３　通し番号５４１〜５４５

万章は問う。「舜は田に行き天を呼んで泣きました。どうして天を呼んで泣いたのですか。」孟子が言う。「怨んで天にあわれみを乞い願ったのだ。」万章は言う。「父母が愛してくれると喜んで忘れません。父母が憎むと憂えますが怨みません。舜は怨んだのですか。」孟子は言う。「長息が公明高に尋ねた。『舜が田に行ったことは先生から教えていただきました。天や父母を呼んで泣いたのはわかりません。』公明高は言った。『それは君にはわからないことだ。』私が思うに、公明高は孝子は心を平然としているものでないとしたのだ。自分は力を尽して田を耕し、子としての務めをつつしんでいる。父母が私を愛さないのは、私に何の罪があるのだろうかと舜は思っているのだ。堯帝は九人の息子、二人の娘に多くの官吏、牛羊、倉を備えさせて、田の中で舜に仕えさせた。天下の士は多く舜についた。堯帝は舜とともに天下を見て、天下を譲ろうとした。舜は父母に愛されないため、困窮している人が行く所がないようであった。天下の人が心服することは人が願うことである。しかし舜の憂いをなくすには足らない。美人は人が望むことである。堯帝の二人の娘を妻としても舜の憂いをとくに足らない。富は人が望むことである。天下を有しても舜の憂いをとくに足らない。高い位は人が願うものである。位は天子になったのに、舜の憂いをとくに足らない。人が心服する、美人、富貴は舜の憂いをとくのに足らなかった。ただ父母に愛されると舜は憂いをとくことができた。人は幼い時は父母を思う。色がわかるようになると美人を思う。妻子を持つと妻子を思う。仕えれば君を思う。君に得られないと心を熱くする。大孝は一生父母を思う。大舜は五十歳でも父母を思っている。」

**通し番号 545**　章内番号 5　識別番号 9・1・5

ここは儒学の言う孝がどういうものであるかをわかりやすく説明している。幼い子が親を思うようにいつまでも親を思う、これが孝行である。幼い時は誰でも親を思う。ところが色気づくと異性にもてようとして親を思うことはあまりない。結婚すると妻子を大事にして、親を思うことはあまりない。会社に就職すると、上司に気に入られ出世しようとして親を思うことはあまりない。出世競争で遅れると鬱憤がたまる。色気づいても、結婚しても、就職しても、幼児が親を思うように親を思うのが孝行なのである。

こう言うとこれはマザーコンプレックスでないのか、結婚すると母の言うことよりも妻の言うことを大事にしなければ結婚生活がうまくいかないのでないかと反論されるかもしれない。母は母として愛し、妻は妻として愛するのである。母のすべきことと妻のすべきことには自ずと分がある。母のすべきことは母に従い妻のすべきことは妻に従う。

## 章番号２　章通し番号１２４　通し番号５４６～５４９

万章が問う。「詩経に言います。「妻を娶るのはどうするか。父母に告げる。」この言葉が本当なら舜はすべきでないことをしています。舜が親に告げずに結婚したのはどうしてですか。」孟子が言う。「親に告げれば結婚することができなかった。男女が部屋を同じくするのは人の大倫だ。人の大倫をなくせば父母を怨むことになる。それで父母に告げなかったのだ。」

万章が問う。「舜が親に告げずに結婚したのは教えていただきました。堯帝は自分の娘を舜に嫁がせましたが、舜の親に言いませんでした。どうしてですか。」孟子が言う。「堯帝も舜の親に告げれば舜が結婚できないことを知っていたからだ。」

万章が言う。「舜の父母は舜に米蔵を修繕させた。舜が上に上がるとはしごを去り父の瞽瞍《こそう》が火をつけ蔵を燃やした。舜に井戸をさらえさせた。舜は井戸から出たが、舜が中にいると思い井戸を土で埋めた。弟の象《しょう》は言う。『舜を生き埋めにすることを考えたのは私の手柄だ。舜の牛羊、米蔵は父母のものとし、盾とほこ、琴、彫刻した弓は私がもらう。二人の兄嫁は私の妻にする。』象が舜の家に入ると、舜は床で琴を弾いていた。象は言う。『うつうつと兄さんのことを考えていました。』恥じるようであった。舜は言う。『この多くの官吏を私のために監督してくれ。』象が殺そうとしたのを舜は知らなかったのでしょうか。」孟子は言う。「どうして知らないことがあろうか。象が憂えば舜も憂い、象が喜べば舜も喜んでいるだけだ。」万章は言う。「それなら舜は偽って喜んだのですか。」孟子は言う。「そうではない。昔、生魚を鄭の子産に贈る者がいた。子産は池を管理する役人に池で養うようにさせた。その役人は煮て食べてしまった。子産に報告する。『その魚は始めは苦しんで和らがないようでしたが、少しするとのびのびとして満足して去りました。』子産は言う。『魚がいるべき所を得たことよ。』その役人は子産の所から出て来て言った。『誰が子産が賢いと言うのか。私がすでに魚を煮て食べているのに魚のいるべき所を得たことよと言う。』君子は理のあることで欺くことはできる。理のないことでくらますのは難しい。象は兄を愛する道で来たのだから、誠に信じて喜んだ。どうして偽ることがあろうか。」

**通し番号 549**　章内番号 4　識別番号 9・2・4

1985年8月12日、日本航空123便が群馬県多野郡上野村の山中に墜落した。524人の人が乗っており、4人は生き残ったが、520人が死亡した。事故調査委員会は次のように事故の原因を結論した。

「本事故は、事故機の後部圧力隔壁が損壊し、引き続いて尾部胴体・垂直尾翼・操縦系統の破壊が生じ、飛行性の低下と主操縦機能の喪失をきたしたために生じたものと推定される。

飛行中に後部圧力隔壁が損壊したのは、同隔壁ウエブ接続部で進展していた疲労亀裂によって同隔壁の強度が低下し、飛行中の客室与圧に耐えられなくなったことによるものと推定される。疲労亀裂の発生、進展は、昭和53年に行われた同隔壁の不適切な修理に起因しており、それが同隔壁の損壊に至るまでに進展したことは同亀裂が点検整備で発見されなかったことも関与しているものと推定される。」

圧力隔壁の損壊が尾部胴体・垂直尾翼を破壊するのであれば、圧力隔壁の損壊はずいぶんと大きくなければならない。圧力隔壁が大きく損壊すると、機内は急激に圧力が下がり、強い風が起こり、強い耳鳴りに襲われ、鼓膜が破れることも少なくない。生き残った落合由美さんは「流れる空気の流れは感じず、荷物などが飛ぶこともなかった。」と証言し、また「耳は痛くなるほどではなく、ツンと詰まった感じでした。ちょうどエレベーターに乗ったときのような感じ。しかし、それもすぐに直りました。」と証言している。これでは圧力隔壁の大損壊は起こっていない。つまり理から考えてこの圧力隔壁損壊により飛行機が墜落したというのは明らかにおかしい。理から考えてあり得ないことだから、疑い信じない。角田四郎氏は、相模湾上で試運転中の未納入護衛艦のテストのために飛ばされていたミサイルの標的機と接触し垂直尾翼に損傷を受けたのだと推測している。ＪＡＬ機はその後およそ32分間迷走した後になぜか右エンジンが火を吹き墜落した。火の玉が飛んで行くのを見たという証言、現場から発見されたミサイルの断片から、最後はミサイルで撃墜されたという推測が現実味を帯びる。

兄のことを思って兄に会いに来る、これは人間の情として当然のことである。象が「うつうつと兄さんのことを考えていました。」と言うと、理にかなったことだから舜は何ら疑うことなく、弟が来てくれたことを喜んだ。「魚を放つと始めは緊張していましたが、やがて満足して去って行きました。」と役人が言うと、これは理として当然のことだから、子産はそのまま信じて「魚はいるべき所へ帰ったのだ。」と言った。理にかなったことなら、そのまま信じるのである。しかし後部圧力隔壁が日航機墜落の原因であるとすることは、理から考えて有り得ないことである。そのまま信じることはできないのである。

## 章番号 3　章通し番号 125　通し番号 550〜552

万章が問う。「象は日々舜を殺そうとしました。舜が天子になると、象《しょう》を放逐しただけでした。どうしてですか。」孟子が言う。「諸侯にし、土地を与えたのだ。ある人がこれを放逐と言ったのだ。」万章は言う。「舜は共工を幽州に流し、驩兜《かんとう》を崇山《すうざん》に放ち、三苗を三危に放ち、鯀《こん》を羽山に幽閉しました。四人を罰して天下はみな服しました。不仁を罰したのです。象は極めて不仁です。それなのに有庳《ひ》の君としました。有庳の民にどんな罪があると言うのでしょうか。仁人はもとよりこのようなのでしょうか。他人であれば罰するのに、弟であれば諸侯にしました。」孟子が言う。「仁人は弟に対しては、怒りを残さないし、怨みを積まない。弟を愛するだけである。弟を愛せば弟が位が高いことを願うし、弟が富を持つことを願う。弟を有庳の君にしたのは、弟を富貴にしたのだ。自分が天子となっているのに、弟が身分の低い男では弟を愛すると言えようか。」万章が言う。「ある人が放逐したと言うのはどうしてですか。」孟子が言う。「象はその国で何もできなかった。天子が官吏にその国を治めさせ、税を象に入れさせた。だから放逐したと言う。どうして民をそこなうことができようか。舜は常に象に会いたかったから、象は水が流れるように来た。朝貢の時期でないが、政のことで有庳の君と会ったというのはこのことを言う。」

**通し番号 552**　章内番号 3　識別番号 9・3・3

ここで言っていることを現代的に考えると次のようになる。兄をたえず殺そうとする弟がいた。その兄が総理大臣になった。すると兄は県知事に圧力をかけ、自分の弟を副知事にした。ただし副知事の権限がない名目的な副知事である。これを聞くと現代の人はどのように思うだろうか。誰もが言うだろう。「その兄のしたことは間違っている。公私混同も甚だしい。何回も殺人未遂を犯したような者を副知事にすべきでない。」

ところが儒学的に考えるとこれは正しいことなのである。儒学は人間の自然な情に従おうとする。自然な情に逆らえば無理が生ず。当然の理に逆らえばやがて行きづまる。人間は自分に身近な親を愛す。自分に身近な兄弟を愛す。これは人間の自然な情だからそれに従う。それに逆らえば無理が生じやがて行きづまる。弟を愛するなら弟に富貴を与えてやりたいと思う。それでこの自然な情に従って弟を富貴にするのは正しいことなのである。自分が総理大臣になったのに、弟を富貴にしなければ、公のために個人的な愛を害することになる。

この章の主旨を現代でそのまま実行すれば囂々《ごうごう》たる非難を受けるだろう。しかし弟のことを考えないような不仁な者は、他人にも不仁なことをするものである。公のために個人的な愛を殺せば、弟に対してしたのと同じことを多くの人にもするものである。

## 章番号 4　章通し番号 126　通し番号 553〜556

咸丘蒙《かんきゅうもう》は問う。「古語に次のように言います。『盛徳の士は、君は臣とすることができず、父は子とすることができない。舜は南面して立ち堯は諸侯を率いて北面して舜に謁見した。瞽瞍《こそう》もまた北面して舜に謁見した。舜は瞽瞍《こそう》を見て憂えて楽しまない様子だった。孔子は言う。〝この時は天下は危うかった。〟』これは本当のことでしょうか。」

孟子は言う。「本当のことでない。君子の言でない。斉の東の田舎の者の言葉だ。堯が老いたので舜が摂政となった。堯典に言う。『舜が二十八年摂政をして堯は亡くなった。百官は父母の喪に服するようであった。民は三年間音楽を止めた。』孔子は言う。『天に太陽は二つない。民に王は二人いない。』舜はすでに天子となっており、天下の諸侯を率いて堯の三年の喪をすると、これは天子が二人いることになる。」

咸丘蒙《かんきゅうもう》は言う。「舜が堯を臣としなかったことは私は教えていただきました。詩経に言います。『あまねくおおう大空のもと王の地でないものはない。陸が至る限り王の臣でないものはない。』舜がすでに天子となっているのに、瞽瞍《こそう》が舜の臣でないのはどうしてですか。」

孟子が言う。「この詩はそういう意味でない。王の事に労苦し、父母を養うことができない。それで言う。『王の事でないものはない。私が独り賢くて労苦している。』詩を解釈するには、字で句の意味を害さない。句で作者の心を害さない。自分の心で作者の心を迎えると詩の意味を得ることができる。もし字だけで解釈しようとすると、雲漢の詩の『周の後の民は残る者なし』は周の民が残らなかったことになってしまう。孝子の極は親を尊ぶことに過ぎるものはない。親を尊ぶことの極は天下で養うことに過ぎるものはない。天子の父となるのは尊ぶことの極である。詩経に『長く孝を思う。孝を思えば模範となる。』と言うのはこのことを言っている。書経に言う。『自らが謹み瞽瞍《こそう》を見る。おそれ慎んでいるので瞽瞍もまた信じ従う。』これが父が子とすることができないことである。」

**通し番号 554**　章内番号 2　識別番号 9・4・2

孟子は詩を解釈するのは、字で句を害さない、句で作者の心を害さない、自分の心で作者の心を迎えると言っている。これは詩だけでなくすべての書物を解釈することにあてはまる。一字の絶対的な意味というものはない。句の中、文の中で字は生きる。句や文が違えば一字の意味も違ってくる。字は句や文の中でとらえるべきであり、一字の意味を絶対的に考えて解釈してしまうと、句や文の意味から遠ざかる。その句や文も作者の心を考えて解釈しなければならない。句や文の意味を絶対的に考え作者の心を慮らないと、正確な意味をとらえることはできない。この『孟子』という書物も、孟子の心をよく慮り孟子の心を迎えなければ正確な解釈はできないのである。

## 章番号 5　章通し番号 127　通し番号 557～564

万章が問う。「堯が天下を舜に与えました。こういうことがありましたか。」孟子が言う。「ない。天子は天下を人に与えることはできない。」万章が問う。「舜は天下を有していましたが、誰が与えたのですか。」孟子は言う。「天が与えた。」万章が問う。「天が与えるのは詳しく話をするのですか。」孟子が言う。「天はものを言わない。その人のすることとそれに対する結果で示すだけだ。」万章が問う。「その人のすることとそれに対する結果で示すとはどういうことですか。」孟子が言う。「天子は天に人を薦めることはできる。天がその人に天下を与えるようにさせることはできない。諸侯は人を天子に薦めることはできる。天子がその人に諸侯の位を与えるようにさせることはできない。大夫は諸侯に人を薦めることはできる。諸侯がその人に大夫の位を与えるようにさせることはできない。昔、堯は舜を天に薦め天がこれを受けた。民に舜を見せ民がこれを受けた。だから天はものを言わず、することとそれに対する結果で示すだけなのだ。」万章が問う。「天に薦めて天がこれを受け、民に見せて民がこれを受けるとはどういうことですか。」孟子が言う。「祭を司らしめて百神が受けるのが天がこれを受けるである。事を司らしめて事が治まり民が安んずるのが民がこれを受けるである。天が舜に天下を与え人が舜に天下を与えた。だから天子は天下を人に与えることができないと言うのだ。舜は堯の宰相を二十八年した。人のできることでなく天である。堯が亡くなり三年の喪が終わると、堯の子を避けて南河の南に行った。天下の諸侯の謁見しようとする者は堯の子へ行かずに舜の所へ行った。訴えを争う者は堯の子へ行かずに舜の所へ行った。徳を歌う者は堯の子を歌わずに舜を歌った。だから言う。天である。その後都へ行って天子の位についた。堯の宮殿にいて堯の子に迫ったのなら、これは奪ったのであって天が与えたのでない。書経の太誓《たいせい》に言う。『天の視は我が民の視に従う。天の聴は我が民の聴に従う。』これはこのことを言っている。」

**通し番号 563**　章内番号 7　識別番号 9・5・7

「訟獄《しょうごく》する者、堯の子に之かずして舜に之く」　堯が天子として舜が宰相として二十八年間治めた。それでもなお訴えを起こし争う者がいる。みんながお互いに譲り合い仲良く暮していたのではない。人間どうしの争いは堯が天子であり舜が宰相であってもなお完全に根絶できていない。堯舜でない者が治める時代にあっては、なおさらのことである。

## 章番号 6　章通し番号 128　通し番号 565〜571

万章が問う。「禹になって徳が衰えた。『賢人に位を与えず子に伝えた。』と言う人がいます。そうでしょうか。」孟子が言う。「そうではない。天が賢者に与えれば賢者に与える。天が子に与えれば子に与える。昔、舜は禹を天に十七年間薦めた。舜が亡くなり三年の喪が終わると、禹は舜の子を避けて陽城に行った。天下の民は禹に従った。堯が亡くなった後に堯の子に従わずに舜に従ったようであった。禹は益を天に七年間薦めた。禹が亡くなり三年の喪が終わると、益は禹の子を避けて箕山《きざん》の北の地に行った。謁見する者、訴えを争う者は益に行かずに禹の子、啓に行った。『私たちの君の子だ』と言う。徳を歌う者は益を歌わず、啓を歌った。『私たちの君の子だ』と言う。堯の子の丹朱は不肖であり、舜の子も不肖であった。舜が堯の宰相であった期間、禹が舜の宰相であった期間は長かった。民に恩沢を与えたのが長かった。啓は賢く、慎んで禹の道を受け継ぐことができた。益が禹の宰相であった期間は短かく、恩沢が民に及んでいるのも長くなかった。舜、禹と益は宰相の期間が大きく異なっていたこと、子が賢いのと不肖であるのとは、みな天である。人ができることでない。為すことなく成るものは天である。致すことなく至るものは命である。庶民が天下を有するには、徳が必ず舜、禹のようで、天子が薦めることが必要である。だから孔子は天下を有しなかった。代々天下を有していて、天がそれを廃そうとすると、必ず桀紂のような者が出る。仕えた天子が桀紂のようでなかったから、益、伊尹、周公は天下を有しなかった。伊尹は湯を助けて天下の王とした。湯が亡くなり太子の太丁《たいてい》は即位せずに亡くなった。外丙《がいへい》は即位して二年で亡くなり、仲壬《ちゅうじん》は即位して四年で亡くなった。太丁の子、太甲は湯の常法を壊し乱した。伊尹は太甲を桐に三年間放逐した。太甲は過ちを後悔し、自らを怨み自らを治め、桐で仁におり義に移ることが三年間であり、伊尹の教えを聞いた。それで都の亳《はく》に帰った。周公が天下を有しなかったのは、夏で益が天下を有せず、殷で伊尹が天下を有しなかったようなものである。孔子は言う。『唐虞は禅《ゆず》り、夏后、殷、周は継ぐ。その義は同じだ。』」

## 章番号7　章通し番号129　通し番号572～580

万章は問う。「『伊尹は料理で湯に仕えることを求めた。』と言う人がいます。こういうことがありましたか。」孟子が言う。「そういうことはない。伊尹は有莘《しん》の野で耕し、堯舜の道を楽しんでいた。義でない、道でなければ、天下を禄として与えても顧みることがなかった。馬車につなぐ馬4千頭も眼中になかった。義でない、道でないなら、草一本も人に与えず人から取らなかった。湯は人をやり伊尹に贈り物を贈り招聘しようとした。みずからに足り外のものを求めることがない様子で伊尹は言った。『私は湯から贈り物をされたり、招聘されたりしても、それに対して何かすることがあろうか。田の中におり、堯舜の道を楽しむのに及ぶことがあろうか。』湯は三たび伊尹の所へ使いの者を送り招聘した。やがて伊尹は気持を変えて言った。『田の中にいて堯舜の道を楽しむことは、この君を堯舜の君にするのに及ぶだろうか、この民を堯舜の民にするのに及ぶだろうか、私自身がみずから堯舜の君、堯舜の民を見るのに及ぶだろうか。天は民を生み、先知の者に後知の者をさとらしめ、先覚の者に後覚の者をさとらしめる。私は天が生んだ民の先覚の者である。私はこの道で民をさとそう。私がするのでなければ、誰がするのか。』天下の民で堯舜の恩沢を被らない者がいると、伊尹は自分で押して溝の中に入れるように思ったと思う。このように天下の重きを自分の任務としていた。湯につくと、夏を伐ち民を救うことを説いた。己を曲げて人を正す者を私は聞いたことがない。まして己を辱めて天下を正す者があろうか。聖人の行動は同じでない。遠ざかったり近づいたり去ったり去らなかったりする。しかし帰する所はその身を清くすることだけだ。私は堯舜の道で湯に求めたと聞いている。料理で求めたとは聞いていない。書経の伊訓に言う。『天誅が始まったのは桀の宮殿の牧宮から だった。私は湯の都の亳《はく》で自らを正すことを始めた。』」

**通し番号 576**　章内番号 5　識別番号 9・7・5

現代の学問は自分の外にある知識を得ようとする。自然科学は外界のいろんな物質の道理を知ろうとする。その知った物質の道理を応用していろんな新しい物、つまり自動車、パソコン、飛行機、化学繊維、ロケットなどをつくったのが現代文明である。過去のどの文明も作りえなかった新しい物をつくったのが、現代文明の優れている所である。現代文明のつくった武器は過去のどの文明の武器よりも優れる。その武器を使えば過去のどの文明の軍隊も壊滅させることができる。

ところが程子は学問は人が有しているものを気づかせることだと言う。外の知識を求めようとしない。自然が与えた自分の中にある本来の理に従おうとする。こういう学問だと、現代文明がつくったような新しい物はつくれないだろう。しかし自分の中にある縦横無尽の世界が開けることになる。

**通し番号 580**　章内番号 9　識別番号 9・7・9

伊尹が料理の腕を見せ、その料理で湯王を喜ばせ湯王に近づき、ついに宰相となったと言われた時、現代的感覚ではむしろこれはサクセスストーリーだと受け取る。恥ずべきことだと思う人は少ないだろう。しかし孟子はこれは己を辱めることだとする。伊尹は農業をしていたのだが、湯王がその賢を聞き、三回招聘した。始めは断っていたのだが、やがて気が変わり士官したのが事実だと孟子は言う。農業をしていると、総理大臣が三回も使いをよこし、登用して大臣としたということが現代で起こり得るだろうか。ほぼ百パーセント起こらないことである。日本一の料理の腕の人が、素晴らしい料理をつくり、総理大臣がその人のレストランを頻回に会食の場に利用していた。それでシェフと総理大臣が親しくなり、大臣に登用されたということなら現代でも起こり得る。シェフが登用されて大臣になったという話を聞いた時、これはサクセスストーリーであり、何ら恥ずべきことでないと取るのが現代的感覚だろう。

現代は選挙制度で上となる人を選んでいる。選挙は立候補しなければ当選することはあり得ない。立候補とは自分が優れていることを見せ開かし有権者に気に入られようとすることである。儒学は人に気に入られようと動くことを男のすることでないとする。婦人の道だとする。儒学によると選挙に立候補し当選すること自体が恥ずべきことなのである。恥ずべきことをして当選した人に登用されることもまた恥ずべきことになる。

## 章番号 8　章通し番号 130　通し番号 581～584

万章が問う。「『孔子は衛では腫れものの医者の所に泊まり、斉では宦官の瘠環《せきかん》の所に泊まった。』と言う者がいます。こういうことがありましたか。」孟子が言う。「そういうことはない。噂好きの者が言い出したことだ。衛では顔讎由《がんしゅうゆう》を主人として宿泊した。彌子《びし》の妻は、子路の妻と姉妹であった。彌子は子路に言った。『孔子が私を主人にして宿泊するなら、衛の卿の位を得ることができる。』子路は孔子に伝えた。孔子は言った。『天命がある。』孔子は礼で進み義で退く。得ると得ないのは天命であると言った。腫れ物を治療する医者や宦官の瘠環《せきかん》を主人としたら、義もないし、天命もない。孔子は魯や斉で喜ばれなかった。宋の桓司馬が孔子を待ち受け殺そうとしていた。孔子は卑しい者の服を着て宋を過ぎた。この時孔子は災難に陥っていたが、陳侯周の臣である司城貞子を主人とした。朝廷にいる臣を知りたければ、その臣が主人となり宿泊させている人を見る、遠くから来た臣を知りたければ、その人が宿泊している所の主人を見ると私は聞いている。もし孔子が腫れ物を治療する医者や宦官の瘠環《せきかん》を主人としたら、どうして孔子と言えようか。」

# 章番号 9

章通し番号 131　通し番号 585~587

万章は問う。「『百里奚《ひゃくりけい》は秦で犠牲に使う動物の畜産をする者に自分を売り、五匹の羊の皮を得た。その者の所で牛の畜産をして秦の穆《ぼく》公に取り入ることを求めた。』とある人は言います。これは本当ですか。」孟子は言う。「本当でない。噂好きの者が言い出したことだ。百里奚は虞《ぐ》の人である。晋は虞公に垂棘《すいきょく》の璧《へき》、屈産の馬四頭を贈り、虢《はく》へ行く道路を借りて虢《はく》を伐《う》とうとした。宮之奇《きゅうしき》は道路の使用を許可しないようにと諫めた。百里奚は諫めなかった。虞公を諫めることができないことを百里奚は知っていて、虞を去り秦に行った。年はすでに七十歳であった。牛の畜産をしながら秦の穆公に取り入るのを求めることが汚濁であることを知らないなら、智と言うことができようか。諫めることができないので諫めなかったのは不智と言うことができようか。虞公が滅ぶことを知って滅ぶ前に虞公から立ち去ったのは、不智と言えない。その時に秦に用いられ、穆公がともに事をなすことができることを知り、穆公の宰相となったのは不智と言うことができようか。秦の宰相としてその君を天下にあらわし後世に伝えることができるようにしたのは、賢でなければできようか。自分の身を売って君の功を成すことは、村の自尊心のある者でもしない。賢者がこういうことをすると言うのか。」

**通し番号 587** 章内番号 3 識別番号 9・9・3

孟子は百里奚が牛を養いながら秦の穆公に自分を売り込んだのならこれは汚辱の行為とする。現代的感覚で言えば、会社の一番の下っ端として働きながら、社長や会長に気に入られようと自分を売り込んだということである。もしその売り込みが功を奏して部長に取り上げられたなら、私たちはこれを汚辱の行為と考えるだろうか。むしろ立身出世のサクセスストーリーととらえる。

現代では自分を売り込んで金をもらったり、自分を売り込んで高位高官を得たりすることを汚辱の行為と考えることはなくなっている。現代の政治制度、現代の資本主義社会が、自分を売り込んで金をもらったり、自分を売り込んで高位高官を得ることで成り立っているからである。選挙制度で議員を選び、総理大臣を選ぶという現代の制度は、自分を国民に売り込んでその支持を得ようとすることである。会社の利益はその製品を人に売り込んで金を得ることで成り立っている。現代の人気タレントは芸で自分を売り込んで金を得ている。現代の高位高官の者、現代の富裕な者は自分を売り込むことでその地位や富を得た者が多い。だから私たちは自分を売り込んで地位や金を得るのを当然のことと考え、それを汚辱の行為とする感覚がなくなっている。

儒学は道は自分の中にあるとする。だから道に従うには自分の中にある道に従う必要がある。つまり道に従うとは自分に従うことである。他人に気に入られようと他人に従えばそれは道に従っていないことになる。道は自分の中に自ずと備わっているからである。健康を維持しようとすれば、自分の体が望むことに従わなければならない。喉が乾けば水を飲み、腹が減れば食を取る。他人に合わせて腹が減ってもいないのに、食べたりしていると、やがて健康を失う。これと同じことである。だから儒学は他人に気に入られようとすることを非常に嫌う。汚辱の行為とする。しかしこの汚辱の行為は現代社会では普通になされていることである。たいていの人は汚辱の行為とも思っていない。

萬章章句下　篇番号10

章番号1〜9　章通し番号132〜140　通し番号588〜642

## 章番号1　章通し番号132　通し番号588～594

孟子は言う。

伯夷は目は淫な美女を見ない。耳は淫な音楽を聞かない。君にふさわしい人でなければ仕えない。民にふさわしい人でなければ使わない。治まっていれば進み、乱ると退く。理に従わない政治がなされている所にいることが忍べず、理に従わない民とともにいることが忍べない。凡人といることは、正装して泥の中に坐ることのように思う。紂の時にあたり、北の海の浜辺にいて天下が清くなるのを待った。だから伯夷のことを聞く者は、無知のためものを貪る者も廉潔になり、柔弱な者も志を立てた。

伊尹は言う。「どの君に仕えても君である。どの民を使っても民である。治まっていても進み、乱れていても進む。天は民を生み、先知の者に後知の者をさとらしめ、先覚の者に後覚の者をさとらしめる。私は天が生んだ民の先覚の者である。私はこの道で民をさとそう。」天下の民のことを思い、堯舜の恩沢を被らない者があると、その人を自分が押して溝の中に落とし込むように思った。このように天下の重きを自分の任務としていた。

柳下恵は不徳の君を恥じず、低い官職も恥じない。進み仕える時は賢を隠さずにその道を行なおうとする。放たれても怨まず困窮しても憂えない。凡人とともにいて足りている様子で凡人から遠ざかることがない。あなたはあなたであり、私は私だ。私の横であなたが上半身や全身裸になっても、私をけがすことができようか。だから柳下恵のことを聞く者は狭量な者も広くなり情のうすい者も厚くなった。

孔子が斉を去る時は米をつけた水を手で受けて米を取り出して去った。魯を去る時は「私はゆっくりと行く」と言った。父母の国を去る道である。速かるべきは速いし、時間をかけるべきは時間をかけ、家におるべきはおり、仕えるべきは仕える。これが孔子である。

孟子は言う。伯夷は聖人の清なる者である。伊尹は聖人の任なる者である。柳下恵は聖人の和なる者である。孔子は聖人の時なる者である。孔子を集大成と言う。集大成するのは金が声《の》べ玉が収める。金が声《の》ぶは多くの音を始める。玉が収めるは多くの音を終える。多くの音を始めるのは智のことである。多くの音を終えるのは聖のことである。智はたとえると巧である。聖はたとえると力である。百歩の外から弓を射るようなものである。弓が的にとどくのは力だが、的に当るのは力でない。

## 章番号 2　章通し番号 133　通し番号 595~603

北宮錡《ほくきゅうき》は問う。「周の王室の爵禄の制度はどのようになっていたのですか。」孟子は言う。「詳細は伝わっていない。諸侯は自分たちを害することを嫌い、それが書かれている書籍をすべて取り去った。しかし私はその概略は聞いている。天下に天子、公、侯、伯、子男《しだん》の五つの位がある。国に君、卿《けい》、大夫《たいふ》、上士、中士、下士の六つの位がある。天子の領地は五百キロメートル四方である。公と侯は領地はともに五十キロメートル四方である。伯の領地は三十五キロメートル四方である。子男の領地は二十五キロメートル四方である。四つに分けるのである。領地が二十五キロメートルないと、天子に直参することができず、諸侯に附くことになる。これを附庸《ふよう》と言う。天子に仕える卿は諸侯の侯に準ずる領地をもらう。天子に仕える大夫は諸侯の伯に準ずる領地をもらう。天子に仕える上士は諸侯の子男に準ずる領地をもらう。大国は五十キロメートル四方の領地である。君の禄は卿の十倍である。卿の禄は大夫の四倍である。大夫の禄は上士の倍である。上士の禄は中士の倍である。中士の禄は下士の倍である。下士の禄は庶民の官職についている者と同じである。禄は耕作して得ることができる量にあたるだけもらう。大国に次ぐ国の領地は三十五キロメートル四方である。君の禄は卿の十倍である。卿の禄は大夫の三倍である。大夫の禄は上士の倍である。上士の禄は中士の倍である。中士の禄は下士の倍である。下士の禄は庶民の官職についている者と同じである。禄は耕作して得ることができる量にあたるだけもらう。小国は領地が二十五キロメートル四方である。君の禄は卿の十倍である。卿の禄は大夫の倍である。大夫の禄は上士の倍である。上士の禄は中士の倍である。中士の禄は下士の倍である。下士の禄は庶民の官職についている者と同じである。禄は耕作して得ることができる量にあたるだけもらう。耕す者は一夫は二町の田をもらう。二町の田に肥料を入れると上農夫は九人を養うことができる。上の次は八人を養うことができる。中は七人を養うことができる。中の次は六人を養うことができる。下は五人を養うことができる。庶民で官職についている者はその禄を農夫に準じて差をつける。」

## 章番号 3　章通し番号 134　通し番号 604～609

万章は問う。「友との交際を教えてください。」孟子は言う。「友は、年長であることをさしはさまない、地位が高いことをさしはさまない、一族をさしはまない。友はその徳を友とするのだ。友との交際はさしはさむことがあってはいけない。孟献子は諸侯の大夫である。五人の友がいた。楽正裘《がくせいきゅう》、牧仲と私が名前を忘れた三人である。孟献子がこの五人と友であるのは、自分の権勢のことを考えていなかった。この五人も孟献子の権勢のことを考えたら友と言えない。大夫だけがそうであるのでない。小国の君も同じである。費の恵公は言う。『子思は私の師だ。顔般は私の友だ。王順、長息は私に仕える者だ。』小国の君だけがそうであるのではない。大国の君もまたそうである。晋の平公と亥唐《がいとう》は、亥唐が入れと言ってから平公は入り、坐れと言ってから坐り、食べろと言ってから食べた。平公は自分が君であることをさしはさまなかった。玄米飯、野菜の吸い物のような粗末な食事でも食べ残さなかった。食べ残そうとしなかったのだろう。しかしこれだけであった。天の与える位をともにすることはなく、天の与える職をともにすることもなく、天の与える禄をともにすることもなかった。これは士が賢者を貴んだのであって、王公が賢者を貴んだのではない。舜は都へ行って堯帝に会った。堯帝は舜を副宮殿に泊まらせて舜をもてなした。二人は客となったり主人となったりした。これは天子が庶民を友にしたのである。下が上を敬うのを貴を貴ぶと言う。上が下を敬するのを賢を尊ぶと言う。貴を貴ぶのと賢を尊ぶのとはその義は一である。」

**通し番号 605**　章内番号 2　識別番号 10・3・2

「Lend your money and lose your friend.（友に金を貸すと友を失う）」という諺が英国にある。これはシェークスピアの『ハムレット』の「Neither a borrower nor a lender be; For loan oft loses both itself and friend.（友人とのあいだで金の貸し借りはするな。金の貸し借りをすると、金とともに友を失う）」が出典とされる。友に金を貸すと友人の関係でなく、債権者と債務者の関係になってしまう。債権者は利子を取って資金を回収しようとし、債務者はそれを踏み倒そうとする。とても友人の関係ではおれないのである。友人の権勢に頼り自分も出世しようとするなら、これは上司と部下の関係になったのである。もう友人の関係でない。ただその人がいるだけで、自分に益がある、その人の地位や金のことは眼中にない、これが友人の関係である。張載の言うように「其勢を資《と》らずして其有を利とす」が友人の関係である。

# 章番号 4

章通し番号 135　通し番号 610~616

万章が問う。「人と礼儀や儀礼の贈答品で交わるにはどのように心がければよいのですか。」孟子は言う。「恭しく接する。」万章が問う。「儀礼の贈答品を受け取らないと恭しくないとされるのはどうしてですか。」孟子は言う。「尊者が持って来たのに、その尊者がこの贈答品を得たのは義にあたるかどうかと考え、義に当るとその贈答品を受ける。これではその尊者に恭しくない。それで儀礼の贈品は辞さない。」万章は問う。「言葉で拒絶するのでなく、心の中でこれを民に取ったのは不義であると言って拒絶し、他のことにかこつけて辞退すれば可ですか。」孟子が言う。「道理で交わり、礼で接すると孔子もそれを受けた。」万章が問う。「今、国門の外で人を制止し殺して財貨を奪う者がいます。その人に交際の道理があり、その人が礼儀にかなうことをし、その奪ったものを贈答品として贈れば受けることができますか。」孟子が言う。「できない。書経の康誥《こうこう》に言う。「人を財貨のために殺す。人を殺して死刑を畏れない。民はその者を怨まない人はいない。」これは命令を待たずに処刑することができる。殷は夏に受け、周は殷に受けて、上に訴えることなく処刑する。今は明らかな法となっている。どうして人を殺して得たものを受け取ることがあろうか。」万章が問う。「今の諸侯が民から取るのは、人を制止し殺して取るようなものです。礼で交われば君子がその贈答品を受けると言うのはどういうことですか。」孟子は言う。「王者が起こることがあれば、今の諸侯をみな誅するだろうか。まず改めるように命じて、改めないと誅するだろう。人を制止し殺して財貨を奪う者は上の命令も待たずに誅することができるのとは異なる。また自分の物でない物を取る者は盗人であると言うのは、類を推し尽し義を致し尽して言っている。真の盗人ではない。孔子は賭けをして狩猟を競ってする祭りにも参加した。賭けをして競って狩猟することもできるのだ。儀礼の贈り物を受け取ることができないことがあろうか。」万章が問う。「それなら孔子は道を行おうとしたのではないのですか。」孟子が言う。「道を行おうとしたのだ。」万章が問う。「道を行おうとしたのなら、どうして賭けをして狩猟を競う祭りに加わったのですか。」孟子は言う。「孔子はまず祭器を帳簿で正し、四方の継続し難い物で祭器を満たさないようにした。」万章は問う。「孔子はどうして去らなかったのですか。」孟子は言う。「道の端をつくるためだ。道の端は道を行うことができるほど十分にある。しかし道が行われない。その後に孔子は去った。だから孔子は一国に三年以上留まることがなかった。孔子が仕えるのは、道を行うことができるから仕える場合、礼で接遇されたから仕える場合、人君が民を養う義務があるから仕える場合がある。季桓子《きかんし》は道を行うことができるから仕えた。衛の靈公は礼で接遇されたから仕えた。衛の孝公は人君が民を養う義務があったから仕えた。」

**通し番号 613**　章内番号 4　識別番号 10・4・4

その贈答品が明らかに強奪して得たものなら、当然受け取らない。しかし強奪したものかどうかはっきりとわからない場合も多い。その場合は交際が理にあたり、礼を尽しているなら、その贈答品を受け取る。たとえ本当に強奪したものであっても、はっきりと断定できないなら、その贈答品を受け取る。君子は人の善意は疑わないのである。子産が池を管理する者が生魚を食べてしまったのに、生き生きと泳いで行きましたと言えば、それを信じたのと同じである。それが嘘であると確定できないからである。

**通し番号 614**　章内番号 5　識別番号 10・4・5

道学者と言うと現実を知らず理想論ばかりを言うイメージがある。万章の主張はいわゆる道学者の主張だろう。論理から考えて不義なものは一切受け取らないと言うのである。儒学は現実に則した学問である。現実から遊離し理想論だけを言わず、現実に則した対応をする。人間は分業をするから、一つの贈答品ができるまでには、実に多くの人がかかわっている。そのかかわった人がすべて義に従ったことをしているか知ることはほとんど不可能である。不義でつくられたものかわからない以上善と義でつくられているものと考える。人の善意を疑わないのである。こういう現実的な対応でないと、贈り物はまったくできないことになってしまう。

## 章番号 5　章通し番号 136　通し番号 617～621

孟子は言う。仕えるのは貧しいからでない。しかし時に貧しいから仕えることがある。妻をもらうのは身の世話をしてもらうためでない。しかし時に身の世話をしてもらうために妻をもらうことがある。貧しいがために仕える者は、高い地位を辞して低い地位におり、多い禄を辞して少ない禄をもらう。どういう職が適切か。門番や夜警である。孔子はかつて蔵の管理をする職についた。孔子は言う。「会計をきちんとするだけだ。」またかつて動物を管理する職についた。孔子は言う。「牛羊を大きくするだけだ。」地位が低いのに、政治に口を出すのは罪である。地位が高いのに道が行われないのは恥である。

### 通し番号 619　章内番号 3　識別番号 10・5・3

就職する会社を選ぶ時、給料は大事な要素である。する仕事は同じなのに給料が倍であれば、誰でも給料が倍の会社に入りたいと思う。公務員の給料が民間よりあまりに安いと、誰も公務員になろうとしない。公務員でも給料は大事な要素なのである。会社に入ったり公務員になったりすると、出世競走が始まる。なぜ高い地位につこうとするのか。高い地位につけば社会的評価が高くなるし給料も高くなるからである。現在では民間企業に就職する人も公務員になる人も高い地位、高い給料を求めて行動している。ところが孟子は仕えるのは道を行うためであり、生活のために仕えるなら、高い地位は辞退し高い給料は辞退し、必ず低い地位につき安い給料をもらえと言う。決して裕福でないのに、道を行うために仕事をしていないからと、高位高給を辞退し好んで低い地位につき安い給料をもらう勤め人が現在何人いるだろうか。

## 通し番号 621　章内番号 5　識別番号 10・5・5

現代では国民は政治に関心を持たなければならないことになっている。国民が選挙で国会議員を選んでいるのだから、政治に関心を持たないと適切な人を選ぶことができないからである。政治の職についていない人でも政治に口を出す人は多い。このように政治をしろと声高に言う。テレビのワイドショーでは、政治に声高に口を出す人々がたくさん見られる。ところが孟子は言う。「位卑《ひく》くして言高きは罪なり」。自分の職責以外に口を出すのは罪にあたると言うのである。

ここに自動車をつくる専門家がいるとする。素人がその専門家にこういう部品でこういう方法でこのような自動車を作れと言い、その専門家が言われた通りに自動車を作ったらどうだろうか。たえず故障する自動車、たえず事故を起こす自動車ができるのでなかろうか。きちんとした自動車を作る知識と技能では、自動車をつくる専門家のほうが素人よりはるかに優れる。自動車を作る専門家がその知識と技能で作ったほうが、素人の言う通りに作るよりはるかによい自動車ができる。

　人間社会は分業社会である。それぞれの物に専門家がおり、その物に関しては、自分が作るより専門家が作るほうがずっとよいものができる。各自が自分の職責に勉め、できた物を交換して使えば、すべての人が最もよい物を使うことができる。他人の職責に口を出す時間があるなら、その時間を自分の職責をよりよく果たすことに使うべきである。だから政治のことは政治の専門家に任すのである。素人が外見だけを見て口を出すと、かえって政治に携る者の遠慮深謀を乱すことになる。だから位卑《ひく》くして言高きは罪なのである。

## 章番号6　章通し番号137　通し番号622～627

万章は問う。「士は諸侯に仕えずに諸侯に禄をもらうことはしません。どうしてですか。」孟子が言う。「あえてしないのだ。諸侯が国を失い他国の諸侯に身を寄せ穀物をもらうのは礼だ。士が諸侯に身を寄せ、仕えずに禄をもらうのは礼でない。」万章は問う。「人君が穀物を贈れば受けるのですか。」孟子が言う。「受ける。」万章が問う。「受けるのはどうしてですか。」孟子が言う。「人君はもとより民を救うものだ。」万章は問う。「民を救うために与えると受け、臣への禄として与えると受けないのはなぜですか。」孟子が言う。「あえて受けないのだ。」万章は問う。「どうしてあえて受けないのですか。」孟子が言う。「門番、夜警でも皆常の官職があって上から禄をもらっている。常の官職がない者が上から禄をもらうのは、上に恭しくない。」万章は問う。「人君が贈ればそれを受けると言われますが、継続して常に受けることができるのですか。」孟子が言う。「繆公《ぼくこう》は子思の所へしばしば使者を送り贈答品を贈った。子思は喜ばなかった。ついに使者を正門の外へさしまねいて、北に向き頭を地につけて敬い、さらに二回拝して贈答品を受け取らなかった。子思は言う。『君は犬馬のように私を養っていることがわかった。』これから繆公が子思に贈答品を贈ることはなくなっただろう。賢人を悦《よろこ》んでも用いることができない、また養うことができないなら、賢人を悦ぶということができようか。」万章が問う。「国君が君子を養いたければ、どのようにすれば養っていると言うことができるのですか。」孟子は言う。「君命で贈れば二回拝して頭を地につけて受け取る。その後は米蔵の管理をする官職の者が米を贈り、料理をする官職の者が肉を贈る。君命で贈るのでない。子思は思った。『煮た肉のために私がしばしばむやみに拝さなければならないのは、君子を養う道でない。』堯は舜に息子九人を仕えさせ、娘二人を嫁がせ、多くの官吏、牛羊、倉を備えさせた。そして舜を田の中で養った。その後舜を高位に挙げた。だから言う。これは王公が賢を尊ぶものである。」

## 章番号7　章通し番号138　通し番号628～636

万章が問う。「諸侯と会わないのはどういうことでしょうか。」孟子が言う。「国都にいる者を市井の臣、国都の外にいる者を草莽《そうもう》の臣と言うが、実際は臣でなく庶民だ。質《し》で取り継いでもらって始めて臣となる。臣でないならあえて諸侯に会わないのが礼だ。」万章が問う。「君が庶民を労役に命ずると庶民は労役に行きます。君が先生に会いたいと来るように命じているのに、先生が会いに行かないのはどうしてですか。」孟子が言う。「庶民が労役に行くのは礼にあたるから義である。庶民が会いに行くのは礼にあたらず義でない。また君が会いたいのは何のためなのか。博識であることや賢いことのためだ。博識のためなら天子でさえ師に命じて呼びよせることはしない。諸侯ならなおさらだ。賢いから会いたいのに、賢人を命じて呼びよせることを私は聞いたことがない。繆公《ぼくこう》はしばしば子思に会って言う。『古は諸侯が士を友とした。どう思うか。』子思は悦ばずに言う。『古の人の言葉にこれに仕えるとあります。どうしてこれを友にすると言うことがありましょうか。』子思が悦ばなかった理由はこうだ。位で言えば繆公《ぼくこう》は君であり子思は臣だから、臣は君と友になろうとはしない。徳では繆公は子思に仕える者だ。師を友とすることはできない。諸侯が賢人と友となろうとしてもなることができないのに、賢人に命じて呼びよせることができるだろうか。斉の景公が狩をした。虞人《ぐじん》を旗で招くと虞人は来なかった。景公は虞人を殺そうとした。孔子は言われた。『志のある者は困窮して歩けなくなり溝の中でころがり出ることができないことを常に忘れない。勇士は首を取られることを常に忘れない。』孔子は何をほめられたのか。招くべきもので招かなかったので、行かなかったことをほめられたのだ。」万章は問う。「虞人を招くには何を使うのですか。」孟子は言う。「皮冠だ。庶民は旃《せん》（飾りも模様もない赤い旗）で招き、士は旂《き》（二匹の龍を交叉して描いた赤い旗）で招き、大夫は旌《せい》（旂《き》の先端にさいた羽をつけた旗）で招く。大夫の招き方で虞人を招くと虞人は死を賭して行かなかった。士の招き方で庶民を招くと行くだろうか。賢人でない者の招き方で賢人を招けばなおさらのことである。賢人に会おうとして礼にかなった会い方によらないのは、入ってくることを願っているのに、入る門を閉じるようなものでだ。義は道路であり礼は門だ。君子だけがこの道路によりこの門を出入することができる。詩経に言う。『周の道は砥石のようであり、周の道がまっすぐなことは矢のようである。上が行うことであり下が見ることである。』」万章は問う。「孔子は君が命じて来させると馬車を待たずに行きました。先生が言われるようなら、孔子は間違っているのですか。」孟子は言う。「孔子はその時は仕えており官職があった。君がその官職のことで命じて来させたのだ。」

**通し番号 635**　章内番号 8　識別番号 10・7・8

「周の道は砥石のようなものである」。自分が曲がっておれば決して人をまっすぐにできないという巧みな比喩である。砥石が水平でない、つまり砥石が曲がっていると、いくら包丁を研いでも包丁に刃はつかない。砥石の表面はまっすぐな平面でなければならない。自分が曲がっておれば、決して人をまっすぐにすることはできないのだ。政治とは砥石のようなもので包丁に刃をつけることである。政治が曲がっておればいくら政治活動に励んでも人々がまっすぐになることは決してない。

## 章番号 8　章通し番号 139　通し番号 637~638

孟子は万章に言う。「一郷の才徳の優れた人は一郷の才徳の優れた人を友とする。一国の才徳の優れた人は一国の才徳の優れた人を友とする。天下の才徳の優れた人は天下の才徳の優れた人を友とする。天下の才徳の優れた人を友としてもまだ不足なら、さかのぼって古の人を論じ、その詩を誦し、その書を読む。その人となりを知らないでよいだろうか。だから当時のその人の行動を論じる。これを尚友と言う。」

## 章番号 9　章通し番号 140　通し番号 639~642

斉の宣王が卿を問う。孟子が言う。「王様はどちらの卿を聞かれているのでしょうか。」王が言う。「卿は同じでないのか。」孟子が言う。「同じでありません。貴戚《きせき》の卿と異姓の卿があります。」王が言う。「貴戚の卿を聞きたい。」孟子が言う。「人君に大きな過ちがあれば人君を諫めます。繰り返し諫めても人君が受け入れないと人君を替えます。」王はさっと顔色が変わった。孟子が言う。「王様、あやしまないでいただきたい。私にお尋ねになりましたので、正しいことをあえて申し上げただけです。」王は顔色が落ち着いた後異姓の卿を尋ねた。孟子は言う。「人君に過ちがあれば諫めます。繰り返し諫めても人君が受け入れないと去ります。」

# 告子章句上　篇番号11

章番号　1～20　章通し番号1411～1160　通し番号643～717

## 章番号１　章通し番号１４１　通し番号６４３〜６４４

告子は言う。「性は柳のようなものだ。義は柳を曲げて作った器のようなものだ。人の性を仁義とするのは、柳を器とするようなものだ。」孟子は言う。「柳の性に従って器を作ることができるのか。柳をそこなって後に器を作ることができるのか。もし柳をそこなって器を作るなら、人をそこなって仁義をつくることになる。天下の人を惑わし仁義に災いをもたらすのは、必ず君の言だ。」

## 章番号２　章通し番号１４２　通し番号６４５〜６４７

告子は言う。「性は渦巻いている水のようなものである。東を切れば東に流れ、西を切れば西に流れる。人の性が善、不善に分かれていないのは、水が東西に分かれていないようなものである。」孟子は言う。「水は確かに東西に分かれていない。しかし上下に分かれていないだろうか。人の性が善であるのは、水が下に行くようなものである。人は善でないことはなく、水は下に行かないことがない。水を打てば額まで水しぶきが上がる。水を激流にすると山にも上がる。しかしこれは水の性だろうか。水の勢いでこうなるだけである。人に不善をさせることはできる。しかし人の性は善である。」

## 章番号 3

章通し番号 143　通し番号 648～650

告子が言う。「生が性である。」孟子が言う。「生が性であると言うのは、白が白であると言うようなものか。」告子が言う。「そうだ。」孟子が言う。「白羽の白は白雪の白のようであり、白雪の白は白玉の白のようであるのか。」告子が言う。「そうだ。」孟子が言う。「それなら犬の性は牛の性のようであり、牛の性は人の性のようなものか。」

## 章番号 4

章通し番号 144　通し番号 651～655

告子は言う。「食欲、色欲は性である。仁は内である。外でない。義は外である。内でない。」孟子は言う。「どうして仁は内で義は外と言うのか。」告子が言う。「彼が年上で私は彼を年上とする。年上であるのは私にない。彼が白くて私がこれを白いとするようなものだ。白いのは外に因る。だからこれを外と言うのだ。」孟子が言う。「馬の白いのを白いとするのは、人の白いのを白いとするのと異ならない。馬の年上を年上とするのは、人の年上を年上とするのとは異なる。馬の年上には敬する気持ちがないが、人の年上には敬する気持ちがある。また考えてみてくれ。年上であることに義があるのか。心で年上とすることに義があるのか。」告子が言う。「自分の弟は愛する。遠い秦の国の人の弟は愛さない。これは愛は自分に因っているのだ。だから愛は内にあると言う。遠い楚の国の人の年上の者を年上とする。これは愛は自分に因っているのだ。だから愛は内にあると言う。遠い楚の国の人の年上の者を年上とする。自分に身近な人の年上の者も年上とする。年上であることに因っている。だから年上は外にあると言う。」孟子が言う。「遠い秦の国の人が焼いた肉を喜んで食べるのは、私が焼いた肉を喜んで食べるのと異なることがない。動物もそうである。食欲は焼いた肉に因っているから食欲もまた外にあるとするのか。それでは君が食欲を性とし食欲は内にあるとするのと矛盾することになる。」

## 章番号5　章通し番号145　通し番号656〜660

孟季子は公都子に問う。「どうして義は内であると言うのですか。」公都子が言う。「自分の心にある敬を行う。だから義は内であると言う。」孟季子が言う。「村人で自分の兄より一歳年上の者がいます。兄とその村人のどちらを年長として敬いますか。」公都子が答える。「兄を年長として敬う。」孟季子が言う。「村で酒宴があると、どちらに先にお酌をしますか。」公都子が答える。「その村人に先にお酌をする。」孟季子が言う。「年長として敬うのは兄ですが、酒宴の時は年長として敬うのはその村人です。年長として敬うのは外にあり、内にありません。」公都子は答えることができなかった。それで孟子に言った。孟子は言う。「叔父を敬うか、弟を敬うかと聞けば必ず叔父を敬うと答えるだろう。弟が祭で神にかたどられる役になると、どちらを敬うかと聞けば、弟を敬うと答えるだろう。どうして叔父を敬わないのかと聞きなさい。弟が神にかたどられる位にあるからだと答えるだろう。そうしたら次のように言いなさい。敬うのは位にあるからだ。常に敬うのは兄であり、一時的に敬うのは兄より一歳年上の村人である。」孟季子はこれを聞いて言う。「叔父を敬う時は叔父を敬い、弟を敬う時は弟を敬う。敬うのは外にある。内によっていない。」公都子は言う。「冬は湯を飲み、夏は水を飲む。湯と水で違うが飲むのは外になく、自分の内にある。」

## 章番号 6

章通し番号 146　通し番号 661～668

公都子は言う。「告子は言います。『性は善もなく不善もない。』ある人は言います。『性は善となることもでき、不善となることもできる。だから文王、武王が興ると民は善を好む。幽王、厲王《れいおう》が興ると民は暴を好む。』ある人は言います。『性が善である者もいるし、性が不善の者もいる。だから堯を君として象《しょう》がいるし、瞽瞍《こそう》を父として舜がいる。紂を兄の子としまた君として微子啓や王子比干がいる。』今、先生は性善を言います。こういう説はみな間違いでしょうか。」

孟子は言う。「人の情は善をなすことができる。これが私のいう性善だ。不善をなすのは、性の罪でない。思いやりの心は人はみなある。恥じる心は人はみなある。敬う心は人はみなある。是非がわかる心は人はみなある。思いやりの心は仁である。恥じる心は義である。敬う心は礼である。是非がわかる心は智である。仁義礼智は外から自分につくるものでない。自分がもとより有している。思わないだけだ。だから言う。求めれば得るし捨てれば失う。善悪が二倍の違いとなり、五倍の違いとなり、ついに数えることができないほどの違いになるのは、自分の性を尽していないからである。詩経に言う。『天は多くの民を生ず。物があると必ず則《のり》がある。民は常にある善を取り、この美徳を好む。』孔子は言う。『この詩をつくった人は道を知ることよ。』民は常を取る。だからこの美徳を好む。」

**通し番号 666**　章内番号 6　識別番号 11・6・6

孟子のここの記述を見ると、孟子の言う性善説は、人体は健康なものであると言っているようなものである。人体は健康なものであるのに世の中にはたくさんの病気がある。なぜ病気になるかと言うと、外物が人体を害したからである。食べ過ぎる、飲み過ぎる、健康によくないものを食べる、細菌、ウイルスという外物が人体を害したからである。外物が人体を害すれば病気になるが、人体は本来は健康なものである。人体は健康なものであるというのはほぼ正しい。しかし一人の例外もなく正しいとは言えない。遺伝疾患があるからである。生まれつき病気である人が少数いる。孟子の性善説もほとんどの人にあてはまる。しかし少数の例外がある。桀紂はこの例外になるのかもしれない。

## 章番号 7　章通し番号 147　通し番号 669～676

孟子は言う。豊年には多くの若者は自分に頼る。凶年には多くの若者は人から奪う。天が与えた材質は異なっていない。心を陥溺させるものがそうするのである。大麦の種をまき土でおおう。同じような土壌にまき、また同じ時期にまくと、やがて成長し夏至に熟す。大麦が同じでないのはまいた土壌が肥えているか、やせているかの違い、雨量の違い、人がどのくらい力を入れたかの違いがあるからである。類を同じくするものはみな似ている。人だけがそうでないことがあろうか。聖人は私と類を同じくする。だから龍子は言う。「その人の足を知らずにくつを作っても土を運ぶ道具を作ることはないことはわかっている。」くつが似ているのは、天下の人の足は同じだからである。口が感じる味は同じものである。易牙は先に私たちがおいしいとするものを得た人である。もし口が感じる味の性質が、易牙と人の間で、人と犬馬が同じでないように異なっていたら、天下の人がみな易牙がつくった味をおいしいとすることがあろうか。味においては天下は易牙が味を知るとする。天下の人の口は似ているからである。耳もまたそうである。音楽では天下の人は師曠《こう》は音楽を知るとする。天下の人の耳が似ているからである。目もまたそうである。子都は天下の人がその美しいことがわからない人はいない。子都の美がわからないのは目がない者である。口は味において同じようにおいしいとするものがある。耳は音楽において同じようによいとするものがある。目は容貌において同じように美しいとするものがある。心だけが同じく然りとするものがないだろうか。心が同じく然りとするものは何か。理であり義である。聖人は先に私の心が同じく然りとするものを得る。理と義が私の心を悦ばすのは、牛肉、豚肉が私の口を悦ばすようなものである。

**通し番号 676**　章内番号 8　識別番号 11・7・8

「物に在るを理と爲す、物を処すを義と爲す、体用の謂《いい》なり（物にあるのが理である。物を処すのが義である。理が体であり義が用である。）」は理と義の定義としてわかりやすい。世の中のこと、世の中の物には必ずそれぞれ理がある。その理に従って処するのが義である。例えば竹は縦に筋目がある。これが竹の理である。だから竹を裂こうとする時、縦に裂くと筋目に従うから簡単に裂くことができる。横に裂こうとすると筋目に逆らうから裂きにくい。縦の筋目という竹の理に従って縦に裂くのが義である。

# 章番号 8

章通し番号 148　通し番号 677〜680

孟子は言う。「牛山の木はかつて美しかった。牛山は大きな都市の郊外にあったので、人々が斧で木を切った。それでは美しい木が山に残ろうか。日夜に気は流れ、雨露がうるおすのだから、土中や切り株から芽が出て来ないことはない。芽があるから、牛羊をそこに放牧し、芽が食べられてしまった。それであのようなツルツルの山になった。人は牛山がツルツルの山であるのを見て、一度も木がなかったのだとする。木がないのが山の性だろうか。人は仁と義の心がないだろうか。人の良心を放つ所以は斧が木を切るようなものである。日々木を切れば美しい木があるだろうか。気により心に良心が生じ日夜に生長しても、夜明けの時でも心が人の情に近いものは少ない。朝や昼にすることが、気が生み生長させるものに手かせ、足かせをしてなくしてしまう。これを繰り返すと夜気が良心を存するのに足らなくなる。そうすると禽獣との違いがあまりなくなる。人はその人が禽獣であるのを見て、一度も良心がなかったのだとする。これが人の情だろうか。養うものを得ると生長しない物はない。養うものがなくなると消えない物はない。孔子は言う。『取ると存するが、捨てるとなくなる。出入に時なく、定まった所がわからない。ただ心のことか。』」

## 章番号 9　章通し番号 149　通し番号 681～683

孟子が言う。王が智でないのを怪しむことなかれ。天下の生じやすいものでも一日あたため十日冷すなら生じることはできない。私が王に会うのはまれである。私が退出すると冷す者が来る。善が萌《きざ》しても私はどうしようもない。囲碁は小さな技芸だが、心を専らにし心を尽さないと修得することができない。弈秋《はくしゅう》は一国きっての囲碁に巧みな者である。弈秋に二人の者に囲碁を教えさせた。一人の者は心を専らにし心を尽した。ただ弈秋の言うことを聞いた。もう一人の者は弈秋の言うことを聞いたが、じきに大きい鶴がやって来る、糸をつけた弓で射てやろうと考えたりもした。二人の者は一緒に囲碁を学んでも、鶴のことを考えている者は専ら囲碁のことを考えている者に及ばない。これは智が及ばないためだろうか。そうではない。

### 通し番号 683　章内番号 3　識別番号 11・9・3

范氏の「人君の心はただ養う所による。君子はよいもので養うので智となる。小人は悪いもので養うので愚となる。しかし賢人は疎んじやすく小人は親しみやすい。それで寡は衆に勝つことができず、正は邪に勝つことができない。古より国家は治まる日が常に少く乱れる日が常に多いのは、これがためだろう。」という一文は感銘深い。これはただ人君にだけ言えることでなくすべての人に言うことができる。有能な人、有徳な人と接することが多いと、自ずと自分も有能になり有徳になる。無能な人、徳のない人に接することが多いと、自ずと自分も無能になり、徳がなくなる。これは直接話のできる人間だけでない。書物も同じである。君子の書いた書物に親しめば自分も自ずと君子になる。小人の書いた書物に親しめば自分も自ずと小人になる。

私たちはとかく小人とともにいたがる。小人といると一時的な楽しみが得られるからである。小人は酒のようなものである。酒はおいしいし、また気持が愉快になる。それで人は酒を求める。しかし酒は飲み過ぎると体を害することがよく起こる。君子は水のようなものである。水を飲んでも酒ほどはおいしいとは思わない。しかし水がなければ人間は生きることができない。

『老子』第三十五章に「樂與餌、過客止、道之出言、淡乎其無味（楽と餌《じ》は、過客《かかく》止《とど》まる、道の言を出すは、淡乎《たんこ》として其れ味無し）（音楽とおいしそうな料理は、通り過ぎる者は立ち止まって見るが、道に合うことを言っても淡くて味がない）」とある。人は音楽やうまそうな料理を提供する人とは接しようとするが、味のない道を言う人などとは接しようとしないのである。その結果小人と親しむことになり、やがて自分を大きく害することになる。

## 章番号10　章通し番号１５０　通し番号６８４~６９１

孟子が言う。魚は私がほしいものである。熊掌もまたほしいものである。二つのものを両方とも得ることができない時、魚を捨てて熊掌を取る。生は私がほしいものである。義もまた私のほしいものである。二つのものを両方とも得ることができない時、生を捨てて義を取る。生は私がほしいものであるが、生よりもっとほしいものがある。だから生を得ようとしない。死は私が嫌うものであるが、死よりももっと嫌うものがある。だから難を避けないことがある。もし人が生を一番ほしがるとすると、生きることができるものは何でもする。もし人が死を一番嫌うとすると、難を避けることができることは何でもする。

こうすれば生きることができるのにそれをしないことがある。こうすれば難を避けることができるのにそれをなさないことがある。生よりもほしいものがあり、死よりも嫌うものがあるのだ。賢者だけがこの心があるのでない。人はみなこの心がある。賢者はこの心を失わないだけである。一杯の飯、一杯の汁を得ると生きることができ、得ないと死ぬ時でも、罵倒して与えられると凡人でも受けない。踏みつけて与えられると乞食でももらうのを嫌がる。千立方メートルの米になると、礼と義を考えずに受け取る。

千立方メートルの米が私に何をもたらすのか。きれいな家をつくる、妻や女を養う、知人の困っている者に恩を売る、こういうことのためか。先には死んでも受けなかった。今は家の美しさのためにこれを受ける。先には死んでも受けなかった。今は妻と女を養うためにこれを受ける。先には死んでも受けなかった。今は知人の困っている者に恩を売るためにこれを受ける。これはやむを得ないことだろうか。これを本心を失っていると言う。

**通し番号 691**　章内番号 8　識別番号 11・10・8

自分の命よりも道義を重んじるという道義心は今の日本人が失ってしまったものである。今の日本で一番重んじられるものは自分の命である。自分が長生きをし、高い地位になり、お金をたくさん儲け、人々から敬愛されるために人は生活している。道義のために命を投げ出す人が今の日本にどれだけいるだろうか。

なぜ道義心がこのように廃れてしまったのか。それにはいくらかの理由が考えられる。まず科学技術の発達がある。私たちの文明は過去の文明が作れなかったいろんな製品を作り出した。自動車、飛行機、テレビ、パソコン、スマートフォン、ミサイル等々。過去の文明より優れた製品を作り出したがために、過去の文明の産物である道義を軽んじるようになった。もう一つの原因はいろんな価値観、いろんな道義感が現在では混在していることである。信者の多い宗教でもキリスト教、イスラム教、ヒンズー教、仏教がある。儒学や道教もある。各国にそれぞれ土着の道義がある。いろんな道義があるため、一つの唯一絶対の道義が考えにくい。それで道義とはいいかげんなものだと思い道義が廃れることになる。もう一つの原因は現代文明の特徴にある。現代文明は製品を作りそれを人に買わせることで成立している。無欲な者は物を買わない。それで人の欲をそそり、楽な生活をし、豊かな生活をするのがすばらしいことであると思わせ、製品を買わせようとする。人々は楽な生活をし、豊かな生活をするのがよいことなのだと思い、身を殺してまで道義を守るようなことはしなくなる。もう一つの原因は日本が敗戦国であることである。鬼畜米英を倒すために命を投げ出して戦ってきた。特攻隊のような国のために命を投げ出した人もいた。ところが戦争に負けると、今までの考え方はすべて間違いで民主主義でなければならないということになった。皇国のために死ぬことを教えていた教師が、ある日突然民主主義でなければいけないと言い出した。このことは感受性の強い子供達に大きな影響を与え、道義とはいい加減なものと考えるようになった。こういう子供達が大きくなり戦後の日本社会をつくった。それで道義をいい加減なものと考え、道義が廃れることになった。

## 章番号 11

章通し番号 151　通し番号 692〜695

孟子は言う。仁は人の心である。義は人の道路である。道路を無視して道路を行かない。心を失っているのに求めることを知らない。悲しいことだ。人は鶏や犬を失うと求めることを知る。心を失うと求めることを知らない。学問の道は他にない。失った心を求めるだけだ。

### 通し番号 692　章内番号 1　識別番号 11・11・1

「仁は種のようなものであり、生じる性である」という程子の言葉は仁というものがどういうものであるかを理解しやすい。物の生じるのを妨げたり、物を害したりするものは仁でない。仁は種のようなものであると考えると、何が仁であり、何が仁でないのかを区別しやすい。

### 通し番号 694　章内番号 3　識別番号 11・11・3

十万円入れていた財布がなくなった時、心当たりの所を捜してみるだろう。落としたのでないかと思う所へ行ってみたりもするだろう。ところが心をなくしているのに、心を捜し求めることをしない。心の価値は十万円どころでないと言うのに。

**通し番号 695**　章内番号 4　識別番号 11・11・4

ここから私たちが現在学問と呼んでいるものと孟子の言う学問とは違うことがわかる。私たちは外物の理を知ることを学問と呼んでいる。自然科学は自然がどういう理で動いているのかを知ろうとする学問である。その知り得た理を応用して今までの文明が作りえなかった新しいものをたくさん作ったのが現代文明である。ここが現代文明が過去のどの文明よりも優れる所である。現代文明は遠く離れた惑星まで探索機を飛ばすことができる。宇宙の理を知っており、またロケット、パソコン、工作機械といういろんな製品があるからできることである。ところが孟子の言う学問とは自分の心に本来備わっている良心を求めることなのである。外物の理を知ろうとしない。自分の中に本来あるものを知ろうとするのである。

儒学の言う学問とは人間の内にある理を知ろうとすることである。現代文明の言う学問とは人間の外にある外物の理を知ろうとすることである。現代文明は外物の理を知ろうとするから、確かに外物の理はよく知るだろう。しかし人間の内にある理を知ろうとしないから、人間の心に疎くなる。儒学は人間の内にある理を知ろうとするから、人間の心をよく知ることになるが外物の理に疎くなる。

現代文明は過去のどの文明よりも外物の理をよく知っている。しかし一人の人間がすべての外物の理を知っているわけでない。外物はたくさんあり、そのすべての理を一人の人間が知ることはできないのである。それで専門を細かく分け、一人の人間は自分の専門分野の外物の理だけを知っている。多くの専門家の知を合わせることでようやく一つの物を作ることができる。

## 章番号 12

章通し番号 152　通し番号 696～697

孟子が言う。手の薬指が曲がって伸びない者がいるとする。痛みはなく日常生活に支障はない。もしその指を伸ばすことができる者がおれば、秦国や楚国のような遠い国でも行くだろう。指が人に及ばないからだ。指が人に及ばないことを恥じることを知っているのに心が人に及ばないことを恥じることを知らない。これを類を知らないと言う。

## 章番号13　章通し番号153　通し番号698〜698

孟子は言う。片手や両手で握ることができるほどの大きさの桐《きり》や梓《あずさ》を成長させようとすると、みなこれを養うことを知っている。自分の身のことになると、養うことを知らない。自分の身を愛するのが、桐《きり》や梓《あずさ》に及ばないのだろうか。思わないことが甚だしい。

## 章番号14　章通し番号154　通し番号699〜704

孟子は言う。人は身において同じく愛す。同じく愛するので同じく養う。少しのうす皮も愛しないことはない。それで少しのうす皮も養わないことはない。養うのがよいのかよくないのかを考えるのは自分にあり、他にない。体の中には貴賤があり、大小がある。小で大を害することなく、賤で貴を害することがないようにする。小を養う者は小人《しょうじん》となり、大を養う者は大人《たいじん》となる。庭師が桐《きり》や梓《あずさ》を捨てて酸棗《さんそう》（なつめに似ている小さな木）を育てると下手な庭師である。医者が一指を治し肩と背の病を見落とすと藪医者である。飲食の人は人が賎しむ。小を養って大を失っているためである。飲食の人でも心を失うことがないなら、口腹はただ少しのうす皮ばかりのためにあるのでない。

## 章番号 15　章通し番号 155　通し番号 705～706

公都子が問う。「同じく人ですが、大人《たいじん》となる者と小人《しょうじん》となる者がいます。どうしてですか。」孟子が言う。「大体に従えば大人となる。小体に従えば小人となる。」公都子は言う。「同じく人です。大体に従う者と小体に従う者がいるのはどうしてですか。」孟子は言う。「耳目の機能は思わないので物におおわれる。物と物が交わると引くだけである。心の機能は思う。思えば得る。思わないと得ない。耳、目、心は天が私に与えたものだが、先に大に立つと小は奪うことができない。先に大に立つ人は大人となる。」

**通し番号 706**　章内番号 2　識別番号 11・15・2

テレビは映像が目を刺激し音声が耳を刺激する。目と耳がたえず刺激されているからものを考えることがあまりできない。心で思うことが少ないからテレビを長時間見ても得ることが少ない。テレビを見てものを得ようとするならば、視聴し終わった後にそのことをよく考えることが必須である。一回視聴しただけでは不確かなこともあるから、録画してもう一度見ることも必要になろう。ボーと長時間テレビを見てもその内容を深く考えることがないなら、何かを得ることはあり得ない。

**通し番号 706** 章内番号 2 識別番号 11・15・2

目や耳はものを考えないから外物を使うことはできず、外物に使われる。心はものを考えるから外物を使うことができる。物を使うものを大体とし、物に使われるものを小体としているのである。『荘子』山木篇に「物物而不物於物（物を物として物に物とせられず）」とあり、荘子も孟子のここの部分と同じことを言っている。

**通し番号 706** 章内番号 2 識別番号 11・15・2

政治では首相や大統領がトップにおり、下がその指示で動く体制になっている。会社では社長がトップにおり、下がその指示で動く体制になっている。トップの者はどのようにして指示を出すのだろうか。自分の心で思い考え、一番よいと判断することを指示として出している。目や耳や手足がなければ、心で思い考えることにある程度支障が出る。しかし目がなく、耳がなく、手足がなくても心で思い考え指示を出すことはできる。目や耳や手足はあくまで心を補助するものである。主体は心である。心が優れる者がトップにおればその組織はうまく動く。目、耳、手足が優れる者がトップにいても、その組織はうまくは動かない。孟子の言うように、心は大体であり、目、耳、手足は小体であるのは間違いのないことである。

## 章番号 16

章通し番号 156　通し番号 707～709

孟子が言う。天爵なるもの、人爵なるものがある。仁、義、忠、信があり、善を楽しんで怠らないのが天爵である。公卿、大夫の位は人爵である。古の人は天爵を修め、人爵が天爵に従った。今の人は天爵を修めて人爵を求める。人爵を得るとその天爵を棄てるのは惑いが甚だしい。ついに得た人爵も必ず失う。

## 章番号 17

章通し番号 157　通し番号 710～712

孟子は言う。貴いことを願うのは人は同じである。人は自分に貴いものがある。思わないだけである。人が貴くするものは真に貴いものでない。趙孟が貴くできることは、趙孟が賎しくすることができる。詩経に言う。「すでに酒に酔いすでに徳で満腹である。」仁義で満腹であることを言う。それで人の肥えた肉やおいしい米を求めない。名誉が自分の身にゆきわたっている。それで人のきれいな服をほしがらない。

## 章番号 18 　章通し番号 158 　通し番号 713〜714

孟子は言う。仁が不仁に勝つのは、水が火に勝つようなものである。今の仁をなす者は、車に満載したたきぎが燃えているのを一杯の水で消そうとするようなものである。火が消えないと水は火に勝てないと言う。これは不仁に味方するのが甚だしい者である。ついに少しの仁も失ってしまう。

**通し番号 714** 　章内番号 2 　識別番号 11・18・2

仁は物が生じようとする性である。不仁は物が生じるのを妨げ、害する。仁を爲すことは自然の性に従うことである。不仁を爲すことは自然の性に逆らうことである。自然に従うのが自然に逆らうのに勝つのは自明である。ただし、キリストが殺されたように一時的に不仁に負けることはある。時間がたてば、仁は必ず不仁に勝つことになる。

## 章番号 19　章通し番号 159　通し番号 715～715

孟子は言う。五穀はおいしい種であるが、熟さないと稗《ひえ》に及ばない。仁もまた熟することが大事である。

**通し番号 715**　章内番号 1　識別番号 11・19・1

孟子は仁の端は誰にでもあると言う。しかし仁は熟した所にのみあるとも言う。熟さずに刈り取ってしまえば、仁はないと見なされるのである。孟子の性善説は人間は熟すれば善になると言っているだけである。熟さずに刈り取ってしまえば、人間は善でなく稗の熟したものに及ばない。

## 章番号 20　章通し番号 160　通し番号 716～717

孟子は言う。羿《げい》が人に弓を教えるのに、弓をいっぱいに引きしぼり弓を発する時の技術を必ず教えた。弓を学ぶ者も、弓をいっぱいに引きしぼり弓を発する時の技術を必ず学んだ。大工の長は人に教えるのに必ず大工の法で教える。大工を学ぶ者もまたこの法で学ぶ。

## 告子章句下　篇番号12

章番号1～16　章通し番号1611～1776　通し番号718～801

## 章番号1　章通し番号161　通し番号718~725

任《じん》国の人が屋盧子《おくろし》に問う。「礼と食とではどちらが重いですか。」屋盧子《おくろし》が答える。「礼が重い。」任国の人が問う。「色と礼とではどちらが重いですか。」屋盧子が答える。「礼が重い。」任国の人が問う。「礼を守り食べようとすると食を得ることができず飢えて死にます。礼を守らないと食を得ることができます。必ず礼を守るべきですか。新郎が新婦を自ら迎えに行く親迎《しんげい》の礼をすると、妻を得ることができません。親迎《しんげい》の礼をしないと妻を得ることができます。必ず親迎《しんげい》の礼をすべきですか。」屋盧子は答えることができなかった。

翌日鄒《すう》に行って孟子に聞いた。孟子は言う。「これに答えるのはたやすいことだ。本を考えずに末をそろえると二センチメートルの木も山の鋭い嶺《みね》より高くすることができる。金《かね》は羽より重いが、一つの帯がねと車に満載の羽を比べているのでない。食の重いものを取り、礼の軽いものと比べれば、食が重いどころかかけ離れている。色の重いものと礼の軽いものを比べれば、色が重いどころかかけ離れている。帰って次のように言いなさい。『兄の腕を捻《ひね》りあげて食を奪えば食を得ることができるが、そうでないと食を得ることができない。兄の腕を捻りあげますか。隣家の垣根を越えて未婚の女性を奪い取ると妻を得ることができるが、そうでないと妻を得ることができない。未婚の女性を奪い取りますか。』」

## 章番号 2

章通し番号 162　通し番号 726～732

曹交は問う。「人はみな堯舜になることができますか。」孟子が言う。「なることができる。」曹交が言う。「文王は背丈が二百十八センチメートル、湯は二百四センチメートルと聞いています。私は百九十六センチメートルで背が高いですが、ただ食べることに能があるだけです。どうすれば堯舜のようになることができますか。」孟子が言う。「背の高さは関係ない。ただなすだけである。一羽のあひるの雛《ひな》を挙げることができない人なら、力のない人である。五百キログラムを挙げると言えば力のある人である。烏獲《うかく》の挙げるものを挙げるなら、また烏獲である。聖人に力が及ばないと憂う必要はない。しないだけだ。ゆっくり歩いて年上の者の後から行くのを弟《てい》と言う。速く歩いて年上の者の先を行くのを不弟と言う。ゆっくり歩くことが人はできないだろうか。しないだけだ。堯舜の道は孝弟だけである。君が堯の事を事とし、堯の言を言い、堯の行を行うなら、君は堯である。君が桀の事を事とし、桀の言を言い、桀の行を行なうなら君は桀である。」曹交が言う。「私は鄒《すう》の人君に会うことができるなら、宿を借りることができるでしょう。留まって先生の門下で学業を受けたいです。」孟子が言う。「道は大きい道路のようなものだ。どうして知り難いだろうか。人は道を求めない病があるだけだ。君が帰って道を求めると多くの師がいる。」

**通し番号 732**　章内番号 7　識別番号 12・2・7

伊藤仁斎は次のように言う。「此章亦孟子之常言、而聖學之極致、非唯爲曹交而發也、何者也、世之人求道過高、視聖人之道、爲不可企及、殊不知、聖人之道不過人倫日用之間（此章は亦孟子の常言にして、聖学の極致なり、唯《ただ》曹交の爲にして発するに非ざるなり、何ぞや、世の人は道を過《はなは》だ高きに求める、聖人の道を視て、企及すべからずと爲す、殊《はなは》だ知らず、聖人の道は人倫日用の間に過ぎず）（これはまた孟子が常に言うことであり、儒学の極致である。単に曹交のために言ったのでない。どうしてか。世の人は道を非常に高い所に求める。聖人の道を及び難いとする。まことに知らない。聖人の道は日用の間にあるのだ。）」

現代では義務教育だけでも九年ある。ほとんどの人は高校に行くからその三年を加えると十二年間も教育をしている。さらに大学に進学する者も多い。塾にも通っている。教育にかけた時間、費用は莫大である。その教育の中で孝弟が教えられただろうか。私はほとんど記憶にない。儒学が最も大事とすることを教えていないのである。

教育で何を教えているのか。数学、英語、国語、社会、理科などである。教えられたこれらの教育が、成人してからどれだけ役に立ったのか。数学は簡単な計算ができれば十分である。方程式や微分積分はいらない。英語は日本に住んでいるだけなら不要である。外国に暮らすならその国の言葉は自然に覚える。国語は読み書きができれば十分である。歴史や地理は必要があれば自分で勉強すればいいのである。強制的に教えるものでない。理科も必要があれば自分で勉強すればいいのである。強制的に教えるものでない。これだけの時間と費用をかける現代の教育はほとんどが無駄である。必要な教育は孝弟を中心とした人倫、読み書き、簡単な計算と一芸である。一芸とは成人した時にする仕事である。大工になるなら、大工仕事を小さい時から教える。プログラマーになるなら、プログラムを小さい時から教える。料理人になるなら料理を小さい時から教える。現代はすべての人にプログラムを教えるようなことを言っているが、これは無駄である。その子の生来の資質をよく見て、一番適していると思われる仕事に必要な技能を小さい時から教えるのである。他の技能は教えない。私は子供に教育をするなと言っているのでない。子供の素質を考えずに一律に同じ教育をするのは無駄であると言っているのである。子供が興味を持ち自分から勉強したがるなら、これはそういう素質があるということだから、教えることは何の問題もない。教育の無償化などの議論をする前に、なぜ教育の内容の議論が起こらないのか不思議である。

文部科学省殿、今の教育は根本から間違っています。

## 章番号 3　章通し番号 163　通し番号 733〜737

公孫丑が問う。「高子が小弁は小人の詩であると言います。」孟子が言う。「どうして小人の詩なのだ。」公孫丑が言う。「怨んでいるからです。」孟子が言う。「高叟《そう》が詩を修めているのは固陋だ。ここに人がおり、その人を越の人が弓を引いて射ると、その人は人と談笑しながら、こんなことがありましたと言う。これは他でもない。越の人はその人にとって遠い人だからだ。もし自分の兄が弓を引いて射たのなら、涙を流し泣いて人に言うだろう。他でもない。自分の兄だからだ。小弁の怨みは親を愛しているのだ。親を愛するのは仁である。高叟《そう》が詩を修めているのは固陋だ。」公孫丑が言う。「凱《がい》風《ふう》はどうして怨んでいないのですか。」孟子が言う。「凱風《がいふう》は、親の過ちが小さなものだ。小弁は、親の過ちが大きなものだ。親の過ちが大きくて怨まないと親とますます疎遠になる。親の過ちが小さいのに怨めば、ささいなことで怒ることになる。ますます疎遠になるのは不孝である。ささいなことで怒るのもまた不孝である。孔子は言う。『舜は至孝である。五十にしてなお親を思う。』」

**通し番号 737**　章内番号 5　識別番号 12・3・5

大きな過ちをした時、自分を責め自分を怨む。これは自然の情である。子は親の分身である。

子から見れば親は子の分身である。分身であるから、親が大きな過ちをした時、自分が大きな過ちをしたかのように、自分を怨むように親も怨む。これも自然な情である。それで親を怨むと親に孝でないとは言えない。親は自分の分身だから、自分のように思い怨むことがあるのである。親が大きな過ちをした時怨むからむしろ孝とも言える。

## 章番号 4

章通し番号 164　通し番号 738～743

宋牼《そうこう》は楚に行こうとした。石丘で孟子と出会った。孟子が聞く。「先生はどこへ行きますか。」宋牼《そうこう》が言う。「私は秦楚が軍隊を出動させていると聞いている。楚王に会い戦争をやめるよう説得するつもりだ。楚王が聞かなければ秦王に会い説得する。私は二人の王に会うつもりだ。」孟子が言う。「王をどのように説得しようとされますか。詳細はいりませんので、概略を聞かせてください。」宋牼《そうこう》は言う。「戦争をしても王に利益がないことを言うつもりだ。」孟子が言う。「先生の志は大ですが、先生の説得の仕方は不可です。先生が利益で秦楚の王を説得し、秦楚の王が利益を喜んで大軍を撤収すると、大軍の兵士も利益を喜び撤収することになります。すると臣は利益に基づいてその君に仕えます。子は利益に基づいてその父に接します。弟は利益に基づいてその兄に接します。これは君臣、父子、兄弟が仁と義を去り、利益に基づいて接しているのです。これでは滅びないことはありません。先生が仁と義で秦楚の王を説得すれば、秦楚の王は仁と義を喜んで大軍の兵を撤収します。大軍の兵士も仁と義を喜び撤収することになります。すると臣は仁と義に基づいてその君に仕えます。子は仁と義に基づいてその父に接します。弟は仁と義に基づいてその兄に接します。これは君臣、父子、兄弟が利益を去り、仁と義に基づいて接しているのです。これで天下の王にならない者はいません。必ず利益のことを言うことがどうしてありましょうか。」

**通し番号 743**　章内番号 6　識別番号 12・4・6

ここの趣旨は章通し番号1と同じである。私達が受けてきた教育、今なされている教育では、利益に基づいて行動することはよくないと教えることがあまりない。教師は生徒に試験で人よりよい点を取るように勉強しろと教える。クラブ活動では全国大会で優勝するように練習しろと教える。これは自分が利益を得るようにしろと教えていることになる。教師は利益に基づいて行動することはよくないと教えるどころかむしろ利益を得るように行動しろと教えているのである。親達はなぜ子供に勉強させようとするのか。有名大学を出ていると大企業に就職しやすい。大企業に就職すると生活が安定し裕福になる。これは子供にとって利益である。この利益を子供に得させようと子供に懸命に勉強させているのである。教育自体が利益のためになされている。各自が自分の利益に基づいて行動すれば国家、組織がバラバラになり、国家は確実に滅ぶと孟子は予見している。仁、つまり人への思いやり、義、つまりものの道理に基づき各自が行動しなければ国家の繁栄はないのである。

## 章番号 5

章通し番号 165　通し番号 744〜749

孟子は鄒にいた。季任《きじん》は任《じん》国の留守居の役についていた。孟子に贈り物を贈り交わりを結んだ。孟子は贈り物を受けて答礼しなかった。孟子が平陸にいた時、儲子《ちょし》は斉の宰相であった。孟子に贈り物を贈り交わりを結んだ。孟子は贈り物を受けて答礼しなかった。後日孟子は鄒から任に行き、季任《きじん》に会った。平陸から斉の国都に行ったが、儲子《ちょし》に会わなかった。屋廬子《おくろし》は喜んで言う。「私は孟子に聞くことができる。」屋廬子《おくろし》は問う。「先生は任《じん》に行き季任に会いました。斉の国都へ行ったのに儲子《ちょし》に会いませんでした。儲子《ちょし》は宰相であるからですか。」孟子は言う。「そうではない。書経に言う。『贈り物をするには礼儀を厚くする。礼儀が贈った物に及んでいないなら贈り物をしても贈り物をしなかったことになる。贈り物に心がこもっていないからである。』儲子《ちょし》は贈り物をしても贈り物をしなかったのと同じだ。」屋廬子は納得する。ある人がどういうことかと尋ねる。屋廬子は言う。「季任は鄒にいる孟子の所へ行くことができなかったが、儲子は平陸にいる孟子の所へ行くことができた。」

## 章番号6　章通し番号166　通し番号750～755

淳于髡《じゅんうこん》は言う。「名誉と功績を先にするのは、人のためにしています。名誉と功績を後にするのは、自分のためにしています。先生は高官でありながら、上にも下にも名誉と功績を加えることなく斉を去ります。仁者はもとよりこのようなものでしょうか。」孟子は言う。「低い位にいて不肖の君に仕えなかったのは伯夷である。五たび湯に仕え五たび桀に仕えたのは伊尹である。汚れた君も厭わず卑官も辞さなかったのは柳下恵である。この三人は道が同じでないが、その赴く所は同じである。同じものとは何か。仁である。君子は仁で動くだけであり、必ずしも同じでない。」

淳于髡が言う。「魯の繆公《ぼくこう》の時、公儀子が政治をとり、子柳、子思が臣でありましたが、魯の地はますます侵略されました。賢者が国に益がないのはこのようなものでしょうか。」孟子が言う。「虞《ぐ》は百里奚《ひゃくりけい》を用いなかったために滅んだ。秦の穆《ぼく》公は百里奚を用いて天下の覇王となった。賢人を用いないと国は滅ぶ。土地を侵略されるだけではすまない。魯は公儀子、子柳、子思を用いたから滅ばなかったのだ。」

淳于髡は言う。「昔、王豹《おうひょう》が淇《き》にいると、河西の人はみな歌が上手になりました。綿駒《めんく》が高唐にいると、斉右の人はみな歌が上手になりました。華周、杞梁《きりょう》の妻はその夫が亡くなると心から泣き、国の風習に影響を与え、その国の人々は人が亡くなると心から泣くようになりました。内にあれば必ず外に現れます。事をなしてその結果が伴わないのを私は今まで見たことがありません。だから賢者がいないのです。賢者がいれば私が必ず知っているはずです。」孟子が言う。「孔子は魯の司寇《しこう》となったが、用いられなかった。魯君に従い祭りをしたが、祭器にのせた焼肉が来なかったために冠を脱がずに魯を去った。知らない者は肉のためだとする。知る者は礼がないからだとする。孔子は微罪で去ることを願い、理由なく去ることを願わなかった。君子のすることは、凡人はもとよりわからない。」

**通し番号 751**　章内番号 2　識別番号 12・6・2

湯は桀を撃ち桀の夏王朝を滅ぼした人物である。湯は湯の賢臣伊尹を桀に勧め桀に仕えさせた。これを聞いて俗人の誰もが思うことは、湯は伊尹を桀に仕えさせ夏王朝と桀の内情を偵察させ、桀を伐つ準備をしたのでないかということである。実際伊尹がもたらした情報が後の湯と桀の戦争で湯に大いに役立ったことは間違いない。このような見方は『孫子』にも見られ、「昔殷之興也伊摯在夏（昔殷の興りしや伊摯《いし》夏に在り）」とある。伊摯は伊尹のことである。孫子は伊尹を湯が桀に送ったスパイだとしている。ただ湯も伊尹も聖人と称される人物である。聖人が天下を取る下心があって行動したのでは、とても聖人とは言えない。湯と伊尹の言行を見ると聖人であることは間違いない。聖人であればこういう下心があるはずがない。人の心は測り難いが聖人であるある以上こういう下心はなかったと考えざるを得ない。俗人の心で聖人を測ってはいけないのである。

**通し番号 751**　章内番号 2　識別番号 12・6・2

仁は思いやりとか愛とか考えられることが多い。しかし朱子はここで仁とは私心なく天理に合うことだと言う。仁とはこういうふうにも考えられるのかと味わい深い。今、病気になり、医者から手術をするとまだ十年程度生きるが、手術をしないと数ヶ月で死ぬと言われた。十年長生きをしたいと手術を受けると、これは私心である。自分のことだけを考えているからである。これは仁とは言えない。自分が十年長生きをすれば、もっと世の中をよくすることができると手術を受ける。これは私心でない。人のことを考えているからである。だからこれは仁と言える。

**通し番号 751**　章内番号 2　識別番号 12・6・2

仁と言うと思いやりと考えがちである。朱子はここで仁は私心がなくて天理に合うことだと仁を説明している。仁の他面である。仁はこういうふうにも考えられるのである。

**通し番号 751**　章内番号 2　識別番号 12・6・2

「仁は私心がなく天理に合うことである」という朱子の仁の説明はわかりやすい。仁はこういう定義もできるのである。

## 章番号 7　章通し番号 167　通し番号 756〜759

孟子は言う。

五覇は三王の罪人である。今の諸侯は五覇の罪人である。今の大夫は今の諸侯の罪人である。天子が諸侯に行くのを巡狩《じゅんしゅ》と言う。諸侯が天子に謁見するのを述職《じゅつしょく》と言う。春は耕作を見て足らないのを補う。秋は収穫を見て足らないのを助ける。天子が諸侯の領地に入り、土地が開け田野が治まり、老人を養い賢人を尊び、俊傑が位にいると、領地を増やして賞する。諸侯の領地に入り、土地が荒れ、老人を捨て賢人を用いないで、税を取るのを急ぐ者が位にいるとその諸侯を咎める。一度天子に謁見しないとその爵位を落とす。二度謁見しないとその領地を削る。三度謁見しないと軍隊を差し向けて放逐する。天子は討つことはするが、伐つことはしない。五覇は諸侯を引き集めて諸侯を伐つ者である。だから五霸は三王の罪人と言う。

五霸は桓公が一番盛大であった。葵丘《ききゅう》の会では、諸侯は生贄《いけにえ》をしばり生贄の上に書をのせて血をすすらなかった。初命で言う。不孝者を罰せよ。太子を換えるな。妾を妻とするな。再命で言う。賢を尊び才を育《はぐく》み有徳を明らかにせよ。三命で言う。老を敬い幼を慈《いつく》しめ。賓客や旅人をゆるがせにするな。四命に言う。士は官職を世襲にするな。官職を兼ねるな。士を取るのは必ずその人を得よ。独断で大夫を殺すな。五命に言う。堤防を不正に作るな。穀物を買うのを止めるな。天子に告げずに領地を与えるな。盟主の桓公は言う。「我が同盟の人々はこの同盟の後は和合しよう。」今の諸侯はみなこの五禁を犯している。だから今の諸侯は五霸の罪人と言う。

君の悪を育てるのはその悪が小さい。君に現れていない悪をそそるのはその罪が大きい。だから言う。今の大夫は今の諸侯の罪人である。

## 章番号8　章通し番号168　通し番号760~768

魯は慎子を将軍にしようとした。孟子が言う。「民に礼と義を教えずに戦わせるのを民に災いをもたらすと言います。民に災いをもたらす者は堯舜の世では受け入れられません。あなたが一度の戦いで斉に勝ち南陽を取ったとしても不可です。」慎子は顔色を変えて言う。「おっしゃることが理解できません。」孟子が言う。「あなたに説明します。天子の領地は四百キロメートル四方の土地です。四百キロメートル四方の土地がないと諸侯にあてがうのに足りません。諸侯の領地は四十キロメートル四方の土地です。四十キロメートル四方の土地がないと宗廟の書物に書かれている制度を守るのに足りません。周公が魯に封ぜられた時領地は四十キロメートル四方でした。土地が不足していたのではありません。四十キロメートル四方を越えないようにしたのです。太公望が斉に封ぜられた時も領地は四十キロメートル四方でした。土地が不足していたのではありません。四十キロメートル四方を越えないようにしたのです。今、魯は四十キロメートル四方の領地が五つあります。王者が起これば魯は領地を増やされると思いますか。減らされると思いますか。人を殺さなくても他人から物を取りこちらの人に与えることは仁者はしません。まして人を殺して取ろうとするでしょうか。君子が君に仕えるのは、その君が道に従い仁に志すように導くことに努力するだけです。」

**通し番号 767**　章内番号 8　識別番号 12・8・8

人を殺さなくても人の物を取るのは、窃盗であり、明らかな犯罪である。仁者でなくとも誰もがしないことであり、誰もがしてはいけないことである。刑法第二百三十五条には、「他人の財物を窃取した者は、窃盗の罪とし、十年以下の懲役又は五十万円以下の罰金に処する」と規定されており、窃盗罪になる。人を殺傷して人の物を奪うのは強盗致死傷であり、刑法第二百四十条には、「強盗が、人を負傷させたときは無期又は六年以上の懲役に処し、死亡させたときは死刑又は無期懲役に処する」と規定されており、強盗致死傷罪になる。死刑の罰も課される重い犯罪である。戦争は敵国の人を殺傷して土地や財宝を奪うことであり、国内法が適用されるなら明らかな強盗致死傷罪になる。ところが戦争に従事し敵国の人をたくさん殺した人は強盗致死傷罪や殺人罪に問われることなく、かえって国家から勲章を与えられる。これはどうしてなのか。戦争は国家権力で自国民を戦争に従事させているのだから、国家の命令で戦争行為をしている自国民を国家が自国法で罰することはしないのである。そんなことをすれば、戦争に従事する者は誰もいなくなる。しかしこれは国家の都合で自国法を適用しないだけであり、実際は戦争行為が強盗致死傷であることは間違いない。

## 章番号 9　章通し番号 169　通し番号 769〜771

孟子が言う。

今の人君に仕える者は言う。「私は人君のために土地を開墾し倉を満たすことができます。」今良臣と言われる者は、古で言う所の民を害する者になる。土地を開墾すれば民は耕作する土地が増え過重労働になるし、倉を満たすには、民に重税を課すからである。人君が道に向かわず、仁に志さないのに、人君を富まそうとするのは、桀を富ますことになる。

今の人君に仕える者は言う。「私は人君のために友好な国を増やし、戦えば必ず勝つことができます。」今の良臣と言われる者は、古で言う所の民を害する者になる。人君が道に向かわず、仁に志さないのに、人君のために民に戦いを強いるのは桀を助けることになる。

今のやり方に従い今のやり方を変えないと、天下を与えても一日も保つことができない。

**通し番号 771**　章内番号 3　識別番号 12・9・3

国を富国強兵にする臣下を良臣とし富国強兵を押し進めると結局は民を害することになる、民を害する政治では決して天下を治めることはできないと孟子は言う。秦は富国強兵を推し進め天下を統一したが、瞬く間に天下を失った。富国強兵では天下を保つことはできなかった。明治維新以後日本は強力に富国強兵を押し進めたが、戦争で数百万の民の命を奪い日本帝国は瓦解した。富国強兵は民を苦しめただけだった。

## 章番号 10　章通し番号 170　通し番号 772～778

白圭が言う。「私は税を二十分の一にしたいが、どうですか。」孟子が言う。「あなたのやり方は夷狄の国の貉《はく》のやり方です。一万の家がある国で一人だけでみんなの陶器をつくることができますか。」白圭が答える。「それはできません。陶器が足らなくなります。」孟子が言う。「貉《はく》では黍だけは育ちますが他の穀物は育ちません。城や宮殿がありません。宗廟の祭祀の礼がありません。諸侯へ贈り物をしたり諸侯を飲食でもてなしたりすることがありません。官職がなく役人もいません。だから二十分の一の税で足りるのです。私たちは中国にいるのに、人倫、礼儀がなく、官職がなく役人がいないというのをどう思いますか。陶器をつくる者がいなくても国を治めることはできません。まして官職がなく役人がいないと国を治めることはできません。堯舜のやり方、十分の一の税より軽くしようとする者は大貉《はく》、小貉です。十分の一の税より重くしようとする者は大桀、小桀です。」

### 通し番号 772　章内番号 1　識別番号 12・10・1

『孟子』朱子注はもとより巨富を蓄えることを教えるものでない。しかし巨富を蓄える秘訣がここに書かれている。「能く飲食を薄《すくな》くし、嗜欲を忍び、童僕と苦楽を同じくし、時変を観るを楽《この》み、人棄てれば我取り、人取れば我与える。」が巨富を蓄える秘訣である。「飲食を薄《すくな》くし、嗜欲を忍ぶ」飲食を粗末なものにし、量を減らす。食欲以外の欲も抑える。「童僕と苦楽を同じくする」雇っている者と苦楽を同じくする。自分だけをよくし奢ることがない。

「時変を観るを楽《この》む」よく学び、また多聞の者によく聞き、世の中の変化を見極めることを好む。「人棄てれば我取り、人取れば我与える」人が価値がないと思い捨てるものを買い集める。人が価値があると思いほしがるものを与えて売り払う。安値で買い集めたものが高くなり人がほしがるようになれば売り払って利益を得る。

**通し番号 778**　章内番号 7　識別番号 12・10・7

少人数の社会なら、官職、役人がなく、人倫、礼儀のない社会でも治めることはできる。しかし社会の構成員が多くなると官職、役人を定めないと治めることができなくなる。官職、役人がないと、各自が勝手に行動し社会としてのまとまりがなくなるからである。また人倫を定め人に区別をつけないと、人々はたえず争うようになる。さらに礼儀を定め生活の規律をつくらないと人々の間に争いが起こる。争いが起こり争いが盛んになると、国は分裂する。だから大国になりたければ、官職、役人、人倫、礼儀を定める必要がある。大国が武力で小国を併合してきたのが、人類の歴史である。独立した国でいたければ、どうしてもかなり大きな国でなければならず、かなり大きな国になるためには、どうしても官職、役人、人倫、礼儀が必要なのである。

## 章番号11　章通し番号171　通し番号779～782

白圭が言う。「私の治水は禹に勝る。」孟子が言う。「あなたは間違っている。禹が水を治めたのは水の道によった。だから禹は四海を水を受ける所とした。今あなたは水をふさいで逆行させ、隣国を水を受ける所にしている。水が逆行するのを洚水《こうずい》と言う。洚水《こうずい》は洪水である。仁人が嫌うものだ。あなたは間違っている。」

## 章番号12　章通し番号172　通し番号783～783

孟子は言う。君子は小さな信に固執しない。執着するのを嫌うためだ。

**通し番号 783**　章内番号 1　識別番号 12・12・1

人の大きな誤りは信じていることから起こる。人が大敗するのも信じていることから起こる。平家が源義経と戦った一ノ谷の戦いもこの例である。平家は鵯越《ひよどりごえ》から一ノ谷の裏手の断崖絶壁に至る難路は人馬の通ることのできる所でないと固く信じ、一ノ谷の裏手を守ることを何もしなかった。鹿が通るということを聞いた源義経は、鹿が通ることができるなら、人馬も通ることができると考え、精兵七十騎を率いて鵯越の難所を通ることを敢行した。苦労の末遂に一ノ谷の裏手の断崖に着いた源義経はここから駆け下りわずか七十騎で平家の大軍を敗走させた。敵が固く信じて疑わないこと、そこに勝機がある。多くの人が固く信じて疑わないこと、そこにチャンスがある。だから君子は亮《りょう》でなく、固執しないのである。

## 章番号 13

章通し番号 173　通し番号 784〜791

魯は楽正子《がくせいし》に政をさせようとした。孟子は言う。「私は聞いて嬉しくて眠れない。」公孫丑が問う。「楽正子は果断ですか。」孟子が答える。「そうでない。」公孫丑が問う。「知恵謀慮がありますか。」孟子が答える。「ない。」公孫丑が問う。「博識ですか。」孟子が答える。「そうでない。」公孫丑が問う。「それならどうして喜んで眠れないのですか。」孟子が答える。「その人となりは、人の優れた言を好む。」公孫丑が問う。「人の優れた言を好めば足りますか。」孟子が言う。「人の優れた言を好めば天下を治めても余裕がある。魯国を治めることは当然問題ない。もし人の優れた言を好めば、天下から皆四百キロメートルを遠しとずにやって来て優れた言を告げる。もし人の優れた言を好むことがないと、人は言うだろう。『あの人は自分の智で十分であるとし、自分は知っていると言う。』自分の智で十分だとするさまは、人を四百キロメートルもの外に止めてしまう。士が四百キロメートルもの外に止まってしまうと、邪悪な人、人の意に従う人がやって来る。こういう人とおれば国を治めたいと思っても治まることがあろうか。」

**通し番号 791**　章内番号 8　識別番号 12・13・8

国のトップに立つ人間に一番必要な能力は何だろうか。果敢であることではない、思慮のあることではない、博学なことではないと孟子は言う。優れた言を好み天下の優れた人材を集め、その善言を十分によく聞き、よいと思うことは自らに取り入れること、あるいはその人にふさわしい役職につけ、その人に一任することができることが、国のトップに立つ人間に一番必要な能力である。これは会社のトップも同じである。国を治め会社を治める能力は、人の優れている所を取る能力が、果敢、思慮、博学よりも大事なのである。

## 章番号 14　章通し番号 174　通し番号 792～795

陳子は問う。「古の君子はどのような時に仕えますか。」孟子が言う。「仕えるものに三つあり、去るものに三つある。敬を尽して迎え、礼があり、こちらの言うことを実行すると言う時は仕える。礼がまだあってもこちらの言うことが実行されないと去る。その次はこちらの言うことを実行しないのだが、敬を尽して迎え礼があれば仕える。礼が衰えれば去る。その次は朝も食べず、夕も食べず、飢えて門や戸を出ることができない。その君はこれを聞いて言う。『私はその道を行うような大きいことはできない。またその言に従うこともできない。しかし私の土地で飢えさせることを恥じる。』君が救おうとすると受けることはできる。ただし死を免れるだけのものを受ける。」

## 章番号 15　章通し番号 175　通し番号 796～800

孟子が言う。舜は田の中から身を起こした。傅説《ふえつ》は土木工事をしていて登用された。膠鬲《こうかく》は魚と塩を販売していて登用された。管夷吾は獄官に捕えられていた時に登用された。孫叔敖《そんしゅくごう》は海岸で暮していた時に登用された。百里奚《ひゃくりけい》は町に隠れていた時に登用された。だから天が大任をこの人に任じようとすると、必ずまずその心を苦しめ、その筋骨を労し、その体を飢やし、その身を困窮させる。行なうこと、なすことはうまくいかず、心を動かし性を忍ぶから、できないことができるようになる。人はしばしば、過って後に改めることができる。心に苦しみ思慮に横たわって後に起き上る。人の顔色をよく見てその言葉を明らかにして人を知る。国内に法を守ったり、直言したりして君の意に逆らう臣がおらず、国外に敵国や外患がなければ、国はしばしば滅ぶ。だから生じるのは憂患にあり、枯れるのは安楽にあることがわかる。

**通し番号 797**　章内番号 2　識別番号 12・15・2

「天将に大任を是人に降さんとするや、必ず先ず其心志を苦しめ、其筋骨を労し、其体膚を餓やし、其身を空乏し、行えば其爲す所を拂乱《ふつらん》す、以て心を動かし性を忍び、其能わざる所を曽益《ぞうえき》する所なり」は不遇な者の心を奮い立たせる名文である。実際不遇でなすことがうまくいかないと、懸命に頭を使うことになるから、今までできなかったことができるようになる。世界中に散らばっているユダヤ人は優秀な人が多いが、これもユダヤ民族が優れているというよりも、ユダヤ人であるというだけで迫害されるから、生き抜くために懸命に頭を使い、人のできないことができるようになったのだろう。

## 章番号 16　章通し番号 176　通し番号 801～801

孟子が言う。教え方は多い。私が教えることをいさぎよしとしないのもまた教えることである。

# 盡心章句上　篇番号13

章番号　1～46　章通し番号1777～2222　通し番号802～920

## 章番号 1　章通し番号 177　通し番号 802～804

孟子が言う。その心を尽す者はその性を知る。その性を知れば天を知る。その心を存してその性を養うのは天に仕えることである。夭折、長寿により心を変えることなく天を待つのは、天の命を立てている。

**通し番号 804**　章内番号 3　識別番号 13・1・3

現代文明では寿命ということは極めて大事なことである。癌になると、少しでも長生きをするために手術をするのが一般的である。長生きをするために癌の健診を受け、早期発見、早期治療をしましょうというのが、現在なされていることである。しかし儒学は長寿をそんなに重んじない。天が長寿を与えるなら長寿を受け、天が短命を与えるなら短命を受けるとする。ひたすら長生きしようとは思わない。ただ天の命を受けるだけである。

## 章番号 2

章通し番号 178　通し番号 805～808

孟子が言う。命でないものはない。その正に従いその正を受ける。だから命を知る者は崖のように高い塀の下に立たない。その道を尽して死ぬのは正命である。外物に手枷《かせ》、足枷をされて死ぬのは正命でない。

## 章番号 3

章通し番号 179　通し番号 809～810

孟子が言う。求めれば得て、捨てれば失うものは、求めて得るのに益がある。求めるものが我にあるものである。求めるのに道があり、得るのに命がある。これは求めて得るのに益がない。求めるものが外にあるものである。

## 章番号4　章通し番号180　通し番号811～813

孟子が言う。万物はみな我に備わる。身に反り実であると、楽しみはこれより大きいものはない。己を推して人に及ぼすことを努めて行う。仁を求めるのはこれより近いものはない。

## 章番号5　章通し番号181　通し番号814～814

孟子が言う。これを行っているのに明らかでない。繰り返し行っているのになお知らない。終身これを行っているのにその道を知らない者が多い。

## 章番号6　章通し番号182　通し番号815～815

孟子が言う。人は恥はなかるべからず。恥じることがないことを恥じれば恥はない。

**通し番号 815**　章内番号 1　識別番号 13・6・1

現代では恥と言うと他人と比較して劣っていることを恥じるという使い方をすることが多い。孟子がここで言う恥はこういう意味の恥でない。良心に恥じると使う恥である。道、義、理に従っていないことを恥じるのである。

## 章番号 7　章通し番号 183　通し番号 816～818

孟子が言う。恥は人において大きいものである。言を変え人を巧みにたぶらかす者は恥じることがない。恥じることが聖賢に及ばないとどうして聖賢に及ぶことがあろうか。

## 章番号 8　章通し番号 184　通し番号 819～819

孟子が言う。古《いにしえ》の賢王はよいものを好んで権勢を心にかけなかった。古の賢士がよいものを好まず、権勢を心にかけたことがあろうか。古の賢士は道を楽しんで人の権勢を心にかけなかった。だから王公は敬を尽し礼を尽さないと賢士にしばしば会うことができなかった。会うことさえしばしばすることができなかったのだ。まして臣とすることはできなかった。

## 章番号 9　章通し番号 185　通し番号 820~825

孟子は宋句践に言う。「君は遊説を好むね。遊説のことを言おう。人が認めても自分に得て欲がなく、人が認めなくても自分に得て欲がない。」宋句践が言う。「どうすれば自分に得て欲がなくなることができますか。」孟子が言う。「徳を尊び義を楽しめば自分に得て欲がなくなることができる。だから士は困窮しても義を失わないし、栄達しても道を離れない。困窮して義を失わないから士は己を失わない。栄達しても道を離れないから、民は望みがかなう。古の人は志を得ると恩沢が民に加わった。志を得ないと身を修めて世に現れた。困窮すると独りでその身をよくし、栄達すると天下を同じようによくした。」

### 通し番号 821　章内番号 2　識別番号 13・9・2

風呂に入り湯につかっていると気持がよい。この気持よさは湯という外物がもたらしているものである。湯を出てしまうとこの気持ちよさはなくなる。この気持ちよさを得ようとして湯を求める。これが欲である。絶品の料理を食べると実においしい。このおいしさは絶品の料理という外物がもたらしているものである。絶品の料理を食べてしまうとこのおいしさはなくなる。このおいしさを得ようとして絶品の料理を求める。これが欲である。湯につかっているのでもなく、絶品の料理を食べているのでもない。それでいて楽しんでいる。これは自分に得ているものを楽しんでいるのである。自分に得ているものを楽しんでいるのだからその楽しみを得ようとして外物を求めることがない。つまり無欲である。

**通し番号 822**　章内番号 3　識別番号 13・9・3

徳は自分が得ているよいもの、義は自分が守っている正しいものという朱子の徳と義の説明は素晴らしい。徳というもの、義というものを明確に説明してくれる。

## 章番号 10　章通し番号 186　通し番号 826～826

孟子が言う。文王を待って後に興るのは凡人である。豪傑の士は文王がいなくても興る。

## 章番号 11　章通し番号 187　通し番号 827〜827

孟子が言う。韓や魏のような地位や領地を与えても、意気揚々となることがないなら、人に大きく勝っている。

**通し番号 827**　章内番号 1　識別番号 13・11・1

宝くじで十億円当たった時、人々は喜びを爆発させ意気揚々とすることだろう。十億円当たっているにもかかわらず何ら意気揚々とすることなく、自分の才徳が足らないのを憂えている。こういう人はその才徳は人よりはるかに優れる。

『老子』第二十章に「衆人熙熙、如享太牢、如春登臺、我獨泊兮其未兆、如嬰兒之未孩（衆人熙熙《きき》、太牢を享《う》けるが如く、春台に登るが如し、我独り泊兮《はくけい》として其れ未だ兆さず、嬰児《えいじ》の未だ孩《わら》わざるが如し　熙熙：情欲の多いさま　太牢：ごちそう　泊、澹泊恬静無爲貌（泊、澹《たん》泊恬《てん》静無爲の貌なり）　孩、小児笑也（孩、小児が笑うなり））（人は嬉々として、ごちそうを食べ、春に高台に登るようだ、私だけは淡白で兆しがなく嬰児がまだ笑わない時のようだ）」とある。『孟子』

のことと同じようなことを言っている。

## 章番号 12　章通し番号 188　通し番号 828～828

孟子が言う。民を安楽にする道で民を使うと、民を労しても民は怨まない。人を生かす道で人を死刑にすると、民は人を死刑にする者を怨まない。

## 章番号 13　章通し番号 189　通し番号 829～831

孟子が言う。霸者の民は喜び楽しむ。王者の民は広大で自ずから得ている。民を死刑にしても民は怨まない。民を利しても民は功としない。民は日々善に移るが誰がこのようにしているか知らない。聖人は過ぎる所を化す。心が存する所は神であり測り難く、上下は天地と流れを同じくする。小さく補うと言うだろうか。

## 章番号14　章通し番号１９０　通し番号８３２～８３４

孟子が言う。仁のこもった言葉をかけるのは仁の評判が人の心に深く入るのに及ばない。よい制度はよい教えが民を得るのに及ばない。よい制度は民はそれを畏れる。よい教えは民はそれを愛する。よい制度は民の財を得る。よい教えは民の心を得る。

## 章番号15　章通し番号１９１　通し番号８３５～８３７

孟子は言う。人が学ばないで得るものは良能である。求めることなく知るものは良知である。二、三歳の幼児もその親を愛することを知らない者はいない。大きくなるとその兄を敬することを知らない者はいない。親を愛するのは仁である。年長を敬するのは義である。これを天下に達するだけである。

## 章番号 16

章通し番号 192　通し番号 838〜838

孟子が言う。舜が深山の中で、木石と居り、鹿、猪《いのしし》と遊ぶ。深山の野人と異なる所は少ない。その一つのよき言を聞き、一つのよき行を見ると黄河や揚子江の堤防が切れた如く盛大で防ぎ止めることができない。

## 章番号 17

章通し番号 193　通し番号 839〜839

孟子が言う。爲すことができないことを爲さない。望むことができないことを望まない。これだけである。

**通し番号 839**　章内番号 1　識別番号 13・17・1

人の物を盗んだり、人を殺したりすることを、人は通常はしない。本然の善心があるからである。ところが借金取りに追い回されている時に、簡単に盗める金が目に入ると、その金を盗むことをする。人に罵倒され逆上すると、人を殺すことをする。借金取りに追い回される、人に罵倒されるという、通常とずいぶんと違う状況でも本来の善心を失わない。ただそれだけのことが道なのである。自分は殺されたくないと思う。ところがその人を殺せば、自分に莫大な金が入ると思うとその人を殺すことをする。自分がされたくないことを人にしてしまう。道とはいかなる場合でも自分がされたくないことを人にしないだけのことである。　夫殺傷人、奪人物、我所不肯爲也、人罵我抶我、我所不欲也、若當大利害、機關在心、乃或反欲人罵我也、欲人抶我也、又肯傷人殺人、肯奪人之國家、人能無是迷惑、斯爲得之矣（夫《それ》人を殺傷し、人の物を奪うは、我爲すを肯《がえん》ぜざる所なり、人我を罵《ののし》り我を抶《むちう》つは、我欲せざる所なり、若《も》し大利害に当たれば、機関心に在り、乃ち反て人我を罵《ののし》るを欲し、人我を抶《むちう》つを欲すること或《あ》るなり、又人を傷つけ人を殺すを肯ず、人の国家を奪うを肯ず、人能く是の迷惑無ければ、斯《すなわ》ち之を得ると爲す　機関：策謀）（中井履軒）

## 章番号18　章通し番号194　通し番号840~841

孟子は言う。人で徳の中に敏さがあり、術の中に知があるのは、災難の中にいる者が多い。君に引き上げられない臣や妾の子は心を用いることが速く、災いを慮ることが深い。だから達する。

**通し番号 841**　章内番号 2　識別番号 13・18・2

マラソンで人より速く走りたければ、たえず長い距離を走り、速く走ることができるように体を鍛えなければならない。重量挙げで人より重い物を持ち上げたければ、たえず重い物を持ち上げ、重い物を持ち上げることができるように体を鍛えなければならない。マラソンや重量挙げの世界チャンピオンで、何の訓練もせずに世界チャンピオンになった人は一人もいない。そういう素質がある上にさらに人知れず訓練を繰り返した者だけが、世界チャンピオンになることができる。心の場合も同じである。たえず難問で心を鍛えてこそ心が人より発達する。心を鍛えることがなければ心は発達しない。上に認められない者や妾の子は、人からちやほやされず、迫害されることが多い。だから生き抜くために懸命に心を使う。それで心が発達する。

## 章番号 19

章通し番号 195　通し番号 842~845

孟子が言う。人君に仕える人がいる。人君に仕えて人君に受け入れられるようにし、人君を喜ばすようにする者である。国家を安んずる者がいる。国家を安んじるのを喜びとする者である。天民なる者がいる。天下に行うことができるようになって後に行う者である。大人なる者がいる。己を正して物を正す者である。

**通し番号 842** 章内番号 1 識別番号 13・19・1

人君に仕えるのは容悦をなす者なりと孟子は言う。容とは人君におもねり従い受け入れられることであり、悦とは人君の私欲を導いて人君を喜ばすことであると中村惕斎は注する。朱子は容悦をなすのは妾婦の道だとする。現代社会は容悦が幅をきかしている時代である。選挙は国民に容悦をなして選ばれようとすることである。テレビ番組は高い視聴率を取るためにつくられる。これは視聴者に容悦をなしているのである。本はベストセラーになることを願って出版される。これは人々に容悦をなしているのである。ネットの投稿は多くの人々に読まれることを願って投稿される。これは人々に容悦をなしているのである。製品はたくさん売れることを願ってつくられる。これは人々に容悦をなしているのである。会社員は出世するために仕事をする。これは上役に容悦をなしているのである。

容悦をなして動いては事をなすことはできない。なぜなら源がないからである。人に媚びて人が受け入れるかどうかで動いているのだから、自然の性に従って動いているのでない。だから源がない。一度大雨が降れば道にもたくさん水がたまるだろう。しかしこの水は源がないからやがて涸れてなくなる。人に媚びて一時は大いに行われても、時間が経てば誰も見向きをしなくなる。

小さな川でも源があれば、決して涸れることがない。

**通し番号 845**　章内番号 4　識別番号 13・19・4

ここの人の四つの区別を現代的に言うと次のようになる。上役に気に入られようとしている人、我が国をよくしようとしている人、世界をよくしようとしている人、自分を正し自然や天命に従おうとする人の四種類である。

## 章番号 20　章通し番号 196　通し番号 846~850

孟子が言う。その君子には三つの楽しみがある。天下の王たるは楽しみにない。父母がともにおり、兄弟に災いがないのが一つ目の楽しみである。仰いで天に恥じず、俯して地に恥じないのが二つ目の楽しみである。天下の英才を得て教育するのが三つ目の楽しみである。その君子には三つの楽しみがある。天下の王たるは楽しみにない。

## 章番号21　章通し番号197　通し番号851～854

孟子は言う。広い土地、多い民は、君子はこれを望むが、楽しみとはしない。天下の王となり四海の民を安んじる。君子はこれを楽しむ。性とする所はここにない。君子が性とすることは、大いに行われても増えず、困窮しても減らない。天に得るすべては一定だからである。君子が性とするのは、仁儀礼智が心に根ざすことである。そのさまが出てくると、清和潤沢が顔に現れ背に溢れ四体にゆきわたる。四体は言わないが悟る。

## 章番号22　章通し番号198　通し番号855～857

孟子は言う。

伯夷は紂を避けて北海の海岸にいた。文王が興ったと聞いて言った。「どうして帰らないことがあろうか。文王は老いた者をよく養うと聞いている。」太公は紂を避けて東海の海岸にいた。文王が興ったと聞いて言った。「どうして帰らないことがあろうか。文王は老いた者をよく養うと聞いている。」老いた者をよく養う者が天下におれば仁人は自分が行く所とする。

六百平方メートルの敷地があり、桑を植えて女性が蚕を飼うなら、五十歳の者は絹を着ることができる。五匹のめすの鶏、二匹のめすの豚を飼い子を産むようにさせると、老いた者は肉を食べることができる。三百アールの土地があり、耕すなら、八人の家族が飢えることはない。

文王が老いた者をよく養うと言うのは、三百アールの土地、六百平方メートルの敷地を定め、耕すこと、蚕を飼うこと、鶏豚を飼うことを教え、妻子を導いて老いた者を養うようにさせることである。五十歳になると、絹を着ないと暖かくない。七十歳になると、肉を食べないと腹が満たない。暖かくない、腹が満たないのを凍餒《とうだい》と言う。文王の民は凍餒する老いた者がいないとはこのことを言う。

## 章番号 23

章通し番号 199　通し番号 858～860

孟子が言う。統治者は田を治め税を軽くすれば民を富ますことができる。民は時にかなった食を取り、財を使うのに礼にかなうようにすれば、財は用いきれないほどになる。民は水火がないと生きていくことができない。日暮れに人の門をたたいて水火を求めると与えない者はいない。水火は十分に足りているからである。聖人が天下を治めるのは、穀物と豆類を水火のように多くする。穀物と豆類が水火のようにあれば、民に不仁な者がいるだろうか。

**通し番号 858** 章内番号 1 識別番号 13・23・1

其田疇《ちゅう》を易《おさ》め、其税斂《れん》を薄《かる》くす

これは民が富を持つために統治者ができることを言っている。こういうことをすれば、民は富を持ちうるが、必ずしも富を持つとは限らない。富を持つには民自身の努力も必要だからである。

**通し番号 859** 章内番号 2 識別番号 13・23・2

之を食するに時を以てし、之を用いるに礼を以てすれば、財勝《あ》げて用うべからざるなり。

これは民が財を持つのに民がしなければならないことを言っている。民がこれをすれば有り余るほどの富を持つことができる。しないと富を持つことはできないだろうが、飢え死にするほど困窮することはない。

**通し番号 859** 章内番号 2 識別番号 13・23・2

巨富を蓄えるには、節約すること、たくさん稼ぐこと、蓄えたものを巧みに運用することの三つが必要とされる。この中でたくさん稼ぐこと、蓄えたものを巧みに運用することは、巨富を蓄えるために必要である。この二つができなくても、節約することができれば、巨富を蓄えることはできなくても、生きていくのに有り余るほど財を持つことができる。だから朱子は言う。民に節約を教えれば資財は足りる。

**通し番号 860**　章内番号 3　識別番号 13・23・3

現代日本は日本史上最も豊かな時代である。食べ物は満ちあふれ、賞味期限（おいしく食べられる期限）を過ぎたというだけで、大量の食品が廃棄されている。本来は食べることができるのに捨てられる食品を食品ロスと言う。環境省は2016年の食品ロスを643万トンと推計した。日本の米の全収量は850万トンである。米の全収量に匹敵するほどの食品が捨てられている。現代は穀物が水火のようにある時代と言ってよいだろう。現代日本は他国と比較して、人柄が温厚だし、犯罪も少ない。これは孟子の言う「穀物と豆類が水火のようにあれば、民に不仁な者がいるだろうか」の実証だろう。しかしなおかなりの人が不仁である。現代日本は食べ物は溢れているが、礼と義を教えない。礼と義がなければ王道は出現しないのである。

## 章番号 24　章通し番号 200　通し番号 861~863

孟子は言う。孔子は東山に登って魯を小さいとした。太山に登って天下を小さいとした。だから海を見た者は水となし難く、聖人の門に遊んだ者は言となし難い。水にはいろんな水があるが、水を見るには見方がある。必ず流れが急な所を見る。すると源の本となるものがあるのがわかる。日月は明の本があり、光を入れる所は必ず照す。流水は穴を満たして進む。君子が道に志すのは、一段を完成して次に進むのでないと、達することがない。

**通し番号 863**　章内番号 3　識別番号 13・24・3

ここは事を為すのは流水が穴を満たしてから流れて行くように、自然に従ってだんだんと基から事をなさなければならないと言っている。基が固まっていないのに強いて結果を求めれば、砂上の楼閣であり、結局は崩れることになる。

## 章番号 25

章通し番号 201　通し番号 864〜866

孟子は言う。早朝に起きてせっせと善をなす者は舜の徒である。早朝に起きてせっせと利をなす者は盗跖の徒である。舜と盗跖の分を知りたければ、利と善の隔たりであり、他にない。

### 通し番号 866　章内番号 3　識別番号 13・25・3

私たちが住んでいる資本主義社会は、各自が利を追求するという前提のもとに成り立っている。だから利を追求することにあまり罪悪感がない。利を追求するのは、大泥棒の盗跖と同じだなどとは考えない。利を追求して大金持ちになった人を人々は称賛し、自分もそうなりたいと思う。わずかに善から出ればそれは利だなどという厳格な態度を現代社会に求めることはできない。利を追求するのは構わないけれど、利を追求するだけでは駄目で、善のことも考えてくださいと言うことができるだけである。現代社会に応用するには、利と善の間に広い中立地帯を考えなければならない。

## 章番号26　章通し番号２０２　通し番号８６７〜８７０

孟子が言う。楊子は自分のためにすることを主張する。自分の一本の毛を抜いて天下を利することはしない。墨子は人を平等に愛する。頭のてっぺんをすり減らしてかかとに至っても、天下を利することはする。子莫《しばく》は中を取る。中を取ると道に近い。中を取っても権がないと、一を取るようなものである。一つに執着することを嫌うのは、道をそこなうからである。一つを取って百を捨てるからである。

## 章番号27　章通し番号２０３　通し番号８７１〜８７２

孟子が言う。飢えた者は食べものを何でもおいしいとする。渇する者は飲みものを何でもおいしいとする。これは飲食の正を得ていない。飢渇が害しているからである。口腹だけが飢渇の害があるのでない。人の心もまたこの害がある。人が飢渇で心を害さないようにすることができれば、人に及ばないことを憂う必要はない。

## 章番号 28

章通し番号 204　通し番号 873〜873

孟子が言う。柳下恵は最高の官職と節操を交換することはなかった。

## 章番号 29

章通し番号 205　通し番号 874〜874

孟子は言う。なすことは井戸を掘るようなものである。十五メートル掘っても水源に達しないと、井戸を棄てたのである。

## 章番号 30

章通し番号 206　通し番号 875〜876

孟子が言う。堯舜はこれを性にしている。湯武はこれを身に修めている。五覇はこれを借りている。久しく借りて返さないと、どうしてその有でないことを知ろうか。

## 章番号31　章通し番号207　通し番号877~879

公孫丑は言う。「伊尹は言う。『私は義と理に順でないことに慣れない。』太甲を桐に放逐し、民は大いに悦びました。太甲が賢となりましたので、都に帰しますと、民は大いに悦びました。賢者が臣となり、その君が賢くないともとより放逐することができるのですか。」孟子が言う。「伊尹の志があれば可である。伊尹の志がなければ簒奪である。」

## 章番号32　章通し番号208　通し番号880~880

公孫丑は言う。「詩経に『功がないのに禄をもらわない』とあります。君子が耕さないのに禄をもらい食べるのはどうしてですか。」孟子が言う。「君子が国におり、人君が用いると、安らかになり富み尊くなり栄える。若者が君子に従うと、孝、弟、忠、信になる。功があるから禄をもらうのは、これより大きいものはない。」

## 章番号 33

章通し番号 209　通し番号 881～883

王子塾《てん》が問う。「学ぶ者は何を仕事としますか。」孟子は言う。「志を高くすることです。」王子塾《てん》が言う。「何が志を高くすることですか。」孟子が言う。「仁と義のことだけです。一人でも罪がない者を殺すのは仁でありません。自分のものでないのに取るのは義でありません。学ぶ者は何に立つのでしょうか。仁です。学ぶ者は何によるのでしょうか。義です。仁におり義によるなら、学ぶ者は公卿大夫の仕事をしています。」

## 章番号 34

章通し番号 210　通し番号 884～884

孟子が言う。義でないのに、仲子に斉の国を与えると仲子は受けない。人はみな仲子を信じる。これは器に入れた飯《めし》や吸い物を捨てる義であり、小さな義である。親戚、君臣、上下より大きな義はない。小さな義があると、大きな義もあるとどうして信じることができようか。

## 章番号 35

章通し番号 211　通し番号 885〜890

桃応が問う。「舜が天子であり皐陶《こうよう》が獄官であるとします。舜の父の瞽瞍《こそう》が人を殺せばどうしますか。」孟子は言う。「捕えるだけだ。」桃応が問う。「舜は捕えることを禁じないのですか。」孟子が言う。「舜はどうして禁じることができようか。法は伝授されたものである。」桃応が問う。「それなら舜はどうしますか。」孟子が言う。「舜が天下を捨てるのは、やぶれた草履を捨てるようなものだ。ひそかに父を背負って逃げ、海のほとりにおり、終身楽しんで天下を忘れる。」

## 章番号 36

章通し番号 212　通し番号 891〜894

孟子は范《はん》より斉に行く。斉王の子を見てため息をついて言う。「いる地位が気も体も移し、養うものが気も体も移す。いる地位は影響が大きいものだ。王子に従っている臣はみな人の子ではないか。王子の家、車馬、衣服は王子に従っている臣とあまり変わらない。しかし王子がこのように違うのは、そのいる位のためだ。まして天下の広居にいる仁者はなおさらのことだ。魯の君が宋に行き垤沢《てつたく》の門の所であけるように声をかけた。門番が言う。『この方は私の君でないが、声が私の君によく似ているなあ。』これは他でもない。いる所が似ているからである。」

## 章番号 37

章通し番号 213　通し番号 895～897

孟子が言う。養って愛さないと豚として交わるのである。愛して敬さないと獣として養うのである。恭敬は進物品を差し出していない時のものであり、進物品によって恭敬が生じてくるのでない。恭敬でも実がないと、君子を留めることはできない。

## 章番号 38

章通し番号 214　通し番号 898～898

孟子が言う。人の耳目、四肢、視聴、言動は天が生んだものである。ただ聖人だけが耳目、四肢を踏み行うことができる。

## 章番号 39　章通し番号 215　通し番号 899～902

斉の宣王は服喪の期間を短くしようとした。公孫丑が問う。「一年の服喪をするのは、服喪をしないよりはよいですか。」孟子が言う。「これはある人が兄の腕をねじっていると、しばらくゆるくねじれと言うようなものだ。ただ孝弟を教えるだけだ。」公孫丑が問う。「妾腹の王子の母が亡くなり、その守役が数ヶ月の服喪ができるように王にお願いしました。このような場合はどうですか。」孟子が言う。「これは服喪をしたいができない場合だ。一日服喪をしてもしないよりよい。私が言うのは、禁じることがないのに服喪をしないものだ。」

## 章番号 40　章通し番号 216　通し番号 903～908

孟子は言う。君子が教える方法は五つある。しかるべき時の雨がこれを育てるようなものがある。徳を成すものがある。材質を達成するものがある。問いに答えるものがある。自分で自分をよくして修めるものがある。この五は君子が教える方法である。

## 章番号 41

章通し番号 217　通し番号 909〜911

公孫丑は言う。「道は高くうるわしいです。ほとんど天に登るようなものであり、及ぶことができないようです。どうして道を人が近づき及ぶことができるようにして、人々に日々努力させないのですか。」孟子は言う。「大工の長は下手な大工のために大工の法を変えたりやめたりしない。弓の上手の羿《げい》は弓の下手な者のために弓を引く程度を変えない。君子は弓を引きしぼるように人を引き上げるが矢を発しない。矢は自ずと飛び踊るように出る。君子は道に立つ。能ある者がこれに従う。」

**通し番号 911**　章内番号 3　識別番号 13・41・3

「君子は引きて発さず」は教育のできることを言っている。教育は人を引き上げることはできる。しかし矢を発することはできない。実際に矢を発するのは教えられる者がしなければならない。教えられる者が深く考え、自ずと至らなければならない。

## 章番号42　章通し番号218　通し番号912～913

孟子が言う。天下に道があると、道が自分に従うようにする。天下に道がないと、自分が道に従うようにする。道が人に従うのは、聞いたことがない。

## 章番号43　章通し番号219　通し番号914～915

公都子が言う。「滕更《とうこう》が先生の門にいると、礼があるようです。先生が答えないのはどうしてですか。」孟子が言う。「貴をさしはさんで問う、賢をさしはさんで問う、年長をさしはさんで問う、手柄をさしはさんで問う、知り合いをさしはさんで問うのはみな答えない。滕更は二つある。」

**章番号 44**　章通し番号 220　通し番号 916~917

孟子は言う。やめてはいけないものをやめると、やめないものがない。厚くすべき所で薄いと、薄くない所がない。進むのが速いと、退くのも速い。

**章番号 45**　章通し番号 221　通し番号 918~918

孟子は言う。君子は動物や草木は愛するが、動物や草木に対しては仁でない。民に対しては仁であるが、親しむのではない。親族には親しみ民には仁である。民には仁であり、動物や草木は愛する。

**章番号 46**　章通し番号 222　通し番号 919~920

孟子は言う。知者は知らないものはない。努むべきことを急ぐ。仁者は愛さないものはない。身内や賢人を急にすることを努めとする。堯舜の知でも、物をあまねく知っているのでない。まずすることを急ぐ。堯舜の仁でも人をあまねく愛するのでない。身内や賢人を愛することを急ぐ。三年の服喪ができないのに、三ヶ月の服喪の緦《し》、五ヶ月の服喪の小功のことを詳細に知ろうとする。大食多飲であるのに乾し肉を歯で切り裂く小さな無礼のことを尋ねる。これを務めを知らないと言う。

盡心章句下　篇番号14

章番号　1～38　章通し番号223～260　通し番号921～1013

## 章番号 1　章通し番号 223　通し番号 921~922

孟子が言う。「梁の恵王は何と不仁なことだろう。仁者は愛する所を愛さない所に及ぼす。不仁者は愛さない所を愛する所に及ぼす。」公孫丑が言う。「どういうことでしょうか。」孟子が答える。「梁の恵王は土地のためにその民を砕きその屍を腐らすことをして戦わせた。大敗すると、復讐しようとする。勝つことができないことを恐れ、愛する子弟を駆り立て戦いに行かせた。それで太子申は戦死した。これを愛さない所を愛する所に及ぼすと言う。」

## 章番号 2　章通し番号 224　通し番号 923~924

孟子は言う。春秋に義に合う戦争はない。むこうの戦争がこちらの戦争よりよいというものはあった。征伐は上が下を伐つものである。対等の国同士が征伐し合うことはない。

**通し番号 924**　章内番号 2　識別番号 14・2・2

近代から現代にかけての戦争は対等な国同士の戦争であり、孟子の言う義戦は一つもない。第一次世界大戦はドイツとロシア、イギリス、フランスとの利害関係の対立で起きた。太平洋戦争はアジアの利権をめぐるアメリカと日本の対立で起きた。お互いが相手を非難し自分たちは義戦をしたのだと主張するが、両方とも自国の利益を求めて行動したに過ぎない。勝者の論理で勝ったほうの主張が正しかったようになっているが、それは一方的な主張と言うべきである。現代では世界を統治する天子がおらず、各国が自国の利権を求めて行動し、深刻な対立になるとついには戦争になる。こういう戦争に義戦と言えるものは一つもない。

## 章番号 3

章通し番号 225　通し番号 925〜927

孟子が言う。ことごとく書経を信じるならば、書経がないのに及ばない。私は書経の周書の武成の篇で二、三の竹簡を信じるだけである。仁人は天下に敵がない。至りて仁なる者が至りて不仁なる者を伐ち、どうして血が杵《きね》を漂《ただよ》わすことがあろうか。

**通し番号 925**　章内番号 1　識別番号 14・3・1

私たちは人と話をする時、事実よりオーバーに言いがちである。オーバーに言うとインパクトが強くなり、また話がおもしろくなる。それで人に受け入れられやすい。だから話は事実から過ぎることが多い。このことは本でも同じである。1999年に人類が滅亡するという「ノストラダムスの大予言」が1973年に出版された。これは二百五十万部を売る大ベストセラーになった。事実よりもオーバーに書いたため、おもしろく、人に受け入れられたのである。私も当時夢中になって読んだ記憶がある。本を読む時は事実に過ぎることを言いがちであると心に銘記し理を窮めなければならない。

**通し番号 925**　章内番号 1　識別番号 14・3・1

古典を読む時、言葉の正確な意味を知るのは大事なことであり、私はもとよりそれを軽んじる者でない。しかし言葉に固執し理を考えないならその意味を正確に捉えることはできない。もし言葉からの意味と理から捉えた意味が対立するなら、理から捉えた意味を取るべきである。言葉は正確に伝承されていない可能性があるからである。程子の言うように「言葉に固執すれば理に害があることがあり、書物のないほうがかえってよい」からである。

**通し番号 925**　章内番号 1　識別番号 14・3・1

「苟辞《もし》に執すれば、則ち時に義に害有ること或《あ》り」という程子の言は書物や人の言うことにどう対処すべきかを教えている。その言葉通りに取り、その言葉をそのまま信じれば理を害することがある。だから言葉は真に理があるのかと深く考えなければならない。理があると納得してはじめてその言葉を取る。テレビで伝える情報などは、テレビが一方的に言うだけである。テレビで言っていることと討論することがない。これでは理のないでたらめな言が氾濫することになる。

**通し番号 927**　章内番号 3　識別番号 14・3・3

伊藤仁斎はこれから書籍全般に対して次のように書いている。「蓋天下之書、眞者少、而偽者多、故努黜其偽、而後眞者顯焉、若不辨眞偽、而雜取旁引、以爲其説、則偽者勝、而眞者負、貽害斯道、不可勝言、故知道者、不患其寡、而患其不眞、不知者反之、不可不審擇焉（蓋し天下の書は、真なるものは少なくて、偽なるものは多し、故に其偽を黜《しりぞ》けるを努む、而して後に真なるものは顯《あらわ》れる、若し真偽を弁ぜずして、雑に取り旁《あまね》く引き、以て其説を爲せば、則ち偽なるものが勝ち、真なるものは負ける、害を斯道に貽《のこ》す、勝《あ》げて言うべからず、故に道を知る者は、其寡を患《うれ》えず、其真ならざるを患う、知らざる者は之に反す、審《つまび》らかに択《えら》ばざるべからず）（天下の書物は真なるものは少なく、偽なるものが多い。偽なるものを退けるのに努めて後に真なるものが明らかになる。真偽を考えずに書かれていることを雑に取り上げ、広く引用して論ずると、偽なるものが勝ち、真なるものが負けることになる。この道に害を残し、その害は言い尽くすことができない。だから道を知る者は少ないことを憂いとせず、それが真でないことを憂う。道を知らない者はこの反対である。書物は審らかに択ばなければならない。）」

伊藤仁斎の時代は現代に比べるとはるかに書物や情報が少ない時代である。現代はテレビ、ラジオ、新聞、雑誌、書籍、インターネットを通じて大量の情報があふれている。伊藤仁斎の時代でさえ、偽の書物は多かったのである。現代では偽の情報ははるかに多くなっているだろう。伊藤仁斎の時代よりももっと情報を審《つまび》らかに択ばなければならない。

## 章番号４　章通し番号２２６　通し番号９２８～９３３

孟子は言う。自分は軍隊を統御し戦いをするのが巧みだと言う者がいるなら、これは大罪である。国君が仁を好むと天下に敵はない。南を征伐すれば北の国が怨み、東を征伐すれば西の国が怨む。「どうして私の国を後にするのか」と言う。武王が殷を伐った時、兵車は二百台、近衛兵は三千人であった。王は言う。「私を恐れることはない。汝らを安らかにするために来たのであり、汝らに敵対するものでない。」民は一斉に頭を下げ、頭を地につける稽首の礼をした。征の言葉は正の意味である。自分たちを正しくしてくれることを願っている。どうして戦いを用いることがあろうか。

## 章番号 5　章通し番号 227　通し番号 934～934

孟子が言う。木の職人や車の職人は告げることができる手本を人に授けることはできる。しかし人を巧みな木の職人や車の職人にすることはできない。

**通し番号 934**　章内番号 1　識別番号 14・5・1

ここの趙注に「人之巧在心、拙者雖得規矩不以成器也（人の巧は心に在り、拙なる者は規矩を得ると雖も以て器を成さざるなり）（人の巧は心にある。拙《つたな》い者は手本があっても器をつくることができない。）」とある。ものを成すのは心にあるとしている。現代は心を用いることが軽視されているように見える。テレビは一方的に情報を与えるだけで、むしろ人に心を用いないようにさせている。テレビを見ている時はボーとしてあまり心を用いずにテレビの発する情報に目と耳をひたしている。心を用いないからそれを得て巧みになることがない。テレビの情報で巧みになりたければ、それを書き留め、後に何回も考え吟味することが必須である。単に一回見ただけで放っておくと何ら得ることがない。

## 章番号6　章通し番号228　通し番号935～935

孟子は言う。舜が乾飯《ほしいい》を食べ野菜を食べていた時はそのままで一生を終えるようであった。舜が天子となり模様のある服を着て琴を弾き堯の二人の娘が侍《はべ》っている時は、もとからそうであるようだった。

### 通し番号935　章内番号1　識別番号14・6・1

朱子の次の一文は聖人の心の持ち方をわかりやすく説明している。「聖人の心は、貧賤以てして外に慕《むか》うこと有らず、富貴以てして中に動くこと有らず、遇に随《したが》いて安らかなり、己に預かること無し、性とする所は分定まる故なり（聖人の心は貧賤でも外に向かうことがなく、富貴でも中を動かすことがない。出あうことに従って安んずる。己に預かるものがない。性とする所は分が定まっているからである。）」

自分の内にある当然の理で動くから外から来る富貴貧賤や人の寵辱で心を動かすことがないのである。これは『老子』第十三章の次の一文と同じことを言っている。

寵辱如驚、貴大患若身、何謂寵辱若驚、寵為上、辱為下、得之若驚、失之若驚、是謂寵辱若驚、何謂貴大患若身、吾所以有大患者、為吾有身、及吾無身、吾有何患、故貴以身為天下、則可托天下、愛以身為天下、乃可寄天下（寵辱驚くが如し、大患を貴ぶこと身の若し、何をか寵辱驚くが若しと謂う、寵上と為し、辱下と為す、之を得て驚くが若し、之を失いて驚くが若し、是れ寵辱驚くが若しと謂う、何をか大患を貴ぶこと身の若しと謂う、吾以て大患を有する所は、吾身を有する為《ため》なり、吾身無きに及べば、吾何の患を有せん、故に貴は身以て天下と為せば、則ち天下を托《たく》すべし、愛は身以て天下と為せば、乃ち天下を寄すべし）（寵辱に驚くようであり、大患を自分の身のように貴んでいる。どういうことを寵辱に驚くようであると言うのだろうか。寵を上とし、辱を下として、寵辱を得ると心を動かし、寵辱を失うと心を動かす、これを寵辱に驚くようであると言う。どういうことを大患を自分の身のように貴んでいると言うのだろうか。自分が大患を有するのは自分の身を有しているからである。自分の身が無くなれば何の患があろうか。だから自分の身を無くし天下と一体にして貴べば、天下を托《たく》すことができるし、自分の身を無くし天下と一体にして愛せば、天下を寄すことができる。）

## 章番号 7　章通し番号 229　通し番号 936〜936

私はこのことから人の身内を殺すのが重いことがわかった。人の父を殺せば人もまた自分の父を殺す。人の兄を殺せば人もまた自分の兄を殺す。自分が自分の父や兄を殺すのと間に一人が入るだけの違いである。

**通し番号 936**　章内番号 1　識別番号 14・7・1

戦争を起こそうとしている世界の指導者のみなさん、戦争を起こし他国の多くの人を殺せば、殺された人々の子、兄弟、親は一生の間あなたがたの子、兄弟、親を殺そうとするでしょう。あなたがたの子、兄弟、親は一生の間殺されることに恐れおののきながら生きることになります。あなたがたの子、兄弟、親に一生の間そういう生活をさせたいのですか。

## 章番号 8　章通し番号 230　通し番号 937〜938

孟子が言う。古に関所を作ったのは、悪人を止めようとしたのだ。今、関所をつくるのは、悪をなすためだ。

## 章番号 9　章通し番号 231　通し番号 939〜939

孟子が言う。自分の身が道を行わないと、妻子でもさせることができない。人を使うのに道でしないと、妻子でもさせることができない。

## 章番号 10　章通し番号 232　通し番号 940〜940

孟子が言う。富に詳しく敏な者は凶年も殺すことができない。徳に詳しく敏な者は邪世も乱すことができない。

**通し番号　940**　章内番号　1　識別番号　14・10・1

富を持っているよりも富を得る方法、富を保つ方法を知っているほうがはるかに大事である。たとえ数億円の富を持っていても、それを保つ方法を知らなければたちまちに数億円の富を失う。たとえ今無一文でも、富を得る方法を知っておればやがて富を蓄える。

グルメ志向でおいしいものを食べに行くのが流行っている。おいしいものを食べに行くだけでは、おいしかったで終わるだけである。またそのおいしいものを食べたければ、また高い金を払い、遠方なら交通費もかなり出して、そのおいしいものを食べに行かなければならない。なぜそのおいしいものの作り方を学ばないのかと思う。そのおいしいものの作り方を取得すれば、そのおいしいものを自分が作ることで、あまり金をかけずに、食べたい時にいつでも食べることができる。

**章番号　11**　章通し番号　233　通し番号　941～941

孟子が言う。名を好む人は諸侯の国を譲ることができるが、もしその人でないと、器に入れた飯や吸い物のような小さなことにその人の本心が現れる。

**通し番号 941**　章内番号 1　識別番号 14・11・1

大国を人に譲るのは公のことである。飯やおかずは、毎日食べるものであり、公の会食もあるが、私的なことが多い。その人の人となりは公の場の言動よりも、日常的な私的な言動の中に現れる。テレビや新聞が報道するのは、その人の公の発言である。公の場の発言をいくら聞いても、その人の人となりはわかりにくい。その人と個人的に付き合う、それができなければ、その人と個人的な付き合いがある人の話を聞く。するとその人の人となりはわかりやすくなる。

## 章番号 12　章通し番号 234　通し番号 942~944

孟子が言う。仁者、賢者を信じないと、国の金銭資財はなくなる。仁者、賢者を信じないと礼と義がなくなり、上下が乱れる。上下が乱れるから政がなくなり、金銭資財が不足するのだ。

## 章番号 13　章通し番号 235　通し番号 945〜945

孟子が言う。仁でないのに、国を得た者はいる。仁でないのに天下を得た者はいない。

## 章番号 14　章通し番号 236　通し番号 946〜949

孟子が言う。民を貴しとする。社稷《しゃしょく》（土地の神、穀物の神のことで国のことにもなる）はこれに次ぐ。人君は軽い。だから民の心を得ると天子となる。天子の心を得ると諸侯となる。諸侯の心を得ると大夫となる。諸侯が社稷（国）を危うくすれば、諸侯を変える。供《そな》える犠牲は太り、供える器に盛った穀物は清く、しかるべき時に祭祀をしている。しかし干ばつや洪水が起これば土地の神、穀物の神を変える。

**通し番号 949**　章内番号 4　識別番号 14・14・4

神をきちんと祭っているのに干ばつや洪水が起こるなら神を変えるという孟子の言は、非常に現実的な中国人の考え方を示している。キリスト教なら干ばつや洪水が起こっても、これは神が人に与えた試練だと考え、唯一の絶対神である神を疑うことはしない。まして神を変えることなどするはずがない。孟子の考え方によると、宗教とは人に安寧をもたらすものである。もしその宗教を信じて不幸になるなら、宗教を変えるのである。人が主であり宗教は手段に過ぎない。

　儒学は身を殺して仁をなすことはある。民を安寧にするために、義を守るために、身を殺すことはある。しかし神のために身を殺す殉教はしない。神のために殉教し、宗派同士が激しい血なまぐさい宗教戦争をしたキリスト教とは違う。儒学では朱子学派と反朱子学派が激しい論争をすることはあっても、他派を殺し合う戦争は起こらなかった。

## 章番号 15

章通し番号 237　通し番号 950～950

　孟子は言う。聖人は百世の師である。伯夷、柳下恵がそうである。だから伯夷のことを聞く者は無知のため、ものを貪る者も廉潔になり、柔弱な者も志を立てた。柳下恵のことを聞く者は情のうすい者も厚くなり狭量な者も心が広くなった。百世にわたり人を奮い起こす。百世後もこのことを聞くと人を奮い起こした。聖人でなければこういうことができようか。聖人に近く親しくて感化される者はなおさらのことである。

## 章番号16　章通し番号238　通し番号951〜951

孟子は言う。仁は人の道たる所以であるが、仁と人を分けて言うと仁は天下の徳である。仁を言って人を言わないと道とならない。仁と人を合わせて言って道となる。

**通し番号951**　章内番号1　識別番号14・16・1

道は人を離れない。人を離れて単に物の理を追求する現代の科学のような学問は儒学の言う学問にならない。物の理を追求し、得た理を応用して銃や爆弾のような昔になかった強力な武器を作り、その武器を用いて古の文明を打ち倒したのが現代文明である。だから現代では物の理を追求する科学が重んじられる。しかし科学を学ぶだけでは、人の理を知らない。人の理を知らないのでは、国は治まらない。

## 章番号 17

章通し番号 239　通し番号 952〜952

孟子が言う。孔子が魯を去る時は「私はゆっくりと行く」と言った。父母の国を去る道である。斉を去る時は、米をつけた水を手で受けて米を取り出して去った。他国を去る道である。

## 章番号 18

章通し番号 240　通し番号 953〜953

孟子が言う。孔子が陳、蔡で苦しんだのは、陳や蔡の君、臣との交わりがなかったからである。

## 章番号 19

章通し番号 241　通し番号 954〜956

貉稽《はくけい》は言う。「私は道理のない謗りをたくさん受けます。」孟子は言う。「悩むことはない。士は多くの謗りを受け憎まれるものだ。詩経に言う。『うつうつと憂う。多くの小人に怒られる。』これは孔子である。『その怒りを絶つことができないが、その名声も落とさない。』これは文王である。」

**通し番号 956** 章内番号 3 識別番号 14・19・3

私達の社会では、人によく言ってもらうことは非常に大事なことである。首相の支持率が大きく低下すると、首相は退陣の危機に直面する。人気タレントでも、ふと言ったことが人々の顰蹙《ひんしゅく》を買い、人気が急落すると、もう番組に呼ばれなくなる。飲食店を開いても、その料理の評判が悪く、お客がほとんど来ないと店を閉めなければならなくなる。会社が新製品を発売しても、評判が悪く、他社製品の評判のほうがずっとよいと、その新製品は売れず大きな損失が出る。私達の社会は人によく言ってもらうために生活しているようなものである。ところが孟子は「士は多くの人に悪口を言われ憎まれるものだ。文王や孔子もそうだった。」と言う。儒学は決して人によく言ってもらうように行動しろとは言わない。ただ自分の中にある理と徳を尽せと言う。人がどんなに悪口を言おうとも、そういうことは無視して顧みることもしない。

## 章番号 20　章通し番号 242　通し番号 957~957

孟子は言う。賢者は自らが明で人を明にする。今の人は自らが暗なのに、人を明にしようとする。

## 章番号 21　章通し番号 243　通し番号 958~958

孟子は高子に言う。山の小道は一定して用いると大きな道になる。数ヶ月用いないと茅《ちがや》が道を塞ぐ。今茅が君の心を塞いでいる。

**通し番号 958**　章内番号 1　識別番号 14・21・1

私達は外物の欲に動かされて動く時と自分の内から生じるものに動かされて動く時がある。外物の欲に動かされることが多いと、外物が自分の内を塞いでしまう。外物の茅《ちがや》に塞がれてしまうと内にある善心が生じなくなる。

## 章番号22　章通し番号244　通し番号959〜961

高子は言う。「禹の音楽は文王の音楽に勝ります。」孟子が言う。「何を根拠にそういうことを言うのか。」高子が言う。「鐘の紐がむしばんだようになっているからです。」孟子が言う。「これは優劣を論ずるのに足らない。城門の車の跡は一つの車でできるだろうか。」

## 章番号23　章通し番号245　通し番号962〜963

斉が飢饉となった。陳臻《ちんしん》は言う。「国の人はみな先生がまた国民のために棠《とう》の倉を開いてくれると思っています。再度開くことはほとんどできないようですが。」孟子は言う。「これは馮婦《ひょうふ》と同じことをするようなものだ。晋の人に馮婦という者がいた。虎を手でとらえる男であった。後によい役人となった。馮婦が野に行くと、人々が虎を追っている。虎は山の入り組んだ所に依っており、虎に触れようとする者はいない。人々は馮婦を見て走って行き迎えた。馮婦は腕をまくって車から降りた。人々はみな喜んだが役人はこれを笑った。」

**通し番号 963**　章内番号 2　識別番号 14・23・2

ここは国が飢饉で民が飢えているのに、孟子はどうして民を救うために動かないのかと思うかもしれない。この章は「家の中で喧嘩をする者がおれば急いで止めに入るが、町で喧嘩をする者がいれば戸を閉じて止めに入らない」と同じ意味である。この時斉王は孟子の進言を聞かず孟子を用いることができないことは明らかであり、孟子は斉を去ろうとしていた。斉の飢饉を救うために動くのは、町の中の喧嘩に飛んで行って止めに入るのと同じことである。

## 章番号 24　章通し番号 246　通し番号 964〜965

孟子が言う。口が美味を求め、目が美色を求め、耳が音楽を求め、鼻が芳香を求め、四肢が安逸を求めるのは、性である。しかし天命があって、思うように求めるものを得ることはできない。それで君子はこれらを性と言わない。父子における仁、君臣における義、客と主人の間における礼、賢者における智、天道における聖人は逆境の時は天命がある。逆境の時は仁、義、礼、智、聖人であっても受け入れられない。天命があるのである。しかし仁、義、礼、智は性である。それで君子はこれらを天命と言わない。

**通し番号 965** 章内番号 2 識別番号 14・24・2

張子の「養は則ち命を天に付す、道は則ち成を己に責《もと》む（身を養うことは天の命に任せる。道は成ることを己に求める。）」は非常に感銘深い言葉である。一生の座右の銘にすべきことだろう。

## 章番号 25

章通し番号 247 通し番号 966〜974

浩生不害は問う。「楽正子はどういう人ですか。」孟子が言う。「善人であり信人である。」浩生不害はさらに問う。「何を善と言い何を信と言いますか。」孟子が言う。「善を好むのを善と言う。善を自分に保つのを信と言う。善を充実するのを美と言う。充実して外に光り輝くのを大と言う。大で融化するのを聖と言う。聖で知ることができないのを神と言う。楽正子は善、信の中にいて、美、大、聖、神の下である。」

## 章番号 26

章通し番号 248　通し番号 975～976

孟子は言う。墨翟を逃れて楊朱に帰したり、楊朱を逃れて儒学に帰したりする。帰すれば受けるだけである。今の楊墨と論争する者は逃げた豚を追うようなものである。すでに垣根の中に入っているのにさらにしばってしまう。

## 章番号 27

章通し番号 249　通し番号 977～977

孟子が言う。税には布糸の税、米穀の税、夫役の税がある。君子はその一つを用いて取ると他の二つを十分に取らない。その二つを用いて取ると民は飢え死にする。その三つを用いて取ると父子は離散する。

## 章番号 28　章通し番号 250　通し番号 978~978

孟子は言う。諸侯の宝は三つある。土地と人民と政治である。珠玉を宝とすると、災いが身に及ぶ。

### 通し番号 978　章内番号 1　識別番号 14・28・1

諸侯が真珠、宝石を宝として大事にするとなぜ災いが身に及ぶのだろうか。伊藤仁斎は次のように説明する。「言、土地産物、人民養物、政事理財、皆有生殖之道、能重此三者、而盡心殫慮、不使其傷損破壞、則身安國豐、長享其福　寶珠玉者反之（言えらく、土地は物を産す、人民は物を養う、政事は財を理《おさ》む、皆生殖の道有り、能く此三なる者を重んじて、心を尽し慮を殫《つく》し、其をして傷損破壊せしめざれば、則ち身は安く国は豊かにて、長く其福を享《う》く　珠玉を宝とする者は之に反す　理：治　生殖：生み増やす　殫：尽　享：受）（次のように言う。土地は物を生む。人民は物を養う。政治は財を治める。土地、人民、政治の三つを重んじ心を尽し慮りを尽し、損傷したり破壊したりすることがないと、身は安く国は豊かで長く福を受ける。真珠や宝石を宝として大事にするとこれと反対になる。）」土地は物を生む、人民は物を養う、政治は生んで養った物である財を治める。すべて財を生み増やす。それで土地、人民、政治を重んじると国に財がどんどんたまる。財がたまり、人々の生活が豊かになると、反乱も起こらず国は安らかになる。国は長く福を受けることになる。真珠、宝石を重んじても物を生み増やすことがない。真珠、宝石は確かに財の一つだが、物を生み増やさない財である。また真珠、宝石を諸侯が山のように持っていても、それで人々の暮らしが豊かになるわけでない。人々の生活が困窮すれば、反乱が起こりやすく、反乱が起これば多くの人が殺され、戦乱で土地は荒らされ作物はさらにできなくなる。それで人々はさらに困窮する。

このことは、個人の生活にも応用できる。豊かな生活をしたければ、物を生み、物を養い、物を治めるものを重んじ、物を生まないもの、物を増やさないものを軽んじればよいのである。技能を身につけると、その技能で金を得ることができる。技能を身につけると物を生むのである。物を今持っている物を大事に使うと、新しい物を買って浪費することがない。だから財が増える。物を大事に使うことは物を養うことである。資金を運用することを研究し、資金の運用に熟達すると、資金はどんどん増えていく。資金の運用に熟達することは、物を治めることである。高級な外車を買ってもそれは物を生まないし、物を増やさない。高価な宝石をたくさん買っても、それは物を生まないし、物を増やさない。物を生まず、物を養わず、物を治めないものをたくさん集めても、財が増えることがない。高価なものを買って財を浪費するだけだから、やがて困窮することになる。災いが身に及ぶ。

## 章番号29　章通し番号２５１　通し番号９７９〜９７９

盆成括《ぼんせいかつ》は斉に仕える。孟子は言う。「死ぬな、盆成括は。」盆成括は殺された。門人は問う。「先生はどうして盆成括が殺されることがわかったのですか。」孟子は言う。「その人となりは、少し才があるが、君子の大道を聞いていない。身が殺されるのに十分だ。」

## 章番号30　章通し番号２５２　通し番号９８０〜９８１

孟子は滕に行き二階建ての家に泊まった。館の人がつくりかけた靴を窓に置いてあったが、捜しても見つからなかった。ある人は言う。「従者が隠すのはこのようなのですか。」孟子は言う。「あなたは従者が靴を盗むために来たと思いますか。」ある人は言う。「そういうことはほとんどありません。先生は科をつくり、往く者は追うことなく、来る者は拒んでいません。もし道に向かう心を持って来ると受け入れています。」

## 章番号 31

章通し番号 253　通し番号 982〜985

孟子は言う。人は皆忍べないことがある。忍べないことを忍ぶことに及ぼすのが仁である。人は皆しないことがある。しないことをすることに及ぼすのが義である。人を害することを望まない心を満たすことができれば、仁は用い尽すことができない。盗みをしない心を満たすことができれば、義は用い尽すことができない。軽んじ卑しむ言葉を人から受けない心を満たすことができれば、どこへ行っても義でないものはない。士が言うべからざる時に言うのは、言うことで人を探り取るのである。士が言うべき時に言わないのは、言わないことで人を探り取るのである。これはともに盗みの類である。

## 章番号 32

章通し番号 254　通し番号 986〜988

孟子が言う。言うことは近いことだが、示すことは遠いものが善言である。守ることは簡約だが、ゆきわたることが広いものが善道である。君子が言うことは帯より下の遠い所を見ることないが道がその中にある。君子が守るのは、自分の身を修めることだが、天下が安らかになり伸び広がる。他人は自分の田を顧みずに人の田の雑草を取る病がある。他人に求めるものが重く、自らが担《かつ》ぐものは軽い。

**通し番号 986** 章内番号 1 識別番号 14・32・1

現代の研究はどういうことをしているのだろうか。自然科学の研究に従事している者は、自然の理を知ろうとしている。いろんな実験をしたりいろんな仮説を立てたりしてその理を知ろうとしている。企業の研究員は人間に役立ち便利でしかもそれを生産して利益のあがるものをつくろうとしている。その研究は多くの実験や特殊な器具が必要なものが多く、高額な資金を必要とする。また知識が多岐にわたるため、一人の力で全分野を知り尽すことは難しい。それで分野を細分し、その細分した分野の研究を各自がし、それぞれの研究を合わせて一つの製品をつくるという体制を取っている。それで企業の研究は多くの人員を必要とする。多くの人員が必要だから資金もまた多く必要である。企業のしている研究を個人の力ですることは難しい。

自然科学の研究員も企業の研究員も今までなかった新しいものをつくろうとしている。また細分化されたその知識は素人にわかりにくく、専門用語で話されると素人にはまったくのちんぷんかんである。現代科学や企業の研究は日常生活から遠く離れたことを研究しているのである。儒学は遠く離れたことを学問の対象としない。日々の生活で起こるごく身近なことを学問の対象とする。儒学の言う学問と現代行われている研究とは対象がまったく違う。

**通し番号 986**　章内番号 1　識別番号 14・32・1

病気を起こす細菌の性質を知り、その細菌を殺す抗生物質をつくり、その細菌を殺すことで病気を治そうとする。あるいは病気を起こすウイルスを知り、そのウイルスを弱毒化して人間の体に接種し、人間の体に抗体をつくることでその病気にかからないようにする。これが現代医学が取ってきた病気に対する方法である。しかしこのやり方だと、今までなかった未知の細菌やウイルスが出現した時、その新しい細菌やウイルスの性質がはっきりわかるまでは、効果のある抗生物質もワクチンもつくれない。まったくの御手上げになる。新しい病原菌は次々と出て来るものである。抗生物質に耐性を持つ新しい細菌は次々と出現しているし、新型コロナウイルスのような新しいウイルスも出現した。外にあるものを知ることでそれに対する手段を得ようとする方法は、新しいものが出現した時に、その新しいものの性質がはっきりわかるまでは御手上げになる。

人間の体の外を見ずに人間の体の内を見る。人間は生物として何万年も生き残ってきたのだから、人間の体には当然病原菌から身を守る機能が備わっている。その機能を知り、その機能に従う。そうすると従来の病原菌から少し変異しただけの新しい病原菌にも当然対応しうる。こちらのやり方のほうが、新しく出現した未知の病原菌にも対応しうる。外を見ずに内を見る、遠くを見ずに近くを見る。孟子や老子の説く学問方法である。

**通し番号 986** 章内番号 1 識別番号 14・32・1

至近を見るだけで至理を得ることができるという考え方は『老子』にも見られる。『老子』第四十七章に「不出戸知天下、不闚牖見天道、其出彌遠、其知彌少（戸を出でずして天下を知る、牖《まど》を闚《うかが》わずして天道を見る、其出ずる彌《いよいよ》遠ければ、其知は彌《いよいよ》少なし）（戸口から出ないで天下を知る。窓から外を見ることなく天道を見る。遠くに出れば出るほど知ることは少なくなる。）」老子はさらに見ることが近くから離れるほど知ることは少なくなるとさえ言っている。この孟子や老子の考え方が正しいのなら、現代の学問のやり方で至理を得たり、真理を得たりすることはないだろう。これは現代の学問のやり方に根本的な変革を迫るものである。

## 章番号 33 章通し番号 255 通し番号 989～991

孟子が言う。堯舜は天性である。湯武は性に反る。動作、さまの細微まで礼にあたるのは、盛徳の至りである。死者に声をあげて泣き悲しむのは生きている者のためにするのでない。徳を常にして邪でないのは、禄を求めるためでない。言語が必ず信なのは、行いを正しくするためでない。君子は天理の当然のことをして命を待つだけである。

## 章番号 34

章通し番号 256　通し番号 992〜993

孟子は言う。高貴な人に説くには、高貴な人を一人の人間として見てその高貴を見ない。表座敷の天井の高さが四〜五メートル、たるきの太さが四十センチメートルから六十センチメートルあることは、私が志を得てもしないことだ。食事が前に並び二メートル四方にもなり、侍る妾が数百人いるのは、私が志を得てもしないことだ。大いに楽しんで酒を飲み、馬を走らせて狩りをし、後に従う車が千台もいることは、私が志を得てもしないことだ。富貴な者がすることは、私がしないことだ。私にあるものはみな古の法制だ。私が富貴な者を畏れることがあろうか。

### 通し番号 993　章内番号 2　識別番号 14・34・2

私たちはとかく外見で人を判断する。車千台もの従者を引き連れていると偉い人に違いないと思う。御殿のような家に住んでいると、偉い人に違いないと思う。孟子は富貴の人と話をする時は、富貴の人の持っている外飾を取り去って小さくし、一人の人間として見ろと言っているのである。楊雄は孟子は自分の長所と人の短所を比べていると言っているが、孟子は単に富貴な人を一人の人間として見ろと言っているだけである。自分の長所と他人の短所を比較する意図などはまったくない。楊雄の言はまったくあたらない。

## 章番号 35

章通し番号 257　通し番号 994〜994

孟子が言う。心を養うのに寡欲よりよいものはない。その人となりが寡欲でも存しないものはあるが少ない。その人となりが多欲でも存するものはあるが少ない。

### 通し番号 994　章内番号 1　識別番号 14・35・1

雖有存焉者、寡矣（存するもの有りと雖も、寡し）

存焉者（存する者）を「存する人」と取るのと「存するもの」と取る二つの考え方がある。前者なら「多欲で心を存する人はいるが少ない」とか「多欲でも滅ばない人はいるが少ない」とか読む。後者なら「多欲でも心を存することはあるが少ない」とか「多欲でも存しているものはあるが少ない」とか読む。心を存するか、存しないかの二者択一ではなく、心を失う程度があると思うから、後者の考え方が自然である。ただし存を生存と取る（つまり「多欲でも滅ばない人はいるが少ない」と読む）と前者のように考えることもできる。

**通し番号　994**　章内番号 1　識別番号 14・35・1

多欲の人は物を失う。なぜなら欲が大きく自分の心を用いることが少ないから自分に得ることが少ない。よって物を失う。

**通し番号　994**　章内番号 1　識別番号 14・35・1

伊藤仁斎は興味深いことを言っている。「耳目口鼻之欲、與生倶生、皆天地之所與我者、而人性也、故聖人不甚惡之、但在以義與道裁之焉耳、所以孟子曰寡欲、而未嘗曰無欲、蓋寡其欲焉、則視聽動作、能合其節、而仁義之良、亦得其養焉、若欲無之、則廢人倫、絶恩義、併其良心、斵喪澌滅、不至槁木其形、死灰其心則不已、而先儒有無欲主靜之說、曰寡之又寡、以至於無、與孟子之意、殆有霄壤之異矣（耳目口鼻の欲は、生と倶《とも》に生ず、皆天地の我に与える所のものにして、人の性なり、故に聖人は甚だしくは之を悪《い》まず、但《ただ》義と道を以て之を裁するに在るのみ、孟子が寡欲と曰い、未だ嘗て無欲と曰わざる所以なり、蓋し其欲を寡くすれば、則ち視聴動作は、能く其節に合いて、仁義の良、亦其養を得る、若《もし》之を無にせんと欲すれば則ち人倫を廃し、恩義を絶ちて、其良心を併《あわ》せて、斲喪《たくそう》澌滅《しめつ》す、其形を槁木し、其心を死灰するに至らざれば則ち已《や》まず、而るに先儒に無欲主静の説有り、曰く之を寡くし又寡くし、以て無に至る、孟子の意と、殆《ほとん》ど霄壌《しょうじょう》の異有り　斲喪：けずり滅ぼす　澌滅：尽きて滅ぶ　槁木：枯れ木　霄壌：天地）」

儒学は無欲を貴ばない。欲を節すること、つまり寡欲を貴ぶ。まったく欲をなくそうとすれば、何の感情もない枯れ木のような人間になってしまう。また色欲をまったく無にすると、子孫が生まれることもなく、その国はやがて滅亡する。

資本主義社会では寡欲は貴ばれない。人々がみな寡欲になれば、人々は物をあまり買わず、物が売れないため多くの企業の利益が低下する。倒産する企業も多くなる。人々がみな多欲でたくさんの物を買ってくれると、企業の利益は上がり好況になる。しかし孟子の言うように多欲になると、その本心を失う者が多い。本心を失うと人々は争い不幸になる。資本主義社会の発展と人々の幸福は相反するのである。

## 章番号36　章通し番号258　通し番号995～996

曽晳《そうせき》は羊棗《ようそう》（なつめの一種）が好きであった。曽子は羊棗を見ると父のことを思い出し悲しむため、羊棗を食べることが進まなかった。公孫丑が問う。「膾《なます》（生の肉を細かく切ったもの）や焼肉と羊棗《ようそう》ではどちらがおいしいですか。」孟子が言う「膾《なます》や焼肉だな。」公孫丑が言う。「曽晳も膾や焼肉が羊棗よりおいしく好んだでしょう。曽子は膾や焼肉を食べたのにどうして羊棗を食べることが進まなかったのですか。」孟子が言う。「膾や焼肉は誰もが好きなものだが、羊棗は曽晳だけが好きであった。亡くなると名を呼ぶのは忌避するが、姓を忌避することはない。名はその人だけのものだが、姓は一族みな同じだからだ。」

## 章番号 37

章通し番号 259　通し番号 997～1009

万章が問う。「孔子が陳にいた時言われた。『どうして魯に帰らないのだ。私の郷里の狂簡《かん》の者は高遠を求めている。』孔子は初めに魯にいた時を忘れていません。孔子は陳にいてどうして魯の狂士のことを思ったのでしょうか。」孟子は言う。「孔子は中庸の人を得ることができないと、必ず狂獧《けん》を求める。狂は高遠を求め獧はなさない所がある。孔子が中庸の人を求めないことがあろうか。中庸の人は必ずしも得ることができないから、その次を求めるのだ。」

万章が問う。「どのようであれば狂と言うことができますか。」孟子が言う。「琴張、曾晳、牧皮のような者は孔子が言われる狂だ。」万章が問う。「どうして狂なのですか。」孟子が言う。「その志は大きくて古《いにしえ》の人、古の人と言う。しかしその行を見ると言を覆《おお》っていない者である。狂も得ることができないなら、不潔をいさぎよしとしない者を得ようとする。これが狷である。狷は狂の次になる。」

万章が問う。「孔子が言われた。『私の門の前を通り過ぎているのに私の家に入らなくても残念に思わないのは郷原だけだ。郷原は徳を害する。』どのようであれば郷原と言うのでしょうか。」孟子が言う。「郷原は狂なる者を非難して言う。『どうして言うことが大きいのだ。言は行を顧みない。行は言を顧みない。古の人はこうであったと繰り返し言っている。』狷なる者を非難して言う。『一人ぼっちで人から親しまれず愛されない。この世に生まれたらこの世のことをするのだ。世によいとされればそれでよいのだ。』自分の本心を閉じて世に媚びる。これが郷原である。」

万章が問う。「村中の人が慎み深く重厚な人だと言います。どこへ行ってもそう言わない所がありません。孔子が徳の害とするのはどうしてですか。」孟子が言う。「謗ろうとしても謗ることがない。責めようとしても責めることがない。俗に同じて汚世に合わす。いると忠信に似て行うと廉潔に似る。人々はその人を好み自分も正しいと思っている。しかし堯舜の道に入ることができない。だから徳の害と言うのだ。孔子は言われる。『似て非なるものを嫌う。稲に似ているのに実らない雑草を嫌うのは、稲を乱すことを恐れるからだ。口が巧みで人にうまく取り入る者を嫌うのは、義を乱すことを恐れるからだ。口が巧みで多く言う者を嫌うのは、信を乱すことを恐れるからだ。淫らな音楽である鄭声を嫌うのは、正しい音楽を乱すことを恐れるからだ。配合した色である紫を嫌うのは、五色の一つで正色である朱を乱すことを恐れるからだ。郷原を嫌うのは、徳を乱すことを恐れるからだ。』君子は常道に反るだけである。常道が正しいと民は善に興る。民が善に興ると邪悪な者はなくなる。」

**通し番号 1003**　章内番号 7　識別番号 14・37・7

狂を獧《けん》の上に置いているのは儒学の考え方を示していて興味深い。老荘思想なら獧を狂の上に置くだろう。人間ができることは志の範囲を出ない。エベレスト山に登ることのできない人はたくさんいる。しかしエベレスト山に登ろうとしてもエベレスト山に登れた人は一人もいない。大人《たいじん》になろうとしても大人になることのできない人はたくさんいる。しかし大人になろうとせずに大人になれた人は一人もいない。だから儒学は志を重んじるのである。

狂の人はホームランも打つが三振もする。獧の人はコツコツとヒットを打って三振もしない。しかしホームランを打つことがない。

**通し番号 1005**　章内番号 9　識別番号 14・37・9

郷原とはどのような人であるのかを中井履軒が明確に説明している。「郷原蓋眼明而智深矣、其於汚世流俗、豈甘心無所可否哉、其立意在希世、故掩閉吾之智慮好悪、而不露出之、徒徇世人之所好　以取媚愛、故曰閹曰媚也、其身未必爲大不善、而竟不脱於姦慝之圏者、則與人無異同、無可否、一味謹愿、以投乎世人之好者、君子豈謂之愿哉、郷原之名、於此乎在焉、郷人皆受其誑者（郷原は蓋し眼明るくて智深し、其汚世流俗に於て、豈甘心して可否する所無きかな、其意を立てるは希世に在り、故に吾の智慮好悪を掩閉《えんぺい》して、之を露出せず、徒《ただ》世人の好む所に徇《したが》い　以て媚愛を取る、故に閹《えん》と曰い媚と曰うなり、其身未だ必ずしも大なる不善を爲さずして、竟に姦慝の圏を脱さざるものは、則ち人と異同無く、可否無く、一味謹愿にして、以て世人の好に投ずる者なり、君子は豈之を愿と謂うかな、郷原の名は、此に於て在り、郷人皆其誑《きょう》を受く　甘心：満足する　可否：是非を考える　希世：名を求める　掩閉：おおい閉じる　徇、叚借爲順（徇、叚借順と爲す）　姦慝：邪悪　異同：異なる　謹愿：慎み深く実がある　誑、欺也（誑《きょう》、欺なり）（郷原は目はよく見え智は深い。汚世や世俗の中で満足してその是非を問うことがないだろうか。郷原の意図は世俗の名を得ることにある。だから自分の知恵や好みを閉じて覆《おお》い外に出さない。ただ人が好むことをして、人から好かれ愛されようとする。それで閹と言い媚と言う。自分は必ずしも大きな不善をするのでないが、邪悪の圏内から脱することがないのは、人と異なることがなく、人のすることとの是非を問うことをせず、一見慎み深く実があるように見え、世の人が好むことをするからである。君子はこういう人を実があると言うだろうか。それでこれを郷原と言う。村の人はみな欺かれている。）」

章通し番号２４１に孔子や文王のような聖人でも小人に憎まれたという記述がある。聖人や君子は自分の中にある理に従おうとする。それで利欲に従って動いている小人とすることが違ってくる。小人は自分たちと違い自分たちと違う次元にいると思い聖人や君子を憎むことになる。人は自分を愛するから自分に似ている者を愛し、自分と違う者を憎む。郷原は人に好かれ人に愛されるように行動しようとする。理に従って行動すると人に憎まれるからそういうことはしない。人と同じことをすれば人に愛されるから、人と同じことをしようとする。それが道理から考えて間違っていると思っても、人がするようにする。だから人から好かれ評判がよい。しかし理に従おうとしないから道を得ることはありえない。

**通し番号 1005**　章内番号 9　識別番号 14・37・9

新型コロナウイルスが流行した時、ネット上ではマスクに否定的な専門家やワクチン接種に否定的な専門家がかなり見られた。しかしテレビに出演する専門家はマスクをしワクチン接種をしましょうと言う人ばかりだった。テレビに出演したことのある専門家によると、テレビ局はこのように言ってくれませんかと専門家に言って来るとのことである。テレビに出演したいがためにテレビ局側が希望するようにテレビで言ったとすればこれは郷原になる。

# 章番号 38　章通し番号 260　通し番号 1010〜1013

孟子が言う。堯舜から湯まで五百年余りである。禹、皐陶《こうよう》のような者は堯舜を補佐して道を知る。湯のような者は堯舜のことを遠く聞いて道を知る。湯から文王まで五百年余りである。伊尹、萊朱《らいしゅ》のような者は湯を補佐して道を知る。文王のような者は湯のことを遠く聞いて道を知る。文王から孔子まで五百年余りである。太公望、散宜生《さんぎせい》のような者は文王を補佐して道を知る。孔子のような者は文王のことを遠く聞いて道を知る。孔子から今まで百年余りであり、聖人の世からまだ遠くない。また聖人のいた所は非常に近い。孔子の学を伝えることがなければ、もう伝わることはないだろう。

# 参考文献


伊藤仁斎（1973）『孟子古義』（日本名家四書註釋全書　第9巻）　鳳出版社
今倉　章（2022）『全訳全注『孟子』朱子注　第一巻』　株式会社希望
今倉　章（2022）『全訳全注『孟子』朱子注　第二巻』　株式会社希望
今倉　章（2022）『全訳全注『孟子』朱子注　第三巻』　株式会社希望
今倉　章（2023）『全訳全注『孟子』朱子注　第四巻』　株式会社希望
宇野哲人（1991）『論語新釈』　講談社
江守孝三（2010）「孟子（朱熹集註）」
http://www.1-em.net/sampo/sisyogokyo/sisyo/mousi/index.htm（2016年6月3日アクセス）
大田錦城（1926）『尚書紀聞』（漢籍国字解全書　第6巻）　早稲田大学出版部
王弼　注（1974）『老子』　台湾中華書局
荻生徂徠（2016）『注釈孫子国字解上』（今倉　章注釈）　株式会社希望
荻生徂徠（2017）『注釈孫子国字解下』（今倉　章注釈）　株式会社希望
角田四郎（1993）『疑惑　JAL123便墜落事故』　早稲田出版

金谷　治（1973）『孟子』（新訂中国古典選　第5巻）朝日新聞社
金谷　治　訳注（1972）『論語』岩波書店
鎌田正、米山寅太郎（1992）『大漢語林』大修館書店
阮元校勘（1979）『十三經注疏』中文出版社
小林勝人　訳注（1977）『孟子上』岩波書店
小林勝人　訳注（2012）『孟子下』岩波書店
佐藤一斎（1973）『孟子欄外書』（日本名家四書註釋全書　第9巻）鳳出版社
島田鈞一（1935）『孟子全解』有精堂
朱　熹（1974）『四書集註』藝文印書館
新村　出（1986）『広辞苑　第二版補訂版』岩波書店
新村　出（1992）『広辞苑　第四版』岩波書店
高田眞治（1979）『詩経上』（漢詩大系　第1巻）集英社
高田眞治（1979）『詩経下』（漢詩大系　第2巻）集英社
竹内照夫（1978）『礼記上』（新釈漢文大系　第27巻）明治書院
竹内照夫（1979）『礼記中』（新釈漢文大系　第28巻）明治書院
武内義雄、坂本良太郎（1997）『孝経・曾子』岩波書店
中井履軒（1999）『孟子雕題』（懐徳堂文庫復刻叢書12）吉川弘文館

中井履軒（1973）『孟子逢原』（日本名家四書註釋全書　第10巻）鳳出版社
中村惕斎（1926）『孟子示蒙句解』（漢籍国字解全書　第2巻）早稲田大学出版部
福永光司（1975）『荘子　内篇』（新訂中国古典選　第7巻）朝日新聞社
福永光司（1975）『荘子　外篇』（新訂中国古典選　第7巻）朝日新聞社
福永光司（1975）『荘子　外篇・雑篇』（新訂中国古典選　第7巻）朝日新聞社
本田　済（1975）『易』（新訂中国古典選　第1巻）朝日新聞社
松村　明（2006）『大辞林　第三版』　三省堂
目加田誠（1978）『詩経・楚辞』（中国古典文学大系　第15巻）平凡社
諸橋轍次（1971）『大漢和辞典』　大修館書店
安井息軒（2004）『中庸説』（漢文大系　第1巻）冨山房
安井息軒（2004）『孟子定本』（漢文大系　第1巻）冨山房
安井息軒（2004）『大学説』（漢文大系　第1巻）冨山房
安井息軒（2004）『論語集説』（漢文大系　第1巻）冨山房

## ■著者 訳者　今倉　章

1953年生まれ。山口大学文理学部文学科英文専攻卒業。高校の英語教員を２年間した後、京都大学大学院文学研究科中国哲学史専攻修士課程修了。英語教師や学習塾の経営をした後に徳島大学医学部医学科卒業。その後は医師としていろんな病院に勤務し、開業医も経験した。最近は医師としての仕事を減らし、著述などに時間をかけている。


## ■注釈書

| | |
|---|---|
| 注釈孫子国字解上 | ISBN 9784909001009 |
| 注釈孫子国字解下 | ISBN 9784909001016 |

## ■訳注書

| | |
|---|---|
| 全訳全注『孟子』朱子注　第一巻 | ISBN 9784909001047 |
| 全訳全注『孟子』朱子注　第二巻 | ISBN 9784909001054 |
| 全訳全注『孟子』朱子注　第三巻 | ISBN 9784909001061 |
| 全訳全注『孟子』朱子注　第四巻 | ISBN 9784909001078 |

## ■著　書

| | |
|---|---|
| 想ひ一 | ISBN 9784909001023 |
| 靴が人を不健康にする | ISBN 9784909001030 |


ホームページ　https://www.ne.jp/asahi/akira/imakura

eメール　kiboincorporated@gmail.com

# 『孟子』で現代を解く

2024年12月　　初版第１刷発行
訳　　者　今倉　章
発 行 者　今倉　章
発 行 所　株式会社希望
　　　　　徳島県阿南市羽ノ浦町中庄大知渕２－３
　　　　　電話、ファックス　0884－44－3405
　　　　　URL　https://kiboinc.com
　　　　　ｅメール　kiboincorporated@gmail.com
印刷製本　徳島県教育印刷株式会社


ISBN　9784909001085
Printed in Japan

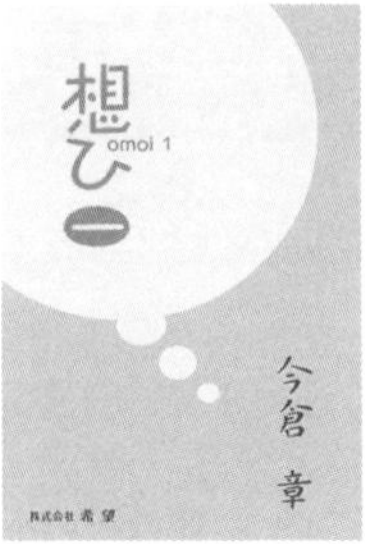


## 想ひ　一

今倉　章著

定価　1,100円(税込)　　ISBN 9784909001023

竹は縦に筋目があります。その筋目に従い縦にさけば簡単にさくことができます。ところが筋目に従わず横にさこうとすれば、容易にさくことができません。世の中のことは同様にそれぞれに理があります。ものの理を知りその理に従えば、自分も益し他人も益することになります。理を知らずに理に逆らってしようとすれば、何事もうまくいかず、自分も害し他人も害することになります。『想ひ一』はこの理をとらえようとしたものです。

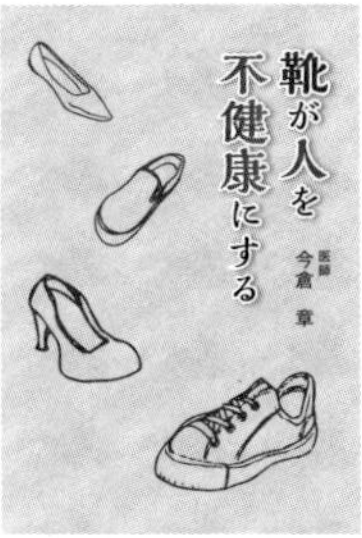


## 靴が人を不健康にする

今倉　章著

定価　1,650円(税込)　　ISBN 9784909001030

靴がいろんな病気の原因になっていることをご存知ですか。靴は水虫の原因になっているだけでないのです。転倒による骨折、外反母趾、巻き爪、猫背、ひび割れ、心筋梗塞、脳梗塞、認知症の原因にもなります。そのメカニズムを論理的に説明し、対策を書いた本です。

## 株式会社 希望　発行書籍

### 注釈孫子国字解上

荻生徂徠著　　今倉　章注釈

定価　1,836円(税込)　　ISBN 9784909001009

### 注釈孫子国字解下

荻生徂徠著　　今倉　章注釈

定価　1,836円(税込)　　ISBN 9784909001016

孫子国字解は、日本の誇る頭脳、荻生徂徠が孫子を平易に解説した本です。

孫子国字解は1700年頃の日本語で書かれているため、原文を読んでも意味はほぼわかります。しかし現代では見慣れない言葉も使われており、細かい所はわかりにくい所があります。また原文は旧漢字、旧仮名遣いであり、見慣れない漢字も少なからず出てきます。それで新漢字、現代仮名遣いに改め、難しい漢字にルビをふり、わかりにくい所をわかりやすく注釈し、孫子の原文には、書き下し文とピンインをつけ、注釈者のコメントを加えた本を出版しました。それがこの注釈孫子国字解です。注釈者のコメントは主に孫子を現代に役立てるという観点からしています。

注釈孫子国字解上は１篇～７篇を収録しています。

注釈孫子国字解下は８篇～13篇を収録しています。